Bons baisers d'Hollywood

Carrie Fisher

Bons baisers d'Hollywood

traduit de l'américain
par Jean-Pierre PUGI

Éditions J'ai lu

À ma mère et mon frère

Ce roman a paru sous le titre original :

POSTCARDS FROM THE EDGE

PROLOGUE

FRÈRE THOMAS

Tu connais mon besoin de me tourmenter constamment, même lorsque la situation ne le justifie pas. Eh bien, j'ai finalement découvert le cadre qui me convient : le Moyen-Orient. Ruminer de sombres pensées et s'alanguir ne semble pas déplacé en Israël, en Égypte ou en Turquie. Aujourd'hui, je me suis trouvée dans une gare ferroviaire où une bombe venait d'exploser. En voyant la ferraille tordue et brisée, j'ai pensé : « Voici enfin un milieu en harmonie avec mon univers intérieur. » Je devrais entreprendre le tour du monde des pays en guerre, pour trouver *véritablement* la sérénité. À bientôt.

Avec toute mon affection,
Sœur Suzanne.

CHÈRE LUCY

Bon, voilà ce que je pense. Prête ? J'estime que le moment est venu d'établir un plan d'ensemble pour la vie qui sera la mienne lorsque j'aurai franchi la ligne d'arrivée, cet automne. Quand s'abattra le drapeau de la trentaine, j'aimerais avoir une vague idée de ma future existence.

Je te dresse ci-après la liste des décisions que j'ai déjà prises : a) Je reprendrai les séances de psychanalyse, sans doute avec une femme, cette fois ; b) Je renoncerai à teindre mes cheveux et leur rendrai leur nuance naturelle... par une coloration ; c) Je ne sortirai qu'avec des hommes qui me plaisent vraiment, afin de ne plus avoir l'impression de perdre mon temps ; d) Je réglerai la question de mon régime ; e) Je renoncerai au réconfort qu'apportent les produits chimiques... Plus de drogues. En outre, je me lèverai de bonne heure, je consacrerai plus de temps à la lecture, je tiendrai un journal intime, j'abrégerai mes conversations téléphoniques, je ferai moins d'achats et, enfin, je chercherai un homme avec lequel j'aurai un enfant.

Il est évident que ces projets n'en sont qu'à un stade préliminaire. Il s'agit d'une simple ébauche, et c'est pourquoi je te tiendrai au courant des détails au fur et à mesure que je les peaufinerai.

Ton amie,
S.

CHÈRE MÈRE-GRAND

Je t'adresse ces quelques lignes afin d'alimenter ton anthologie de mes œuvres.

Oh la la !
Ça y est
J'ai tout gâché
Je suis stupide
Une pensée m'obsède
Quand j'atteindrai enfin le stade agréable de l'existence
Aurai-je encore quelque chose à me mettre ?
Je sais que mon cœur se trouve toujours
Là où je l'ai enfoui.

Mes actes sont conformes à mon personnage
C'est à la fois un peu irréel
Beaucoup de travail
Et pas grand-chose.

Mon cœur est à sa place
Il tictaque dans ma poitrine
Je suis comme toutes les autres femmes
Mais bien plus intensément.

Je me rappelle
Quelqu'un que je n'ai jamais rencontré
Quelqu'un que j'aimerais connaître
Quelqu'un que je ne puis oublier.

Je n'ai pas perdu la raison
Mais je suis sur le chemin de la folie
La preuve en est donnée
Par les fumerolles qui s'élèvent de mon crâne.

Suis-moi sur la voie de l'intuition
Et je te ferai découvrir en chemin le paysage
Tous mes efforts sont condamnés à rester vains
Mais passe malgré tout une bonne journée.

Embrasse grand-père pour moi, s'il n'a pas oublié qui je suis. Ces vacances entrent dans la catégorie des congés qui imposent de prendre un long repos au retour. Je te téléphonerai sitôt rentrée à la maison.

Ta petite-fille aimante,
Suzanne.

CARTES POSTALES
DE NULLE PART

SUZANNE

PREMIER JOUR

J'ai sans doute commis une erreur en donnant mon numéro de téléphone au type qui m'a fait un lavage d'estomac, mais ce genre de détail ne peut intéresser personne. Ma vie est finie, de toute façon. En outre, avais-je le choix ? Il est venu dans ma chambre et m'a offert cet animal en peluche ridicule qui ressemble à un pouce, moins de douze heures après mon overdose. Mon pouvoir de séduction devait pourtant avoir souffert. La veille au soir, dans la salle des urgences, j'avais rendu sur ses chaussures un mélange de coquilles Saint-Jacques et de cachets de Percodan. Je devais me faire pardonner, et refuser de lui communiquer mes coordonnées eût été d'une impolitesse inqualifiable. Quoi qu'il en soit, je doute fort qu'il me contacte. Il est hautement improbable que qui que ce soit me téléphone encore, désormais.

DEUXIÈME JOUR

Je suis restée debout toute la nuit, la tête pleine de pensées effrayantes et bavardes. J'ai marché et marché dans les salles. Après ce qui devait être la sixième volte-face, j'ai cessé de gesticuler et ai gardé la tête basse.

Après mon bref séjour aux urgences de l'hôpital, j'ai été transférée dans cette clinique privée. Une femme a procédé à mon admission. Elle m'a demandé depuis combien de temps j'étais une toxicomane et je lui ai répondu que je refusais ce qualificatif, étant donné que je n'avais pas une drogue de prédilection. Elle m'a alors répondu :

– En ce cas, vous êtes une toxicomane éclectique.

Elle m'a ensuite demandé si j'avais voulu me suicider. Je me suis sentie insultée. J'admets que lorsqu'on fait une overdose, cela démontre que sa vie laisse à désirer. Cependant, attenter sciemment à ses jours est à mes yeux bien différent. Je ne suis pas suicidaire. Ma conduite l'est peut-être, mais moi pas. Demain, je sortirai de désintoxication et débuterai les séances de thérapie de groupe.

Je ne peux supporter mon existence.

TROISIÈME JOUR

Ici, tous les membres du personnel font penser à d'ex-toxicomanes, tant ils semblent bien connaître les drogues. Les camés privés de leur poison sont des experts pour expliquer comment s'en passer. Pendant le déjeuner, j'ai discuté avec Irène. Elle est ici depuis deux semaines et m'a dit que les premiers temps notre principale activité est l'inactivité, pour la simple raison que nous ne pouvons pas nous défoncer. C'est notre loi à tous, ici : *Pas de drogues.*

C'est Julie, la femme qui a procédé à mon admission, qui s'occupe de moi. Je ne saurais dire si je la trouve ou non sympathique, mais je m'y efforce. Je le dois, étant donné que je finirai probablement par lui ressembler. Il faut que je prenne pour modèle quelqu'un qui a surmonté sa dépendance vis-à-vis de toutes ces merdes.

Trois pensionnaires de cette clinique, Carl, Sam et Irène, ont fait de la prison. Il y a aussi Sid, qui est rédacteur en chef d'une revue, et Carol dont le mari est agent littéraire. Je n'ai pas encore retenu le nom des autres. La plupart sont ici à cause de la cocaïne ou de la free-base, mais on dénombre également plusieurs opiomanes. Les cocaïnomanes dorment tout le temps. Avant leur admission, ils n'avaient pas fermé l'œil depuis des semaines. Ceux qui, comme moi, préféraient les produits opiacés ont dormi tout leur soûl et errent d'une salle à l'autre à longueur de nuit, en suivant avec des crispations nerveuses les méandres de leur repli sur eux-mêmes. Il faudrait former deux équipes de base-ball : Opiacés contre Amphétaminés. Les Opiacés se grattent, se font des signes de la main et de la tête, pendant que les Amphétaminés courent autour des bases en hurlant. Il serait impossible d'imposer des règles dignes de ce nom à un tel match, mais les participants seraient nombreux.

Demain après-midi, après le vidéoclip sur la cocaïne, les infirmières emmèneront tous ceux qui ne sont plus en désintoxication faire une promenade dominicale dans le parc.

Sortir du bâtiment a été agréable. Cela estompe cette impression d'être punis et nous permet presque de nous assimiler à des gens normaux. Il serait difficile de ne pas se sentir un paria, dans un tel établissement. Mais il est toujours difficile de ne pas se sentir un paria. Je semble être la seule à avoir subi un lavage d'estomac. C'est une distinction intéressante.

Carl et moi avons partagé la même couverture, dans le parc. Carl est un ex-gardien de square de cinquante-cinq ans qui voudrait se reconvertir en ex-drogué. Il est noir et me fait penser à un moustique grillé. Je lui ai demandé comment il pouvait s'offrir un séjour dans cet établissement et il m'a répondu que les soins étaient pris en charge par l'assurance maladie de sa femme.

Carl est si bavard que j'ai même envisagé de me suicider pour ne plus l'entendre. Le sujet principal de ses conversations est la free-base. Il m'a longuement entretenue sur l'art et la manière de diluer et de chauffer l'héroïne, sur les sensations procurées par une pipe de free-base, et sur les méthodes qui lui permettaient de gagner suffisamment d'argent du mardi au vendredi pour se payer la drogue de ses week-ends. Je lui ai demandé ce qu'il prenait pour redescendre, et il m'a répondu qu'il n'aimait pas les tranquillisants.

– Ces saloperies n'ont aucun effet sur moi, sauf de me constiper.

Le gros Sid semble vraiment très malin. Il est ici à cause des lodes. Quand je lui ai demandé ce qu'étaient les lodes, ses yeux se sont mis à briller. Lorsqu'un drogué peut parler de sa merde favorite, c'est presque transcendantal. Il m'a dit :

– Tu étais une accro des tranquillisants et tu ne connais pas les lodes ?

Je sais désormais que les lodes sont la combinaison de quatre puissants antalgiques et d'un certain somnifère, et que l'effet produit est comparable à celui de l'héroïne. Les lodes entraînent une accoutumance de l'estomac, et Sid n'y a pas échappé. J'ai des difficultés à admettre que j'aie pu ignorer l'existence de cette drogue.

Le plus dingue, c'est que je me suis abstenue de prendre quoi que ce soit pendant des mois... du début du tournage de *Tour de tête,* à Londres, jusqu'à la fin de mes vacances. Mais ensuite je suis rentrée chez moi et BOUM ! Quatre semaines de défonce. J'avais horreur de cela, je voulais même arrêter, mais je ne le pouvais pas. Comme si je me trouvais dans une voiture, avec un dingue au volant. Je n'étais qu'une simple passagère et j'ignorais qui conduisait.

CINQUIÈME JOUR

Aujourd'hui, Irène m'a coupé les cheveux. C'est affreux. Elle n'a que vingt ans et sa peau s'est complètement craquelée sous l'effet de la phéncyclidine et de l'héroïne. J'étais à tel point fascinée par le récit de ses syncopes et de ses arrestations pour prostitution que j'ai omis de noter qu'elle n'avait rien d'une coiffeuse professionnelle.

Julie est toujours si gaie que j'éprouve souvent le désir de la frapper. Et deux types qui doivent nous quitter la semaine prochaine, Roger et Colin, semblent se prendre pour des surhommes. Ils sont très fiers de ne pas avoir touché à de la drogue depuis près d'un mois. À présent, ils savent *vraiment* s'en passer. Ce sont des huiles, au sein de notre petit groupe.

Je me sens constamment aussi agitée qu'un hamster privé de sa roue à écureuil. Je suis rongée par la peur que quelqu'un s'en rende compte et me haïsse, me méprise ou, plus grave encore, s'apitoie sur mon sort. Je redoute qu'on me plaigne d'avoir reçu tout-ce-qu'un-être-humain-pourrait-rêver-obtenir-un-jour et d'avoir vomi tout ça avec des coquilles Saint-Jacques et du Percodan sur le sol d'une salle des urgences.

Je comprends pourquoi certaines personnes envient mon existence et s'étonnent que je ne la trouve pas moi aussi formidable. J'ai presque l'impression d'être punie de ma mauvaise conduite par des récompenses… cette sybarite dont la voix intérieure ne cesse de répéter : « Vois comme tu es gâtée. Allez, je t'offre une *autre* chose merveilleuse. Que vas-tu en faire, hein ? Que vas-tu en faire ? »

Le problème, lorsqu'on a tout ce qu'on peut désirer, c'est qu'il faudrait également posséder l'*aptitude* de tout avoir. Certains en sont sans doute capables, et doivent rire de leurs semblables qui ont tout à l'exception du pouvoir de le supporter.

L'aspect positif de la situation, c'est que je ne risque pas de tomber plus bas. Mais on m'a déjà repêchée, et j'ai l'impression d'être une intruse. Une personne en transit au sommet. J'ai obtenu un visa pour le bonheur, mais je détiens un laissez-passer sans limitation de validité pour l'affliction. J'ai traversé mes vingt ans comme un fil lumineux à travers le chas d'une aiguille noire, me ruant vers ma destination : Nulle Part.

Cette sensation est pénible... il me semble que des insectes volent à l'intérieur de mon corps. Aujourd'hui, j'ai téléphoné à mon amie Wallis et vainement tenté de convaincre la standardiste de lui annoncer : « Un appel en PCV de l'enfer, acceptez-vous la communication ? »

Après n'avoir absolument rien éprouvé pendant des années, je participe au Festival des Sensations. Les effets des produits chimiques s'estompent et les émotions font un retour en force. Le seul problème, c'est que ce ne sont pas les émotions agréables, seulement celles qu'on tente de fuir... celles auxquelles on préférerait presque la mort. Ces choses qui donnent l'impression d'être un petit caillou coincé au fond d'une chaussure, et même pas la chaussure d'un individu digne d'intérêt.

J'ai parlé à mon imprésario et terminé cet entretien en sanglots, ce qui n'est certainement pas le meilleur moyen d'améliorer mon image de marque. J'ai essayé très fort de me contenir, mais c'était au-dessus de mes forces. J'ai épuisé la réserve de retenue reçue à ma naissance. Tout laisse présager que le temps des pleurs est venu.

J'ai eu un bref entretien avec maman. Je la soupçonne de m'en vouloir d'avoir ainsi gâché la vie qu'elle m'a donnée, mais elle ne s'est pas départie pour autant de sa gentillesse. Elle m'a même dit une chose formidable. Je venais de lui avouer que je me sentais malheureuse, et elle m'a répondu :

– En tout cas, tu as eu une enfance heureuse. Je peux le prouver. J'ai toujours les films.

Qu'est-ce qui a bien pu clocher, quand j'ai pris tout ce qu'elle m'a donné ?

SEPTIÈME JOUR

À quel âge cesse-t-on de faire l'objet des attentions des mâles de son entourage ?

Pendant le déjeuner, Sid m'a étudiée et m'a dit :

– Tu sembles si malheureuse.

Cela m'a surprise. La seule photo de moi que je garde dans mon portefeuille représente une fille insouciante et pleine d'allant. Je ne manque jamais de la regarder, chaque fois que je me sens cernée par les preuves du contraire.

Comment ai-je pu tout gâcher ? Je ne suis pas stupide. Sans doute n'ai-je pas mis à contribution les bonnes parties de mon cerveau... seulement celles qui murmurent : « Prends du LSD et des calmants. Voilà une idée géniale ! » J'étais en phase de réduction de la souffrance et d'expansion de l'esprit, et me voici en phase d'expansion de la souffrance et de réduction de l'esprit. Tout me torture, désormais, et rien n'a plus le moindre sens.

HUITIÈME JOUR

Drame en salle de désintoxication numéro six !

Irène a été mise à la porte pour avoir fumé de la came dans sa chambre. Elle en a offert à Carol, la femme de l'agent littéraire, et cette dernière est venue en larmes me demander conseil. J'ai estimé qu'elle devait dénoncer Irène et nous sommes allées en parler à Stan, qui était de garde.

Stan a convoqué Irène. Cette dernière arborait une expression de défi, comme si elle avait été capturée au cours d'une noble mission pour sa patrie et s'attendait à être passée par les armes. Quant à Carol, elle pleurait. J'étais assise près d'elle et tenais sa main.

– Irène, nous avons appris que tu as fumé de la drogue, a dit Stan.

– Eh bien, je ne savais pas exactement dans quel genre d'établissement je me rendais, quand je suis venue ici. J'ignorais si c'était un centre de réadaptation ou autre chose. Comme je me sentais un peu perdue, j'ai fumé.

– On peut toujours trouver des milliers d'excuses, mais aucune qui justifie de se droguer, a rétorqué Stan.

La plupart des pensionnaires de la clinique partagent le même désir de paraître détendus. Ils souffrent du manque d'héroïne, mais demandez-leur comment ils se portent et tous répondront :

– Très bien, mon vieux. Il faut tenir bon !

Cependant, le débit de leurs paroles est trop rapide et, juste au-dessus de leur sourire, leur regard voilé par une solitude désespérée va se perdre dans le néant. Savoir que son entourage est conscient que l'on souffre est encore plus pénible à supporter que ses tourments.

NEUVIÈME JOUR

J'aurais donc pu mourir. Pas seulement cette fois, mais sans doute à bien d'autres occasions : lorsque j'oubliais quelles doses j'avais prises, à quel moment, sans parler des raisons d'un tel comportement. Était-ce pour fêter quelque chose, noyer mon chagrin, ou fêter mon chagrin ?

Les camés se sont levés sur le pied de guerre, ce

matin. La moitié d'entre eux ne m'ont pas adressé la parole. Ils gardent également Carol en quarantaine, parce que nous sommes allées cafarder au sujet d'Irène. Ceux qui font partie de l'autre moitié trouvent qu'il est stupide de se droguer dans un service de désintoxication. Ils ont dû organiser des palabres pour calmer les esprits. Les toxicomanes ne peuvent maîtriser aisément leurs émotions, et sans l'assistance des produits chimiques c'est du chacun pour soi. Les esprits ne peuvent se calmer. La tension ne cesse de croître. Bart, le Scorpion homosexuel, m'a traitée de salope dans la salle de ping-pong.

Nous avons appris qu'Irène a obtenu la came d'un des employés du service d'entretien en échange d'une partie de jambes en l'air dans la cage d'escalier, pendant le déjeuner. Tels sont mes semblables.

DIXIÈME JOUR

Trois nouveaux ont été admis, aujourd'hui. Marvin, un ex-conducteur de car quinquagénaire à la retraite, semble être ici à cause de l'alcool. Wanda est une héroïnomane qui se prétend mannequin et a pensé à se munir de sa trousse de maquillage pour nous le prouver. Quant à Mark, c'est un jeune exalté qui vient de Vacaville. J'ignore quelle est sa drogue favorite, mais c'est sans importance. C'est un échantillonnage d'idiots du village de tout l'État. Tous les gens qu'on a pu trouver trop défoncés à une soirée ont été regroupés ici.

Après la séance de thérapie de groupe, Bart m'a

présenté ses excuses pour m'avoir traitée de salope et m'a raconté une histoire datant de l'époque où il répandait du nitrite d'amyle sur ses testicules. Ses parties se sont collées aux draps et il a dû aller à l'hôpital avec la literie pour récupérer ses bijoux de famille. Je lui ai déclaré que ce serait un thème formidable pour un téléfilm.

Puis nous avons déjeuné et regardé *Au-delà du réel*. Les drogués semblent tous avoir les mêmes goûts : science-fiction et MTV, la chaîne musicale. C'est bizarre. Nous nous comportons comme des gens absolument normaux, alors que nous sommes en *réadaptation*.

ONZIÈME JOUR

Les nouveaux sont sortis de désintoxication et ont rejoint notre groupe. Marvin soutient qu'il n'est pas alcoolique mais qu'il adore cet établissement. Il nous trouve fascinants. C'est comme s'il effectuait une visite pour le compte de *Psychologie actuelle,* ou une de ces revues qui envoient des journalistes sains d'esprit chez les dingues simplement pour voir si les psychiatres s'en rendront compte.

Wanda se trouvait à l'hôpital, où elle avait été admise suite à une tentative de suicide (gaz d'échappement dans sa voiture), lorsqu'elle a téléphoné à son dealer, lui demandant de lui apporter de l'héroïne parce qu'elle n'arrivait pas à dormir. Une overdose à l'hôpital, et la voilà parmi nous.

Quant à Mark, le jeune plouc de Vacaville, il a été conduit à la clinique par le flic chargé de le surveiller pendant sa liberté conditionnelle. Il a dix-neuf ans et donne l'impression d'avoir été sous traitement pendant la majeure partie de son existence. Ses cheveux blonds graisseux sont séparés par une raie médiane et il a un regard de dément. Lorsqu'il suit un couloir, il longe ses parois. Carl affirme qu'on prend cette habitude en prison. Mark a effectivement fait trois années de réclusion pour résistance à la force publique et voies de fait contre un policier. Et voilà qu'il se retrouve dans une clinique de désintoxication. Son père, qui est venu lui apporter des vêtements, a paru fortement déçu en découvrant ce qu'était devenu son fils.

Il est probable que ma mère est également déçue par moi, mais elle ne le montre pas. Elle est passée m'apporter un édredon de satin et de velours. Je m'étonne d'avoir pu me désintoxiquer sans cet accessoire. J'appréhendais sa visite, mais ça s'est bien passé. Elle croit que je lui reproche ma déchéance. C'est surtout mon dealer, mon médecin et moi-même que je blâme, et pas nécessairement dans cet ordre. Il est visible qu'elle ne trouve pas ma coupe de cheveux à son goût, mais elle a soutenu le contraire et déclaré qu'elle la jugeait « intéressante ». Elle a ajouté que ma vie serait différente si je changeais d'imprésario, puis elle a lavé mes sous-vêtements et m'a laissée.

Au cours de ces dernières années, je suis devenue dans le meilleur des cas une excentrique dont on tolère la présence et dans le pire des cas une emmerdeuse. J'aurais l'impression de décevoir mon entourage, si je renonçais à la conduite qu'ils se sont habitués à désapprouver. Ils essaient de m'amender et je refuse de rentrer dans le droit chemin. Ils émettent des objections, je rétorque par des propos choquants. Il serait regrettable d'interrompre les représentations de cette pièce, à présent que nous connaissons tous nos rôles à la perfection.

Aujourd'hui, Julie nous a parlé des proches des drogués. Selon elle, ils sont emportés par une spirale descendante, en raison de la fascination qu'exerce sur eux le spectacle de ceux qui se laissent mourir à petit feu. Leur observation peut alors devenir toute leur vie. Ces gens se droguent aux drogués.

– C'est comme s'ils sautaient par la fenêtre et voyaient la vie d'*une autre personne* défiler devant leurs yeux, a dit Sid.

Je regrette de ne pas y avoir pensé la première, mais je ne manquerai pas de le plagier à l'occasion.

Si je me trouvais un mari, la situation serait certainement moins pénible. Je suis jalouse de Carol, parce qu'elle n'est pas seule. Elle a un foyer vers lequel retourner, un homme à aller retrouver, et un rôle à tenir. Dans ma vie, absolument rien ne pourrait m'inciter à changer. Quand on réunit deux personnes, et que l'une est en pantalon et l'autre en jupe, comment pourraicnt-elles être malheureuses ? Sauf si leur môme en assassinait un autre ou faisait autre chose du même genre, naturellement.

J'envie les gens qui parviennent à rester en compagnie d'un tiers tout en continuant de lui trouver de l'intérêt. Je préfère regarder la télé. Lorsqu'il m'arrive d'avoir un ami, il finit tôt ou tard par s'en rendre compte. Je me souviens avoir dit à Jonathan que je lui aurais prêté plus souvent attention s'il passait de meilleurs programmes. Au début, on a toujours l'impression que l'autre ne sera jamais *ennuyeux*, sauf s'il cesse de s'intéresser à vous. Et finalement on arrive à un stade où la seule chose qu'on souhaite lui dire, c'est : « Tire-toi de mes pattes, d'accord ? »

Mais qu'est-ce que ça change ? Aucun homme ne voudrait épouser une fille qui a une pareille coupe de cheveux.

DOUZIÈME JOUR

Ce matin, un adolescent d'environ dix-huit ans est arrivé à la clinique. Il s'appelait Brian et était accompagné par sa mère et sa tante. Il portait un bonnet en tricot rouge, puait la bière, et refusait catégoriquement de rester parmi nous. Il avait prévu d'aller à un concert mercredi soir.

Son frère a été tué l'année dernière, dans un accident de la circulation. Il était couché sur la chaussée, quand quelqu'un a desserré le frein d'une voiture. Il a été écrasé parce qu'il était trop défoncé pour pouvoir réagir.

Ils ont envoyé Carol, Bart et moi essayer de convaincre ce môme de rester. Il a déclaré être impressionné qu'une célébrité telle que moi soit pensionnaire de cette clinique, qu'il aurait bien aimé devenir acteur, mais a par contre refusé d'entendre raison. Il s'estime trop jeune pour renoncer à l'alcool et à la drogue. Pas quand tous ses amis passent leur temps à se défoncer.

Il est probablement conscient d'avoir un problème – il boit à longueur de temps, fume un tas de hasch et ne crache pas sur la coke chaque fois qu'il peut s'en procurer – et il sait que son frère en est mort. Mais il n'a pu accepter ce que représente un séjour dans une clinique de réadaptation. Il a refusé de l'admettre. C'était trop accablant, trop pénible pour être vrai. Il en a déduit que l'hypothèse de départ était fausse et est parti.

Tout cela m'a donné à réfléchir. J'ai gaspillé tant d'énergie pour tenter de justifier mes retards, expliquer pourquoi je n'étais pas venue à un rendez-vous, soutenir que mon air hagard n'était pas dû aux drogues mais à la lassitude, ou au décalage horaire... J'ai déployé tant d'efforts pour ne pas regarder mes interlocuteurs dans les yeux, faute de pouvoir supporter la déception que j'y lisais. C'est épuisant. Si j'avais accepté d'admettre que j'étais une droguée, je disposerais toujours de toute cette énergie.

Donc, je suis une droguée. Je suppose que chacun de nous peut prendre une certaine quantité de came au cours de son existence et que j'ai utilisé tous mes tickets de rationnement. Désormais, il n'y aura plus que la réalité. Je crois pouvoir définir ce qu'est la maturité : une attitude stoïque face à une réalité ininterrompue. Mais je ne suis vraiment pas une spécialiste de la question.

TREIZIÈME JOUR

Ce lieu ne ressemble pas à ce à quoi je rêvais, quand j'étais une enfant. À l'école, il ne m'est jamais arrivé de me lever pour dire : « Quand je serai grande, je séjournerai dans une clinique de désintoxication, je mangerai dans un réfectoire, je regarderai *Au-delà du réel,* j'assisterai à des séances de thérapie de groupe et je jouerai au volley-ball dans le parc, en me fichant de tout le reste. »

Aujourd'hui, j'ai eu Thomas au téléphone. Il m'a dit qu'il avait essayé de me joindre, mais que la ligne était toujours occupée... nous disposons d'un téléphone à jetons, dans le couloir. Il semblait si calme, si détendu, si différent de moi. Par un phénomène génétique dont j'ignore tout, j'ai dû hériter toutes les tares de ma famille, alors que mon frère a reçu la douceur et la patience d'un saint. C'est bien un des rares individus dont on ne met pas la sincérité en doute, lorsqu'on lui demande comment il se porte et qu'il répond : « À merveille. » Ça me rappelle la scène de *L'Exorciste* où le prêtre s'adresse au démon présent dans le corps de la fillette possédée et lui crie : « Prends-moi ! »

Le démon en question ne se le fait pas dire deux fois et quitte l'enfant pour le prêtre. C'est comme si j'étais une exorciste. J'absorbe les ténèbres et les laisse s'accumuler en moi, pendant que Thomas reçoit... eh bien, je n'irai pas jusqu'à dire de la lumière, mais quelque chose de bien moins sombre, en tout cas. Il possède une sorte d'allant mélancolique. Il progresse nonchalamment et traverse la vie d'une démarche souple et aisée. Je lui ai dit qu'il avait bien de la chance d'avoir une sœur dans mon genre, parce que cela le faisait paraître encore meilleur par contraste.

– Le plus formidable, dans le fait de t'avoir pour sœur, c'est que tu es la seule adulte que je connaisse qui ait toujours un bol de Tootsie Rolls en réserve pour ceux qui viennent lui rendre visite, m'a-t-il répondu.

J'ignore pourquoi, mais cela m'a réchauffé le cœur.

Sid affirme que le problème n'est pas la drogue mais la *vie*. Pour lui, la came est au contraire une solution. Je pense qu'il s'est entiché de moi. Chaque matin, il vient dans ma chambre et me tient les pieds jusqu'au moment où je suis pleinement réveillée. J'adore que mes pieds soient tenus par quelqu'un, à mon réveil, même si c'est par Sid.

Marvin refuse toujours d'admettre qu'il est un alcoolique.

Mark m'a montré la lettre qu'il a reçue de Manson. Elle ne me semble pas avoir beaucoup de sens… des choses sur des séquoias. Mark affirme que Manson est un incompris et un type très « cool ».

QUATORZIÈME JOUR

Aujourd'hui, Mark a menacé la vie de Sid. Personne ne sait vraiment ce qui s'est passé, mais ils ont administré à Mark de l'Haldol, un puissant psycholeptique. À présent, il a de l'écume aux commissures des lèvres et il semble encore plus fou qu'avant. Carol et Wanda ont l'intention ce soir de barricader leurs chambres avec des poubelles, étant donné que les portes n'ont pas de verrou.

Carl est en colère parce que je lui ai proposé dix dollars s'il gardait le silence sur leurs projets. Il m'a traitée d'actrice gâtée et a affirmé que j'ignore tout de l'existence. Il a peut-être raison. J'ai parfois l'impression que mon nez est collé à la vitrine d'une pâtisserie. Le problème, c'est que je suis un des gâteaux.

QUINZIÈME JOUR

Aujourd'hui, une dame est venue renforcer notre spiritualité dans la plus pure veine des Alcooliques

Anonymes. Elle nous a raconté deux belles histoires. Tout d'abord, elle nous a expliqué pourquoi les gens qui font du bénévolat pour les AA s'apparentent aux Esquimaux.

Il était une fois un certain Harvey qui se trouvait dans un bar du fin fond de l'Alaska. Un autre type, Tony, entra et se mit à parler de Dieu au barman. Harvey s'adressa à Tony :

– Tu crois ces machins ?

– Ouais.

– Aaah, j'ai gobé moi aussi toutes ces bondieuseries, autrefois. Mais je sais désormais que c'est un tas de bobards, rétorqua Harvey.

– Que veux-tu dire ?

– Eh bien, j'étais pris dans une tempête de neige, un temps vraiment pourri. Je m'étais perdu et j'errais depuis des jours. J'allais mourir et, en proie au désespoir, je suis tombé à genoux et j'ai prié : « Mon Dieu, si tu es là-haut, tire-moi de là. Sauve-moi ! »

Harvey se tut et Tony demanda :

– Alors, que s'est-il passé ?

Et Harvey répondit avec du mépris dans la voix :

– Oh ! Rien du tout. Un *Esquimau* qui passait dans les parages m'a sauvé.

Puis elle nous a raconté que sa première marraine au sein de l'association avait un horrible cancer. Cette femme possédait une foi inébranlable et notre visiteuse ne parvenait pas à comprendre comment sa marraine pouvait croire en un Dieu qui la faisait souffrir ainsi. Et cette dernière lui a répondu :

– Dieu ne nous inflige que les épreuves que nous sommes à même de supporter, et si nos souffrances sont plus grandes que celles des autres, nous devons considérer cela comme un compliment. Cela démontre qu'Il nous juge plus forts.

J'ai trouvé cette pensée si profonde que j'aimerais la graver au fer rouge dans mon cerveau.

De retour dans ma chambre, j'y ai trouvé des fleurs apportées par le laveur d'estomac. Il précisait sur le message accompagnant le bouquet qu'il avait pu constater que j'étais une personne très sensible. Cela allait de soi, compte tenu des doses de Percodan qui m'étaient nécessaires.

Je suis tentée de l'épouser, simplement pour pouvoir raconter dans quelles circonstances nous nous sommes rencontrés.

ALEX

... Ça y est, j'ai arrêté. Et pour de bon, cette fois. Je ne toucherai plus jamais à la coke. Même si on m'en donnait, je n'en prendrais pas. Je doute d'ailleurs qu'on m'en offre. Les libéralités de ce genre sont passées de mode. Partager quelques prises était autrefois un excellent moyen de se faire des amis, mais à présent tous *gardent précieusement* leur neige pour leur usage personnel.

Ma première soirée sans drogue, donc. Intéressant. Naturellement, je ne me défonçais pas pour aller aux fêtes d'anniversaire de mes petits copains, quand j'étais gosse, mais un certain laps de temps s'est écoulé depuis cette époque.

Je me demande même si quelqu'un a de la blanche, ici. Steve, probablement. Il est rare qu'il en manque. Je le trouve *horripilant,* mais je dois avouer qu'il a toujours de la coke super...

Non, je me suis juré de ne plus jamais sniffer. La dernière fois, j'ai vécu un véritable *cauchemar* et... Mais c'était amusant, au début. C'est souvent le pied. Je ne sais pas. Freud ne crachait pas dessus, alors est-ce vraiment aussi mauvais qu'on le dit?

Mais j'ai changé, je pète de santé. Je n'ai absolument rien sniffé depuis *quatre* jours. Ça ne me tente même plus. Il faut dire que je n'ai jamais été ce qu'on pourrait appeler un drogué. Je prenais de la coke parce qu'il y en avait. Non, je n'ai jamais été vraiment accroché. Pas comme Steve, en tout cas. Ce type ne peut vraiment pas s'en passer. Je dirais même qu'il a un sérieux problème. Il serait incapable de s'arrêter. Enfin, il lui arrive parfois de laisser tomber quelque temps, mais ça ne dure jamais. Mon cas est différent. J'ai une volonté de fer. Je n'avais pas encore décidé de la mettre à contribution, voilà tout. Ma défaillance de volonté fait partie du passé. Je sais que je ne reviendrai pas sur ma décision de ne plus toucher à la cocaïne.

En outre, cette vie saine est formidable. J'apprécie vraiment ce que l'on ressent quand on n'a rien pris. Vous savez, on voit des gens faire du jogging et on se dit «*Yuuuuccccchh*», mais on en reste là. J'approche de la trentaine et j'estime que se droguer est propre à la jeunesse. Je n'avais pas de problèmes, j'étais tout simplement jeune. Ce qui n'est pas un problème en soi, seulement un stade de l'existence où sniffer est de bon ton. Avec l'âge, on passe au stade suivant.

Je ne sais pas. Je crois que ma conduite est due à la tension qui accompagnait mes rapports avec Jeanne. À présent qu'elle m'a quitté, je me sens vraiment bien. Je fais tout pour ça, en tout cas. Aujourd'hui, je suis passé à ce bar où l'on ne sert que des jus de fruits et de légumes, et j'ai commandé une décoction de chlorophylle, une boisson verte. Ce truc m'a donné la diarrhée, mais ce soir je me sens vraiment en forme. Et j'ai l'impression que ce n'est qu'un début. On va dans un établissement de ce genre, on commande un jus de chlorophylle ou de carotte, on prend une ferme résolution, et le tour est joué. J'ai en outre acheté une bonne paire de baskets, car je compte me mettre au jogging... Et ce matin je me suis levé à neuf heures trente pour installer mon vélo d'appartement juste à côté de mon lit. Demain, quand je me réveillerai, je n'aurai qu'à sauter en selle. Dix minutes d'exercices quotidiens devraient suffire pour retrouver la forme. Ensuite, je me rendrai peut-être à la station thermale de Canyon Ranch. Il paraît que ce centre de remise en forme est très bien. Il est possible que j'y rencontre une fille formidable. Si je vivais avec quelqu'un qui ne se drogue pas, nous ne nous défoncerions pas ensemble et cela m'aiderait. Faire de tels choix indique clairement où l'on en est.

La seule chose qui m'ennuie, c'est l'abstinence *totale*. J'aimerais tout de même pouvoir me défoncer de temps en temps, par exemple pour célébrer la fin de ma dépendance vis-à-vis de la drogue. Je ne vois pas ce qu'il y aurait de mal à ça. Steve replonge chaque fois, mais il a un problème. J'estime qu'après avoir contrôlé mes besoins ce sera sans risque. Et j'ai vraiment pris un bon départ. Seigneur, mon estomac n'arrête pas de gargouiller ! C'est à cause de ce jus infect. Je me demande si tout ce qui est sain est aussi dégueulasse. J'espère que ce n'est pas le cas, parce que j'ai la ferme intention de me refaire une santé.

J'ai l'impression que Steve est déjà défoncé.

C'est épouvantable. Les gens qui sont esclaves de la drogue se ridiculisent. Un tel comportement est si *stupide*. Je n'arrive pas à croire que j'aie pu me conduire comme cette épave. Je me sens si bien, de l'autre côté de la barrière. Rien ne peut autant éroder l'estime qu'on se porte que de décider d'arrêter puis de recommencer. Attention, je ne dis pas qu'il est interdit de sniffer un peu, dès l'instant où c'est avec modération. Mais se dominer n'est pas permis à *tout le monde*... certains individus sont incapables de se contrôler. Je n'en fais pas partie. J'ai une grande volonté, et je sais qu'avec un peu d'entraînement je parviendrai à prendre de la coke avec modération.

Enfin, peut-être pas de la cocaïne, mais une pilule d'amphétamines de temps en temps. L'effet du speed et de la coke est formidable sur mon poids. Ce n'est pas un moyen de maigrir naturel, je sais. Il est plus sain de faire des exercices physiques...

Seigneur, quand je pense à ce qu'on éprouve, juste au début ! À condition que la coke soit *bonne*, naturellement. À l'avenir, je ne prendrai que de la neige de qualité supérieure. J'y veillerai. Je ne remettrai jamais les pieds chez ce dealer de Brentwood. *Jamais*. Je crois que tout le problème vient de là. Sa coke vous emporte la gueule, et la sniffer est une véritable *corvée*. Je n'achèterai que de la neige de qualité pharmaceutique, celle qui n'agresse pas les sinus. Je pense à ma santé. Je dois être un cas à part, parce que je n'ai jamais cessé de me rendre de temps en temps au gymnase, même au cours de toutes ces années où j'ai pris de la drogue. Jeanne m'accusait d'entretenir mon corps pour permettre aux produits chimiques de le détruire plus lentement, mais elle exagérait. Et même si c'était vrai, je mène une existence tout de même plus saine que celle d'un taré comme *Steve,* qui se défonce *et* se gave de hamburgers et de sucre. Je m'abstiens de toute nourriture cancérigène et je bois même des jus de légumes… Je suis passé de l'autre côté, mais…

Je suis *crevé*. Qui est cette fille? Pas mal, dis donc… Nooon, il ne manquerait plus que je m'embringue avec une autre bonne femme. Seigneur, je suis si *fatigué*. Je ne devrais pas boire. J'ai bu parce que j'établis un parallèle entre les deux, alcool et cocaïne. Plus d'alcool. Oh! Il m'a vu et il approche. Je vais faire semblant de ne pas l'avoir remarqué, pour qu'il comprenne que je ne m'intéresse plus à…

Eh, Steve, ça baigne? Ouais, ouais, moi ça va. Non, je me sens en pleine forme. Je me demande vraiment pourquoi tu me trouves mauvaise mine. À moins que… J'ai eu quelques problèmes d'estomac, aujourd'hui. Et toi, comment vas-tu? Tu sembles vraiment planer. Non, je… je n'ai rien pris. J'ai laissé tomber. Ouais. Non, je me sens très bien. Si, je suis sérieux. Que veux-tu dire? Je pète de santé. Ma décision est irrévocable. Attention, ce n'est pas un jugement que je porte sur toi. Je ne reproche rien à ceux qui continuent de sniffer, tu sais. Je ne trouve pas que ce soit avil…

Non, je n'ai pas eu de *problèmes*. C'est seulement que mon nez commençait… je ne sais pas. J'en reprendrai peut-être un peu, de temps en temps. Mais pas avant longtemps, en tout cas. C'est possible… eh bien… je ne sais pas, laisse-moi seulement… Au fait, est-ce qu'ils ont prévu un buffet, ici? D'accord, peut-être une prise, mais… qui est cette fille, là-bas?… c'est tout. Je vais… Non, c'est… Je ne… D'accord, une prise. Mais une seule, et ensuite plus de sniff, même si je t'en redemande. C'est de la bonne, au moins ? Elle ne vient pas de Brentwood ? D'accord, donne.

(sniff) Mmmmmhh ! (sniff) Ooohhhh, *formidable*. Oh, le pied ! Merde, elle est fantastique ! Mmmmhhhh ! Elle brûle à peine. Presque pure, pas vrai ? Ouais ? Elle est bonne. Non, ça me suffit vraiment. Je suis capable de me dominer et ça suffit comme ça. Je me maîtrise parfaitement, tu sais. Comme ces gens qui se rendent à une soirée et sniffent une seule prise pour dissiper leur tension. Je sais contrôler mes besoins.

Seigneur, je me sens si... Je suis vraiment heureux d'avoir renoncé à cette merde. Je parle d'en prendre des doses importantes. Je me sens vraiment bien. Je *sais* que je ne semble pas en pleine forme, mais c'est à cause de mes insomnies et de ce jus infect.

Allons dire deux mots à cette fille. Je veux lui parler. Tu la connais ? Lisa quoi ? Qu'est-ce qu'elle est, actrice ou quelque chose de ce genre ? Je *ne peux pas supporter* les actrices. Elle doit malgré tout être intelligente. Les gens intelligents s'habillent toujours en noir. Qui est le type avec lequel elle discute ? *Craig ?* Je veux aller lui parler. Seigneur, ce type est un raté. Je devrais lui parler. File-moi une autre prise, et j'irai l'aborder. Je *sais* ce que je t'ai dit, je sais ce que je t'ai dit. Seulement une prise. Qu'est-ce qui te prend, tu serais devenu radin ? Je peux te la payer, si tu veux. J'ai arrêté d'en prendre et je veux fêter ça... en sniffant un tout petit peu. (sniff) Mmmmhh ! (sniff) Ouiiii !

J'aimerais qu'il existe un truc du même genre que l'holisme, si tu vois ce que je veux dire. Qu'il y ait une façon d'encaisser un coup dur pour qu'il devienne bénéfique. Comme si je tombais malade, par exemple, et que mon toubib me prescrive ce machin. Mais je dois reconnaître que c'est de la bonne. Vraiment extra. Tu l'as payée combien ? Pas mal. Vraiment pas mal. Et qui te l'a procurée ? Oh, ouais, il m'a refilé de la coke super, à moi aussi. Tu te souviens de la nuit où nous... Donne-moi une autre prise. File-m'en une autre.

(sniff) Aaaahhh ! (sniff) Oooww ! Non, la coke n'y est pour rien. J'ai pris un rhume, la semaine dernière. En fait, je pense plutôt à mes sinus. Je dois faire une sinusite chronique qui ne cesse d'empirer depuis deux ans. Je ne sais pas, il faudra que j'aille consulter un médecin un de ces jours.

Non, je n'ai plus envie de discuter avec cette fille. C'est avec toi que je veux parler. Tu m'as manqué, tu sais. J'ai vraiment l'impression que nous avons un tas de choses en commun, tous les deux. Je sais que nous nous voyons rarement, mais chaque fois que nous avons eu l'occasion de discuter, j'ai trouvé ça formidable. Tu te souviens du soir où nous avons fait connaissance, à Vegas ? Tu ne fourguais pas de la came, à l'époque ? Un jour, un type m'a dit que tu étais un dealer et j'ai failli l'assommer. Tu es vraiment super, mon vieux. Je t'apprécie vraiment.

Tu crois qu'on pourrait encore se procurer de cette neige ? Tu vois, je laisserai tomber dès demain parce que... je ne sais pas... il serait grand temps de penser à ma santé. Whew, mon cœur s'emballe vraiment. Tu crois qu'une autre prise le ralentirait un peu ? Ma question peut paraître idiote, mais je suis certain que celui qui en prend une certaine quantité puis diminue les doses peut *vraiment* éprouver du plaisir en sentant que tout est conforme à l'ordre des choses. Seigneur, que la vie est belle ! Je peux en avoir encore un peu ?

Je pense que c'est une excellente chose... tester ma résistance. Je trouve idiot de tirer définitivement un trait sur quoi que ce soit. La modération, *voilà* le secret... la clé universelle qui ouvre toutes les portes. Les gens qui éprouvent vraiment le besoin de se droguer et qui s'arrêtent... eh bien, ils font simplement la démonstration de leur faiblesse. Ils se laissent embringuer dans des associations du genre Cocaïnomanes Anonymes et se retrouvent avec des paumés qui ne savent parler que de la drogue. On dirait qu'ils sont capables d'une seule chose, ne pas se défoncer. Eh bien, si j'avais à choisir, je préférerais encore la drogue. Il te reste de la neige ?

Cette soirée est mortelle, mon vieux. Je ne sais pas, je me sens nerveux et, tu sais, impatient. On pourrait peut-être aller chez toi ? Alors, viens plutôt chez moi. Bon, en ce cas on va simplement aller se promener. Il n'y a personne de valable, ici. Seigneur, regarde comme ces porcs *s'empiffrent*. Beurk, vois un peu cette merde, ça a l'air dégueulasse. Viens, allons poursuivre cette discussion à l'air libre.

T'ai-je déjà dit que j'ai terminé mes études secondaires avec mention ? Ouais, j'étais un môme vraiment doué. Très précoce. Je ne sais pas, j'ai toujours voulu devenir écrivain. Je trouvais ça passionnant. Mais je dois t'avouer une chose : le milieu de la télé manque plutôt d'intérêt. Je préférerais faire de la musique, mais je ne joue d'aucun instrument. Je pourrais peut-être apprendre. Il me semble à présent que j'en serais capable. Tu joues de quelque chose ? Vraiment ? Quelle coïncidence.

Alors, aucun de nous ne joue d'un instrument de musique. Mais, tu sais, j'ai l'impression que nous avons tous les deux une *âme* de musicien. Tu vois ce que je veux dire? Communiquer, voilà le dénominateur commun de tous les *artistes*.

Cette fille en noir, c'est probablement une artiste. J'ai toujours rêvé de sortir avec une fille qui écrit des poèmes et fréquente les clubs de jazz. Elle m'attirerait dans sa vie et nous deviendrions des âmes sœurs. Je me demande si mon âme a une sœur.

Je peux avoir une autre prise? Je me sens vraiment en forme, maintenant. On pourrait aller en acheter un peu, que diable? J'ai tiré un trait sur la drogue, ça se fête, non?

(sniff) Aaaahh! (sniff) Ooohhh! Je la trouve un peu irritante, pas toi? Est-ce que je suis en sueur? Je te semble détendu, pas vrai? Je ne te donne pas l'impression d'être paranoïaque, au moins? J'ai parfois la paranoïa de paraître parano. Je ne voudrais pas qu'on me prenne pour un parano. Je me fiche complètement de ce que pensent les gens, note bien, mais il m'arrive parfois d'en faire cas. Je l'admets. Je suis un être humain. Je n'ai jamais pu faire totalement abstraction de l'opinion de mon entourage.

J'apprécie énormément... de pouvoir m'exprimer librement. C'est une sacrée conversation, mon vieux. Il faudrait l'enregistrer. Alors, qu'est-ce que tu fais dans la vie? Tu écris, toi aussi? Qu'est-ce que tu écris? Des articles comparatifs sur les chaînes hi-fi. Absolument fascinant. Tu ne crois pas qu'aller reconstituer notre réserve de neige serait une excellente idée? Ton dealer n'est pas chez lui? Alors, allons à Brentwood. Non, c'est vrai, ce type ne vend que de la merde, mais sa came n'est pas chère et il ne sort jamais de chez lui.

Dis, mes gencives ne saignent pas ? J'ai pourtant comme un goût de sang dans la bouche. Je ne sais pas, j'ai dû me mordre en parlant. On pourrait peut-être se payer des euphorisants, parce que je commence à me sentir très… *déprimé*. Pas déprimé dans le sens le plus strict du terme, note bien. C'est plutôt comme si je souhaitais être ailleurs, sans savoir où exactement… Allons à Brentwood. Allons à Brentwood, bordel. Laisse ta voiture, je te ramènerai plus tard. Qu'est-ce qui te reste, comme coco ? Merde, alors on n'a pas le choix. Il faut aller à Brentwood.

Seigneur, je regrette vraiment d'avoir bu ce jus de chiendent ! Je ne me sens pas dans mon assiette. Merde, ils devraient fournir un mode d'emploi avec la nourriture biologique. Tout excès est nuisible à la santé, même l'excès de choses saines. Mais je ne crois pas que la quantité soit en cause : cette merde doit être nocive même lorsqu'on en prend à doses homéopathiques. Rien de *vert* ne peut être bon pour la santé, pas vrai ? Uuugghh ! File-m'en encore un peu. Une dernière prise, pour me donner l'énergie de monter en voiture et de conduire. (sniff) (sniff)

Qu'est-ce que tu as ? Tu parais tendu. Ça va ? Bon Dieu, c'est quelle heure ? Il m'arrive d'être parfois sur les nerfs sans raison. Autrefois, j'ai entendu l'expression « peur inexplicable » et je crois qu'elle s'applique parfaitement à ce que j'éprouve. Parce qu'il n'existe aucune cause à mon angoisse. Je veux dire que je me sens à mon aise avec toi, ou plutôt que je me sentais à mon aise avec toi. Désolé, je parle trop. Je ne sais pas, la nuit sans doute. Seigneur, quelle nuit !

Jésus ! Il sortait d'où, ce type ? J'ai failli le renverser. *Jésus !* Jésus. D'accord, d'accord, je lève le pied. Je ne sais pas… cette bagnole est brusquement montée à cent vingt. Jésus. On va liquider ce qui reste, au cas où les flics nous arrêteraient. Qu'as-tu fait, tu as tout sniffé ?

Seigneur ! Je n'aurais jamais dû faire ça. Je n'aurais jamais dû prendre toute cette merde. Je me *débecte*. Pourquoi ai-je fait ça ? À présent, j'ai l'estomac retourné par le jus de chiendent *et* la coke. Je me demande si cette fille en robe noire est toujours à la soirée... Ça y est, voilà l'immeuble.

Je me sens complètement sonné. Pourquoi ai-je fait ça ? Enfin, je n'ai aucun reproche à m'adresser. C'est cette neige qui est en cause. Elle brûlait un peu. Nous allons en acheter de la meilleure. J'espère qu'il en a de la bonne. J'espère surtout qu'il n'est pas en rupture de stock. Je prendrai également quelques euphorisants. Tu sais, si je pouvais... Enfin, je fais peut-être la déprime qui sépare deux moments d'euphorie...

Comment ça, je parle tout seul ? Il est naturel que je parle tout seul. Que voudrais-tu que je te dise ? Je te demande un peu ce que je pourrais raconter à un type qui écrit des articles sur les chaînes hi fi ! Seigneur.

D'accord, on y va. J'ai combien, en liquide ? Cent dix dollars. S'il acceptait les chèques, ce serait parfait. Je n'aimerais pas laisser des traces, note bien. On ne sait...

Alex. C'est *Alex* !

Qu'est-ce qu'il a, ce con ? Il est sourd ?

– Hé ! 'Soir, vieux, comment ça va ? Ouais, ouais, je sais qu'il est tard. Eh bien, on passait dans le coin et... Tu connais Steve ? Ouais. Alors, on peut entrer ? Merci. Tu as de la coke ? Un demi-gramme ? Tu plaisantes ou quoi ? Je croyais que tu étais un *dealer*. Tu *dois* en avoir plus.

Oh, *merde*. Oh, *merde* !

– Alors, tu dois avoir des euphorisants, ou autre chose. Je suis plutôt sur les nerfs maintenant, vraiment sur les nerfs. Eh bien, oui, je prends le demi-gramme, et je verrai si... Tout ce que tu as. N'importe quoi. Je prends tout ce que tu as. Et Steve achètera le reste.

Bordel, pourquoi ai-je dit ça ? Donne-moi simplement ce demi-gramme et ensuite nous verrons. Il faut absolument que je trouve un moyen de redescendre... je ne veux pas rester avec ces types. Qui sont-ils ? Ils me font gerber. Regarde un peu la peau de celui-là ! Seigneur, il y a de quoi devenir *dingue*. Et qu'est-ce qui rampe sur le sol, un *cafard* ? Quel endroit minable ! Seigneur, quel taudis ! Quel boui-boui infâme !

J'entends parler. Pourquoi est-ce que j'entends toujours parler ? Un moment, c'est seulement la coke. Calme-toi, mon vieux. La belle affaire. Détends-toi. Incroyable, mais je ne serais pas capable de reprendre le volant. J'ai l'impression d'être en train de creuser un trou dans le tapis. Ô Seigneur. Ô Seigneur.

Est-ce le soleil qui se lève ? Non, seulement... oui, la lumière d'un réverbère. J'espère que ces mecs ne vont pas sortir. Je me tuerai, s'ils me laissent tout seul. Il me faut des euphorisants, j'en ai vraiment besoin. Je devrais aller jeter un coup d'œil dans l'armoire à pharmacie de ce dealer, mais les gens de son espèce sont généralement prudents, non ? Non !

– Je peux utiliser ta salle de bains ?

Je *hais* ce type ! Voyons voir, qu'est-ce qu'on trouve, là-dedans ? Anacin. Afrin. Actifed. Lomotil... pas étonnant, il doit toujours avoir la chiasse à cause du laxatif qu'il utilise pour couper sa saloperie de neige. Percodan! Seigneur. Seulement deux. Ça ne suffira jamais. Merde, je les prends quand même. Endo 333, *youpie,* mon préféré. Je devrais faire couler l'eau, pour qu'ils ne m'entendent pas refermer le placard à pharmacie. Aaahh, c'est bon, ce sera bon. Mais j'ai sniffé trop de coke. Ce ne sont pas deux Percodan qui changeront quoi que ce soit, sur toute cette saloperie. Je devrais aller m'offrir un repas macrobiotique... C'est décidé, demain je...

C'est fini, mon vieux, fini. Je m'en souviendrai. Je ne suis pas près d'oublier que je me retrouve bloqué à Brentwood, en compagnie de deux paumés avec qui je n'ai absolument rien en commun, et que je me défonce tout en essayant d'alimenter la conversation. Je devrais me tuer. Je *hais* mon existence.

Il est inutile d'espérer que ces cachets de Percodan feront le moindre effet. Bon sang, j'espère qu'il a des euphorisants. *Mon Dieu,* faites qu'il en ait!

– Eh, maintenant que je suis allé aux toilettes, je me sens un peu mieux. Tu n'aurais pas des euphorisants? Je sais que je te l'ai déjà demandé, mais j'ai eu une sale journée. J'ai bu cette saloperie de jus de chiendent et... Je ne sais pas, c'est peut-être un truc astrologique, mais... L'Extase? Non, jamais. Mais j'en ai entendu parler. Ouais, comme tout le monde. On ne se retrouve pas en compagnie d'un tas de jolies filles, ou un truc de ce genre? Vraiment? Un simple euphorisant? Oh, formidable. Non, non, je suis parfaitement détendu. Un peu *trop,* peut-être. Non... donne-m'en un. Désolé, je ne voulais pas faire un geste aussi brusque. Terrible! C'est super, non? Tu n'as rien pour le faire descendre? De la tequila, ou autre chose? Ouais, une bière fera l'affaire. Oh, wow! Il faut attendre combien de temps pour ressentir les effets? Non, pas depuis ce jus de chiendent dégueulasse, cet après-midi. Vraiment? Si vite? Vous savez ce qu'il y a, là-dedans? On m'a parlé d'héroïne. Non? Tant mieux, parce que c'est un truc auquel je ne veux pas toucher. Eh bien, j'en ai sniffé un peu, mais je ne me ferai *jamais* une piqûre. Ça fait de vous un vrai drogué. Très peu pour moi.

Je me sens brusquement pris de nausées. Le chiendent, probablement.

– Hé, c'est chouette, ici. Je n'avais pas remarqué que ton appart était si agréable. C'est... *gentil*. Je ne sais pas si ce terme peut convenir, mais je le trouve... amical. Surtout quand on pense que c'est la piaule d'un dealer. C'est quoi, cette musique? Elle est super. Vraiment? J'ai pourtant horreur de Led Zeppelin, d'habitude. Intéressant, très intéressant. Je peux aller m'allonger près des baffles? T'aurais pas un oreiller?

Dieu! Mon comportement me semble tellement ridicule. Je ne connais même pas ces types et je les *aime*. C'est sans doute cette drogue, mais ça ne *ressemble* pas à l'effet d'une drogue. Le Percodan, peut-être? Je sais qu'il ne faudrait jamais mélanger tant de merdes différentes, mais le résultat est malgré tout extra. C'est peut-être *exactement ce qui me convient*. À l'avenir je prendrai seulement un peu de coke, deux Percodan et de l'Extase, puis j'écouterai Led Zeppelin. Ce sera ma recette, quand je me sentirai à nouveau bien, comme autrefois. Il m'est arrivé de ne rien prendre... Oh! Je buvais, mais ça ne compte pas. Quand je n'aurai plus touché à ces merdes depuis un certain temps et que je me sentirai nerveux, je n'aurai qu'à venir voir ces types pour que ça passe. J'*aime* ces types!

Attention, je ne parle pas de sexe, même si cette

idée ne me choque pas vraiment. Abstraction faite de sa peau, Steve est plutôt beau gosse et son cul me fait penser à celui d'une fille. Je ne l'avais encore jamais noté. Oh! Je suis si *heureux*. Je crois que j'ai vraiment renversé la vapeur.

– Steve, ne m'abandonne jamais. Je ne pourrais supporter de me séparer de vous, les gars. *Jamais*.

Je veux me lier à eux, leur démontrer ce que j'éprouve. Mais ma réaction est peut-être excessive. Ouais, je ferais mieux d'écouter la musique.

La fille en noir, à la soirée... Je trouve même cette réception agréable, à présent. Nous aurions peut-être dû... Non, je devais partir. Je pourrais téléphoner et lui dire que je l'attends ici. Ce serait parfait.

Je me sens en communion avec tout ce qui m'entoure. Je me souviens de l'époque où le LSD était à la mode, quand je me retrouvais avec le mauvais côté du buvard et que le trip ne débutait jamais. Ce que je viens de prendre est peut-être semblable à de l'acide. Mais rien n'a changé, c'est seulement plus *agréable*. J'envisage de redécorer mon appartement sur ce modèle.

Mon nez me fait toujours souffrir. Je ne devrais plus sniffer de cocaïne. Ouais, c'est décidé. Plus de coke, uniquement de l'Extase, et seulement de temps en temps. Ce produit est bien moins nocif. Ils viennent juste de l'interdire et ils n'ont même pas dit que c'était un poison. Ils ignorent quels sont ses effets, voilà tout.

Comment ai-je pu ignorer l'existence d'une drogue aussi fantastique? Je suis si heureux. Je devrais téléphoner à cette fille. Comment s'appelle-t-elle, déjà? Non, je ferais mieux de... Je me demande s'il est impoli de se masturber chez les autres. Je n'aurais qu'à me lever et...

– Non, non, non, tout baigne, vieux. Je veux seulement utiliser tes chiottes. Quoi ? Non, j'ai sniffé de l'héro mais je ne me suis jamais shooté. Oh ! C'est toi qui ferais la piqûre ? Eh bien, je suppose qu'en ce cas ce serait différent. Je n'aurai pas à… Et seulement une toute petite dose, hein ?

Ça ne peut pas me faire de mal. L'héroïne est en quelque sorte une drogue *naturelle*. Je ne sais pas, cependant. C'est si bizarre.

– Tu ne ferais rien qui pourrait me nuire, pas vrai ? Tu as une expression si douce. Évidemment, que j'ai confiance en toi. Mais seulement un petit peu. Et, Steve, tu prendras le volant pour rentrer, d'accord ? Eh bien, alors je resterai dormir ici. C'est cool, pas vrai ? J'aime vraiment Brentwood.

Je n'arrive pas à le croire. C'est si *bizarre*. Je n'aurais jamais cru que je ferais ça un jour. Mais ça ne peut pas tirer à conséquence, puisque je ne recommencerai jamais.

– D'accord.

Ô mon Dieu ! À présent, je comprends tout. C'est tellement formidable. Du « smack ». Ce nom me fait penser à des céréales pour le petit déjeuner, mais l'effet produit n'est pas le même. Merde, j'*aime* ça. C'est comme d'être emporté par le Nil, de faire de la plongée sous-marine dans son cerveau. C'est sans doute cela, le bien-être.

Suis-je devenu un toxicomane ? Non, je fais seulement la fête, ce soir. Quelle nuit formidable.

Je ne toucherai plus jamais à la cocaïne. Honhon. Un peu d'Extase, un peu d'héro, mais plus jamais de neige. Et je ferai le nécessaire pour retrouver la forme dès demain. Un peu de vélo d'appartement, pour débuter. Demain après-midi, peut-être. Je regrette une seule chose : avoir bu ce jus de chiendent. Je sens que je vais…

– Oops, désolé. Je vais nettoyer ça.

Bon Dieu, vomir n'a jamais été aussi facile. J'aimerais avoir toujours eu des nausées comme celle-là. C'était presque agréable.

– Bien sûr, prends ma voiture. J'attendrai ici. Je... serai... ici...

Quel appartement agréable. Nous devrions tous aimer notre prochain. Voilà ce que je pense.

Je ne crois pas m'être déjà senti détendu à ce point. Je n'ai en fait jamais été vraiment détendu. C'est finalement chose faite. J'ai l'impression que Jésus m'a glissé dans sa poche et que nous traversons un lac immense.

Mes parents ont été formidables de m'avoir. *Tout* est formidable. Mes dents semblent toutes molles. *Voilà* pourquoi les gens prennent de l'héroïne. Tout compte fait, il ne serait même pas moche de *crever* d'une overdose. Ça ne me ferait rien de vivre seulement deux semaines et de mourir ensuite, si c'était après avoir vécu quinze jours comme ça. Je préférerais malgré tout que ce soit des années et des années. Je ne crois pas qu'on puisse seulement appeler ça une drogue. Il serait plus juste de dire qu'il s'agit d'une solution au stress que nous impose la civilisation actuelle.

Je me demande ce que fait cette étudiante des Beaux-Arts, à la soirée. Elle avait des cheveux si doux, si soyeux. Et elle semblait s'intéresser à tant de choses, comme si elle avait trouvé exactement sa place. Et à présent je sais ce qu'elle ressent. C'est parfait.

Si elle était ici, nous serions comme Adam et Ève. Nous ferions de cet appartement un nouveau jardin d'Éden. Partout où nous serions, ce serait le jardin d'Éden. Et je pourrais vraiment lui ouvrir mon cœur. Le tout est de trouver la bonne personne. Si elle était ici, je me contenterais de la serrer contre moi, la serrer, la serrer, comme si nous étions des jumeaux en gestation dans cet appartement de Brentwood.

Elle est probablement mon âme sœur. Et si j'avais finalement rencontré mon âme sœur pour ne jamais la revoir? Mais non, nous nous sommes trouvés et étreints au niveau de l'astral. Oui, nous avons volé dans l'astral et à présent je vole la rejoindre. Si elle est mon âme sœur, ce qui ne fait aucun doute, nous nous réunirons. Nous resterons unis à jamais. Il ne peut y avoir de rencontre pour les âmes sœurs, étant donné qu'elles ne font qu'un et que rien ne pourrait les séparer.

Nous aurons un bébé et nous lui donnerons des biberons d'héroïne, afin qu'il ait une enfance heureuse. J'achèterai à cette fille des tas de robes et de pulls noirs. Et elle jouera des bongos dans un club de jazz d'East Village, pendant que je réciterai de la poésie existentialiste que tous trouveront géniale. Je suis génial. Je suis tout.

Il m'arrive de penser que je suis le Christ, même si j'ai des difficultés à l'admettre.

Je me demande de quelle couleur étaient les yeux de Jésus. Et s'il aurait dû porter des lunettes.

Je sais en tout cas qu'il possédait le plus doux des visages...

SEIZIÈME JOUR

L'établissement compte désormais un nouveau pensionnaire. Il s'appelle Alex et je le trouve plutôt séduisant, dans le style Heathcliff. Il a eu une crise voici une heure. Je n'y ai pas assisté mais, à en croire Sam, la scène a été assez spectaculaire.

Au sujet de ce dernier, Carl m'a appris qu'il a fait de la prison pour viol et mon seul commentaire a été :

– Oh !

Sur le ton de la conversation, j'ai interrogé Sam qui a déclaré avoir été victime d'un coup monté... par son amie. Je lui ai demandé ce qu'il faisait dans l'existence lorsqu'il n'effectuait pas des séjours en prison, et il m'a répondu qu'il revendait des billets à la sauvette et avait ainsi apporté sa contribution à un concert d'un de mes ex-boy-friends. Il m'a naturellement appris cela sur le ton de : « Quelle coïncidence que nous nous soyons finalement rencontrés. » Sam est pédéphobe et ne peut pas sentir Bart, qu'il appelle d'ailleurs Beurk.

Wanda m'a fait elle aussi des confidences. Elle adore que les hommes l'attachent et lui arrachent ses vêtements avant de faire l'amour. Elle affirme que ça la comble de bonheur. J'ignore pour ma part ce qui pourrait me combler de bonheur, mais j'avoue que sa suggestion n'a pas fait « tilt ».

... Ce salopard de Steve ! Comment a-t-il trouvé le numéro de téléphone de mes parents ? Comment mes vieux ont-ils osé m'envoyer dans un centre de désintoxication? C'est *humiliant*.

J'ai donc fait une overdose. Eh bien, ça n'a rien de surprenant. Je ne m'étais encore jamais shooté à l'héroïne. J'avais d'ailleurs décidé que ce serait une expérience unique. Je venais de prendre de l'Extase et je croyais que ce serait le pied. C'est sans doute cette merde conjuguée au Percodan qui m'a rendu si réceptif à l'héro. C'est décidé, je ne toucherai plus jamais à l'Extase. D'ailleurs, si j'en ai pris, c'est uniquement parce que ce connard n'avait pas d'euphorisants. Je dois sortir d'ici.

Comment une telle chose m'est-elle arrivée? Comment cela a-t-il *pu* m'arriver? Je me retrouve avec des *drogués*. C'est tellement dégradant. Je ne cesse de leur répéter que je ne suis pas un toxicomane, mais cela les fait rire. Mon problème n'est pas dû à la drogue, seulement au mélange. J'espère qu'ils ne diront rien à Jeanne.

Désintoxication! Je n'ai pris qu'une seule fois de l'héroïne, alors de quoi pourraient-ils me désintoxiquer? Ma mère était vraiment dans tous ses états et a parlé d'alcoolisme, mais je ne bois pas... Enfin, je bois comme tout le monde, mais pas comme ils le laissent entendre. Il est impossible que je sois alcoolique. C'est ridicule. Je n'ai que vingt-neuf ans.

Et ils voudraient que j'assiste à ces réunions des Alcooliques Anonymes. Je ne peux pas *supporter* les groupes. J'aime la solitude. Je suis un fauve solitaire. Je n'ai aucune difficulté à m'imaginer quel genre d'épaves on y rencontre. Greg Friedman s'y est rendu pendant quelque temps, puis il a dû renoncer.

– Je n'aurais jamais pris de drogues en compagnie de la moitié de ces types, m'a-t-il dit. Alors je te demande un peu comment ils pourraient m'aider à décrocher !

Il est mort d'une overdose, mais c'était un homme qui m'inspirait beaucoup de respect.

Je trouve qu'il est stupide de s'en remettre à des tiers, dans ce domaine. On peut s'en tirer seul ! Laisser tomber la drogue est une affaire personnelle et vouloir régler publiquement une affaire strictement personnelle, c'est de la connerie. Je n'ai pas envie qu'on me rabâche à longueur de temps des histoires de drogués. C'est tout simplement ridicule. D'ailleurs, que se passe-t-il quand on a renoncé à la drogue ? On trouve autre chose pour se tuer. Je préfère encore crever d'une overdose, s'il est écrit que je doive m'éteindre autrement que de mort naturelle. L'être humain est ainsi fait qu'il tire des leçons de ses erreurs. Nous avons été condamnés à chuter, et cela nous instruit. Souffrance signifie croissance.

J'aimerais avoir quelque chose à sniffer...

DIX-SEPTIÈME JOUR

J'ai été fortement ébranlée en prenant conscience que les gens que j'admire le plus ont connu une fin tragique. Marilyn Monroe, Judy Garland, Montgomery Clift, Lenny Bruce, Janis Joplin, John Belushi.

Dans le cadre de notre culture, ce sont pourtant des héros. Cela contient un message... un message à la gloire du suicide. Tous les gens qui sortent de l'ordinaire finissent tôt ou tard par se tuer. Un message vraiment singulier. La plupart des stars du show-business qui suscitent mon admiration – comédiens, écrivains, musiciens – étaient ou sont alcooliques, droguées, ou suicidaires. C'est bizarre. Et je viens d'être admise dans leur club. C'est la chose à laquelle je me raccroche, ici. Wow, je fais partie de l'élite, comme tous ces morts.

La droguée se fait du cinéma avec les drogués du cinéma.

… Je ne parviens pas à croire que Suzanne Vale soit ici. J'ignorais qu'elle se camait. Je la trouve un peu grassouillette, mais incontestablement séduisante.

C'est si peu conforme à son image. Oh, je ne veux pas dire que tout le monde doive être branché. C'est sans doute bon pour certains, mais… Il suffit de *regarder* les épaves qui m'entourent. Je n'ai rien en commun avec elles, Suzanne exceptée. Elle se trouve ici depuis déjà deux semaines et ne semble pas en souffrir. Mais c'est une actrice, et les comédiens parviennent à donner l'impression qu'ils sont à leur aise n'importe où. J'ai décidé de n'adresser la parole qu'à Suzanne. Ce serait formidable si nous tombions amoureux. Ça leur en boucherait un coin si je sortais d'ici avec Suzanne Vale pour petite amie.

Seigneur, ce Noir me rend dingue ! S'il ne ferme pas sa grande gueule, je finirai par l'étouffer sous son oreiller, un de ces soirs. Comment peuvent-ils mettre ensemble des ratés dans son genre et des gens comme moi ? Il devrait y avoir des cliniques différentes… les unes pour les camés connards et les autres pour les gens qui possèdent un esprit supérieur tout en ayant quelques problèmes de drogue. Ce n'est pas mon cas, bien sûr, mais comme mes parents sont persuadés du contraire et que je suis contraint d'effectuer un séjour de près d'un mois dans cet établissement, il serait préférable que je me montre conciliant. D'accord, je dirai que je suis un drogué. En outre, si une fille comme Suzanne Vale l'accepte, ça devrait également me convenir.

Elle a beaucoup d'humour, ce qui est indispensable dans un endroit pareil. Qu'une actrice comme elle se retrouve ici me sidère. Quand on apprend qu'une célébrité a fait une overdose, on imagine toujours que son expérience a dû être amusante. C'est un élément de son mythe, un peu comme si cela se produisait dans un de ses films, et on se dit : «J'ai fait une overdose, mais pas du même genre que la sienne.» Je le regrette. Oui, j'aimerais tant avoir fait une overdose *épique*. J'aurais certainement trouvé ça formidable, si j'étais Suzanne Vale.

J'irai peut-être m'asseoir près d'elle, dans le parc. Mais elle parle tout le temps à ce Noir, ou plutôt elle *l'écoute*. Bon Dieu, j'ai envie de m'enfuir chaque fois qu'il ouvre la bouche! Il parle, il parle, et ne s'interrompt jamais. «Je vais vous dire ceci sur cela.» – «Je vais vous dire cela sur ceci.» Seigneur!

Et comment peut-elle assister à ces réunions des AA? Que les pauvres y aillent, d'accord. Ils n'ont nulle part où se rendre et rien d'autre à faire, mais... je n'arrive même pas à comprendre comment ils parviennent à *se supporter* les uns les autres. C'est décidé, je n'irai jamais à leurs foutues réunions, sauf si je peux m'asseoir à côté de Suzanne. Je ne lui ai pas encore adressé la parole. Je ne tiens pas à tout gâcher en agissant de façon précipitée. Il faut que je sois détendu, que tout se produise naturellement. Je n'ai pas l'intention de devoir jouer serré et de faire du cinéma. Les gens celèbres n'aiment pas qu'on les aborde et qu'on tente de se faire mousser. Ça ficherait tout par terre.

J'ai cependant l'impression que je ne la laisse pas indifférente. Elle cherche à attirer la sympathie, elle éprouve le besoin d'être aimée, et c'est d'ailleurs ennuyeux. Si nous devons vivre ensemble, il faudra que j'y mette le holà. Je ne suis pas d'une nature possessive, mais il y a des limites. Je lui ferai clairement comprendre que je dois passer avant les autres.

J'ai peut-être minimisé la gravité de la situation, au sujet de la drogue. D'accord, je l'admets. J'ai manqué de retenue. Mais ils n'espèrent tout de même pas que je renoncerai également à l'alcool? Entendu, je ne toucherai plus à la cocaïne. Ce ne sera pas très difficile. J'ai déjà arrêté... souvent. Je le ferai une fois de plus, je m'en fiche. Mais de quoi aurai-je l'air dans une soirée si je refuse de porter un toast au champagne? Quand mon frère se mariera, par exemple? Ils voudraient peut-être que je boive à sa santé avec du Perrier? Il ne faudrait tout de même pas exagérer! Il n'a que quatorze ans, d'accord, mais ils ne peuvent pas me demander de renoncer à tous les petits plaisirs de l'existence!

Cette femme qui garde toujours la tête inclinée, Julie, m'accuse de mettre l'accent sur les différences qui existent entre moi et les autres alors que je devrais au contraire chercher les similitudes. Il suffit de la regarder pour voir où ça mène. Elle mange trop. *Je* refuse d'en arriver *là*. Seigneur, quand cette épreuve prendra-t-elle fin? Espèrent-ils me faire également renoncer au vin? C'est absurde.

Tout cela est absurde. Ce connard de Sid m'a dit que si les drogues n'existaient pas, je serais un alcoolique. C'est *ridicule,* et de toute façon les drogues existent. Merde, c'est mon tour.

– Moi? Ouais, je m'appelle Alex. Je ne sais pas vraiment quoi dire. Heu... je me trouve parmi vous... Les raisons de ma présence ici? Eh bien c'est parce que... heu... j'ai mélangé un tas de drogues, l'autre soir à Brentwood, et ça m'a posé un problème... une réaction à certaines d'entre elles. Une sorte d'allergie, quoi... Jamais... Je me suis effectivement shooté à l'héroïne, mais c'était la première fois...

Seigneur, Suzanne va penser que je suis un vrai con. Elle s'avance et dit qu'elle est une droguée. Je devrais peut-être en faire autant. Il est possible qu'une telle attitude soit « virile ».

– ... Alors je pense que... Oui, on pourrait dans un certain sens dire que la drogue me pose un problème. Et l'alcool également. Je bois un peu, mais pas au point d'être devenu un alcoolique.

J'ai été parfait. Absolument parfait.

– J'ai conscience d'avoir un peu abusé. Et j'aimerais sincèrement apprendre à me dominer. Je suis heureux d'être parmi vous... enfin, non, pas vraiment heureux. Mais je me retrouve ici et j'espère que ça servira à quelque chose.

Non, je suis trop décontracté. Elle m'a regardé. Je crois que je lui plais. Elle a compris que je ne suis pas un de ces connards, que je suis à la fois viril, sensé, et conscient de ce que j'éprouve. Mon épreuve doit lui inspirer du respect. J'ai peut-être un peu sauté du coq à l'âne, au début, mais dans l'ensemble je m'en suis bien tiré... Il faut l'avouer, un type dans la merde a un je-ne-sais-quoi de romanesque. Non que je sois dans la merde, d'ailleurs, mais il est indéniable que je me retrouve dans une clinique de merde.

Je crois que ça ferait de la publicité pour cet établissement si Suzanne Vale y rencontrait un grand scénariste de la télévision. Ça améliorerait son image de marque, si elle sortait avec un écrivain. Voilà qui apporterait du poids à son personnage.

Elle est spirituelle et a de grands yeux. Pour qui se prend ce connard de Stan, pour oser l'inciter à utiliser son humour comme une arme? Une «arme courtoise». Nous sommes ici pour nous désintoxiquer, pas pour disséquer nos personnalités. Ce salaud n'a pas intérêt à essayer le même truc sur moi, sinon je lui casse la gueule. Il est jaloux parce qu'il se sait condamné à finir ses jours dans cette clinique pourrie, alors que Suzanne s'en ira bientôt et tournera peut-être un téléfilm sur cet établissement. Je pourrais l'écrire. Oooh, ce serait vraiment chouette.

Je me demande s'il est permis de baiser, ici...

DIX-HUITIÈME JOUR

Sid devait nous quitter aujourd'hui et ils ont organisé une petite fête pour célébrer son lancement dans le monde extérieur, comme s'il s'agissait d'un bateau ivre désintoxiqué. J'ai trouvé la scène vraiment émouvante : tous ces camés assis en cercle sur leurs chaises, dans la salle de télévision. Une pièce de monnaie a circulé, et tous l'ont serrée dans leur paume en tenant des propos encourageants et pleins de sagesse (ou censés l'être). Sid l'emportera avec lui. Faute de trouver quelque chose de pertinent à dire, j'ai chanté : « Je dois être moi-même. » Carol n'a pu retenir quelques larmes.

Je pleure rarement. Je garde mes sentiments captifs au fond de moi, comme si j'avais pour eux des projets spécifiques. J'attends sans doute que la situation propice se présente et alors *Boum !* J'exploserai en un light show de passions contenues. Pour l'instant, cependant, pas de sanglots pour Sid.

Mais il me manquera lorsque je m'éveillerai et que personne ne sera là pour tenir mes pieds. Il est rare que je regrette des gens, seulement ce qu'ils font.

Cette façon de porter un chapeau,
Cette manière de serrer mes orteils,
Le souvenir de ces détails.
Non, non...

Je me demande si je serai encore capable de pleurer et, en cas de réponse positive, ce qui pourrait provoquer une telle réaction. Heathcliff qui parcourt la lande du regard en serrant contre lui le corps encore chaud de Cathy ? Le souvenir de mon père, le jour où il a oublié que c'était mon douzième anniversaire ? La douceur de Sid tenant mes pieds et désormais reparti dans le monde extérieur ?

Je trouve le nouveau, Alex, à la fois assez séduisant et très con.

« ... Je suis un alcoolique. » – « Je suis un toxicomane. » Pourquoi se croient-ils tous contraints de s'avilir dès qu'ils abordent ce sujet? Je suis également du signe du Lion, alors pourquoi le passer sous silence? Ils devraient nous inciter à mettre en relief ce que nous avons en nous de meilleur, plutôt qu'à nous appesantir sur nos tares. Ne serait-il pas préférable d'opter pour une approche positive, rédemptrice?

Je compte aborder Suzanne au plus tôt. Il nous sera peut-être même possible de dîner ensemble. Je veux lui parler...

Et qui sont les autres? Wanda est assez mignonne, mais Sam m'a appris qu'elle avait tenté de se suicider. Je n'aime pas les suicidaires. Attenter à ses jours est une preuve de faiblesse. Seigneur, il faut vraiment être con pour s'asphyxier puis faire une overdose dans un hôpital! Comment se fait-il qu'ils connaissent tous les détails de la vie privée d'autrui, ici? Peut-on consulter les formulaires d'admission à toute heure du jour et de la nuit? Pourquoi ne pas faire circuler des biographies de chacun de nous, pendant qu'on y est? Seigneur, nous n'avons décidément pas la moindre intimité, ici...

Il y a une chose que je n'ai encore jamais essayée et qui devrait marcher : l'hypnose. C'est peut-être la solution. En outre, je m'inscrirai à un gymnase. Je veux dire que je fréquenterai régulièrement le gymnase où je suis déjà inscrit. Je n'aime pas m'y rendre, à cause de tous ces pédés, mais j'irai malgré tout. Tout en pratiquant l'hypnose. Il existe un grand nombre de choses à tenter avant de se résoudre à aller assister à des réunions de ce genre. Je refuse d'entrer dans cette secte de fanatiques.

Sauf si Suzanne est présente. Elle semble avoir un esprit ouvert. J'irai avec elle. Ce sera moins gênant si mes amis l'apprennent. Je n'aurai qu'à leur répondre : « J'accompagnais Suzanne Vale, voyons ! »

J'espère en tout cas que personne ne dira à Jeanne où je suis. Je l'entends déjà répondre : « Je le savais, je l'ai toujours su. »

Quelle salope ! Je me suis défoncé bien moins souvent qu'elle ne le croyait. J'étais simplement hypertendu.

Son ami précédent était un drogué, lui aussi. Ce que je veux dire, c'est qu'il s'agissait d'un *vrai* toxico. Moi, j'aimais bien me défoncer une fois de temps en temps, mais *lui* c'était un camé authentique. À croire qu'elle choisissait sciemment des types qui se défonçaient pour pouvoir ensuite les emmerder. Jeanne Narc, sainte patronne des drogués. Et chaque fois que je me préoccupais de ma santé, elle se moquait de moi. Comme le jour où j'ai acheté ce vélo d'appartement et qu'elle m'a appelé « Monsieur Muscle » en affirmant que je ne m'en servirais jamais.

Je ne pouvais *absolument rien* lui dire. Je me souviens de la fois où j'ai essayé de la mettre en garde après avoir lu que les boîtes en aluminium étaient peut-être une des causes de la maladie d'Alzheimer. Elle m'a répondu :

– Oh, change de disque. Je trouve plutôt déplacé qu'un type qui sature son organisme de poisons me conseille de renoncer à mon soda diététique.

Elle ne pouvait pas supporter de me voir prendre du bon temps. Elle donnait toujours l'impression de renifler une odeur bizarre quand elle était avec moi. Elle rentrait sa tête entre ses épaules et la rejetait en arrière, comme si je venais de faire un truc vraiment *écœurant*. Je me droguais, c'est tout. Elle aurait mieux fait de s'occuper de ses oignons. Seigneur, je suis heureux que tout soit fini entre nous. Je peux finalement respirer. Aaaaahhh ! J'espère qu'elle n'apprendra pas où je me trouve. Il ne manquerait plus que ça. Je l'entends d'ici : « Je te l'avais bien dit. Je le savais. » Et patati, et patata.

Voilà pourquoi ce sera formidable avec Suzanne. Elle serait plutôt mal placée pour m'adresser des reproches, étant donné qu'elle se retrouve ici avec moi. Jeanne va être folle de rage, quand elle apprendra que je sors avec Suzanne. Mais je ne veux rien précipiter. Je ne crois même pas qu'elle se soit rendu compte que je l'observe. Je prends soin de ne jamais m'asseoir près d'elle, pendant les réunions, et au réfectoire je ne m'installe jamais à sa table. Je garde mes distances et la tête froide. C'est la meilleure des tactiques. Elle est probablement habituée à voir tous les mâles se ruer vers elle pour tenter leur chance. Moi, je reste dans mon coin, l'expression mélancolique et empreinte de gravité, et finalement c'est elle qui fera les premiers pas.

Ce qui m'est arrivé est peut-être un bien. Cela m'a permis d'avoir une vue d'ensemble de ce que sera à l'avenir mon existence. J'aurai une liaison avec Suzanne, je prendrai un nouveau départ sur le plan professionnel, et je rembourserai à mes parents ce que je leur ai emprunté au cours de ces deux dernières années. Ce sera formidable. Mon père ne me regardera plus avec cet air dédaigneux et ma mère me fichera enfin la paix. Il sera sans doute nécessaire que je prenne un appartement un peu plus grand et...

Je me sens si bien ! C'est l'occasion rêvée de faire une pause pour analyser ma vie et la prendre en main. Je me représente la situation avec beaucoup de réalisme... sans doute pour la première fois. Il est même possible que je me lance dans la politique, qui sait ?...

DIX-NEUVIÈME JOUR

Ils ont admis un nouveau pensionnaire, cette nuit. En réalité, il s'est présenté de lui-même, mais seulement après avoir effectué une halte au bar de l'immeuble voisin pour boire deux derniers verres. Il était d'excellente humeur, à son arrivée ici, et il portait une chemise hawaiienne qui n'engendrait pas la morosité. Il s'appelle Ted.

Quand il s'est penché pour signer le formulaire d'admission, un flacon de cocaïne est tombé de sa poche. Il a alors eu un petit rire penaud et s'est penché pour récupérer la fiole en disant :

– Oops ! C'est mon flacon porte-bonheur. Regardez, la cuiller a été faite à la main. C'est du *bronze*.

Lucille, mon infirmière préférée, a pris l'objet en disant :

– C'est magnifique. Je n'en avais encore jamais vu de semblable.

Ted s'est alors lancé dans l'histoire de sa cuiller à coke, et Lucille l'a écouté comme s'il s'agissait de l'histoire de cuiller à coke la plus fascinante qu'elle eût jamais entendue. Il n'avait pas terminé de décrire le travail admirable de l'artisan quand elle l'a fait entrer dans sa chambre.

Carl a assisté à la scène avec moi. Quand ils ont été trop loin pour pouvoir nous entendre, il m'a dit :

– Bon sang, *toutes* mes cuillers à coke ont été mes porte-bonheur tant que j'ai eu de la neige à mettre dedans.

J'aime bien Carl. Il évoque pour moi le disc-jockey d'une radio FM de l'enfer, et lorsqu'on l'écoute on ne peut pas changer de longueur d'onde. Son impact sur son entourage est indéniable. Alex est littéralement en sueur, quand Carl se trouve dans les parages.

Je jurerais qu'Alex évite délibérément de me regarder. Il ne m'a pas encore dit un seul mot. Je ne crois pas avoir perdu grand-chose, cependant.

... Regardez Suzanne. Elle se comporte comme si elle se passionnait vraiment pour toutes ces conneries, mais il est évident qu'elle s'ennuie autant que moi. Elle va subir cette épreuve et dans deux mois nous nous retrouverons tous les deux dans un bar. Je le sais.

Personne ne pourrait coopérer sérieusement. Je parle des gens qui possèdent une certaine intelligence. Je ne peux croire que ce soit valable. Et comme désormais je me rends régulièrement à ces réunions, qu'on ne s'avise pas de me dire que j'ai des « opinions préconçues ». Je *sais* de quoi je parle. Greg avait raison. On s'ennuie à en crever et il est presque impossible de respirer, dans toute cette fumée. Ils grillent une cigarette après l'autre et boivent du café. La nicotine et la caféine ne seraient donc pas des drogues ? Ces merdes sont pourtant de vrais *poisons*.

Si Julie me conseille une fois de plus de chercher les similitudes plutôt que les différences, je hurle. Je ne les *cherche* pas. Ce serait inutile. Elles sautent aux yeux. Je ne suis pas semblable à ces gens. Mon cas est sans aucun point commun avec les leurs.

Prenons *Carl,* par exemple ! Cette histoire qu'il a racontée dans le parc, sur les circonstances qui l'ont conduit en prison... quel *débile*. Même Suzanne a paru partager mes sentiments à son égard. Et cet adepte de Manson qui n'adresse jamais la parole à personne ? Il passe son temps à musarder et semble avoir de la glu dans les yeux. Seigneur, *il connaît Manson*. Qu'est-ce que je fiche ici ? Il est certainement moins dangereux de se droguer hors d'ici que de faire preuve d'abstinence en compagnie de ces cinglés.

C'est décidé, si Sam vient vers moi et me prend par l'épaule en m'appelant « Mon vieux » une fois de plus, j'irai me plaindre. Mais à qui ? Julie ? Elle s'asperge d'une telle quantité de parfum que j'éternue dès qu'elle approche. Mon nez est toujours irrité par le pollen, et le reste. J'ai une allergie. Je ne peux pas rester près des gens qui se mettent tant de parfum. Quel cauchemar !

Carol est bien, cependant. Je crois que je lui plais, et c'est une bonne chose parce que son mari est un agent littéraire important. J'espère qu'elle n'a pas l'intention de le plaquer pour moi. Je ne tiens pas à devoir rendre visite au mari pour lui expliquer que je baise sa femme. L'entrevue risquerait d'être houleuse. Mais il est vrai qu'elle n'est pas mal. C'est une fausse rouquine. Le jour même de mon arrivée, la semaine dernière, j'ai immédiatement pensé en la voyant : « Cette femme-là, c'est une fausse rouquine. »

Je devrais profiter de ce repos forcé pour travailler un peu. Ça fait partie de la vie. Il y a déjà quelque temps que je n'ai rien écrit et il serait souhaitable que je m'y mette. Si je veux me caser avec Suzanne, il faut que je gagne convenablement ma vie. Je ne suis pas du genre à me faire entretenir.

Merde, voilà Sam. N'approche pas, mon vieux, ne t'avise même pas d'*envisager* de venir par ici. C'est parfait, regarde par la fenêtre. Un revendeur de billets à la sauvette, bon Dieu ! Que pourrais-je avoir en commun avec lui ? Il ne revendait même pas des billets pour des concerts auxquels j'aurais pu souhaiter assister.

Je regrette de ne pas savoir jouer d'un instrument de musique...

VINGTIÈME JOUR

Dans le parc, aujourd'hui, Carl a raconté sa meilleure version des circonstances qui lui ont valu de se retrouver en prison. Le casse d'un cinéma. Une fois entré dans le bureau, il braque son arme sur la secrétaire qui lui apprend que seul le directeur connaît la combinaison du coffre et qu'il s'est absenté quelques instants. Carl répond qu'il peut attendre. Peu après, un ouvreur vient faire un brin de causette avec la secrétaire, et Carl l'invite à se joindre au comité d'attente. Peu après, deux mômes qui vendent des confiseries dans le hall font leur entrée pour annoncer à l'ouvreur que sa mère est venue le chercher pour le ramener à la maison. Ils grossissent à leur tour le groupe et sont bientôt imités par la mère de l'ouvreur. Finalement, ils se retrouvent une quinzaine à fixer Carl et son arme, dans le petit bureau. Carl a déclaré qu'il s'était senti plutôt gêné, et passablement inquiet.

Finalement, le directeur arrive et donne aussitôt

l'alarme. Carl parvient malgré tout à prendre la fuite. Il démarre en trombe, juste au moment où les policiers arrivent. Ils tirent, et une de leurs balles trace une raie médiane dans les cheveux crépus de Carl, qui fait dans son pantalon. Il a dû rester assis à l'arrière de la voiture de patrouille, le pantalon plein de merde, pendant que les flics rédigeaient leur rapport. Je lui ai demandé :

– Tu plaisantes ?

Et il m'a répondu :

– Si une balle venait brouter ton cuir chevelu, je suis sûr que tu chierais toi aussi dans ton froc.

Je le trouve merveilleux.

J'ai passé un coup de fil à mon imprésario. Il estime que je devrais tourner une série télévisée. L'idée de devoir travailler chaque jour me séduit. Occuper mon esprit pour ne plus rien avoir à l'esprit. Me lever très tôt, faire comme tout le monde pendant la journée, et dormir la nuit. Un emploi du temps absolument parfait pour moi.

Une corvée qui n'en serait pas une.

… Je décide donc d'aller voir *Au-delà du réel* et peut-être également un épisode de *Star Trek,* avant cette connerie de thérapie de groupe… Je sais que nous sommes censés dresser un inventaire des drogues que nous avons prises, mais ils peuvent toujours courir. Et voilà que tous les types ont décidé de regarder un match de basket. Je ne peux pas supporter le basket. Et ils n'arrêtent pas de beugler ces cris de machos. Je me fiche pas mal qu'ils jouent les prolongations. Nous regardons toujours *Au-delà du réel*. C'est l'usage. Je dois sortir d'ici.

Suzanne se trouve dans la chambre de Carol. Pourquoi sont-elles toujours ensemble? Je commence à soupçonner Suzanne d'être un peu snob. Elle se croit peut-être trop supérieure à moi pour daigner m'adresser la parole? D'accord, j'aurais pu faire les premiers pas, mais je l'ai vue discuter avec un tas d'autres gens, ici. Je ne suis ni trop occupé ni repoussant.

Julie m'a en quelque sorte coincé en me reprochant de ne pas me mêler aux autres. Mais je ne me tiens pas à l'écart, ce sont *eux* qui m'ignorent. Je ne dis pas qu'ils agissent ainsi de propos délibéré, mais ça saute aux yeux.

Je m'en fiche, après tout. J'ai un tas d'amis, à l'extérieur. Je me demande cependant pourquoi Suzanne ne me parle jamais. Hier, je l'ai entendue téléphoner à son imprésario. J'aimerais avoir quelque chose à dire à mon agent, afin de montrer à Suzanne que je suis dans la même branche qu'elle. Cela lui offrirait un prétexte pour m'aborder et m'interroger sur mes activités professionnelles.

C'est ça. Voilà ce que je vais faire. J'appellerai... Non, je n'appellerai personne. Je vais *feindre* de joindre mon agent. Suzanne est dans la chambre de Carol, juste à côté du téléphone. Elle entendra certainement mon monologue. C'est décidé, je vais le faire. C'est une idée géniale. Bon, que vais-je bien pouvoir dire? Que j'ai trouvé un sujet sur ce centre de désintoxication et que... Une minute, tu ne vas tout de même pas dévoiler toute l'intrigue? Contente-toi d'annoncer que tu tiens un sujet formidable. Il faut rester dans le vague. Ne rien révéler de spécifique. Parfait. J'y vais.

Oh! Bordel de merde! Carl est au téléphone. Quelle guigne. C'est incroyable, vraiment incroyable. Seigneur, cet endroit me fait gerber. Ce connard doit probablement parler à sa femme. Il passe son temps à s'engueuler avec elle. Pourquoi faut-il que je sache tant de choses sur *sa* vie privée, bon sang ?

– Eh, vieux, tu en as pour longtemps ? Je dois passer un coup de fil pour mes affaires.

Parfait, j'ai admirablement tenu le rôle du type détendu. Je parie qu'elle a entendu.

– Merci, mon vieux.

Il suffit de composer un numéro bidon et de… Quel nom utiliser ? Jeff. Jeff… Markoff.

– Jeff Markoff, s'il vous plaît. De la part d'Alex Daniels. Je reste en ligne… *Jeff ?* Salut, c'est Alex. Désolé d'avoir tant attendu pour te contacter.

Je m'en tire comme un chef. Oh ! La voilà, elle sort de la chambre. Du calme, du calme, tourne-lui le dos avec désinvolture et parle fort.

– Voilà, Jeff, c'est au sujet de l'idée qu'on a proposée à la Fox. Je pense être prêt à écrire le synopsis et… Oh ! terrible. Ils ont signé ? Formidable. Ouais, formidable. Tu as tenté de me téléphoner ? Toujours occupé, je sais. Il y a constamment quelqu'un qui accapare ce foutu téléphone. Eh bien, j'attendrai que tu m'envoies les contrats. Oh, bien sûr, alors je les signerai quand je sortirai d'ici. Une petite pause me fera du bien. Entendu. Et le reste, ça va ? Formidable. Alors, à bientôt. Bye-bye.

Parfait, j'ai été *parfait*. Elle m'a regardé. Je sais qu'elle est impressionnée. Je peux aller assister à la fin de cette rencontre de basket, à présent. Je me sens plus détendu. J'ai fait des progrès. Elle sait désormais certaines choses sur mon compte et a compris que je ne suis pas un paumé comme les autres.

J'ai un métier. J'ai décroché un contrat. Je possède un avenir.

N'est-ce pas le rire de Suzanne? Elle rit toujours, elle trouve toujours tout amusant. Enfin, elle aura bientôt des raisons d'exprimer son bonheur, avec moi.

VINGT ET UNIÈME JOUR

Aujourd'hui, Alex a agi de façon très surprenante. Je sortais de la chambre de Carol et il était au téléphone. Il s'exprimait d'une voix forte et excitée, comme une version blanche de Carl. Il parlait de la Fox et, semble-t-il, d'un scénario, mais en passant près de lui j'ai entendu le signal de ligne occupée s'élever du combiné. J'ai failli éclater de rire avant d'atteindre l'angle du couloir. Sans doute a-t-il voulu nous impressionner. Carol pense qu'il s'est entiché de moi. C'est possible. Il entre dans la catégorie des hommes que *j'attire*.

Avec Carol, je fais désormais un peu de gymnastique chaque après-midi. Elle ne cesse de répéter que son mari est charmant, adorable, et qu'ils filent un bonheur parfait. Finalement, je lui ai dit :

– Mais Carol, il doit forcément y avoir *quelque chose* qui cloche.

Elle a alors haussé les épaules et répondu :

– Il travaille seize heures par jour et je ne le vois que tard le soir. Et s'il reste à la maison avec moi, le dimanche, c'est pour lire des manuscrits.

– Oh !

Ce film est un navet. *Accrochés à l'hameçon,* quel titre ringard. Pour ne pas parler de ce danseur qui est aspiré dans le nez du sniffeur, au cours du générique, ni de ces paumés qui débitent leurs confessions de toxicomanes dans la pénombre. Je sais que je pourrais écrire un scénario bien meilleur, si je voulais. Je le ferai peut-être à ma sortie. Oui, je ferai un film super sur la drogue. Je permettrai à des tas de gens de s'en tirer. Je deviendrai *célèbre* en aidant mon prochain.

Seigneur ! Qu'est-ce que j'en ai à foutre de cette fille, de sa famille, et de son divan à fleurs ! Il y a de quoi rendre les spectateurs cinglés, si on les oblige à regarder des tarés assis sur un horrible divan à fleurs qui parlent de cocaïne. Je n'ai jamais eu de pareils problèmes. Je n'ai jamais rencontré des mecs qui brandissaient des revolvers. Il y avait bien quelques armes, dans cette piaule de Vegas, mais personne n'en a saisi une pour me pourchasser.

Non, je n'ai jamais rencontré des *paumés* semblables aux personnages de ce film. Ce sont tous de vieux schnoques, la fille exceptée. Et elle, elle est *bien trop* jeune. Comment pourrait-on s'identifier à des gens qui n'ont pas le même âge ? Je ne nie pas qu'il s'agit probablement d'individus bien réels, mais je me demande où ils les ont dénichés. Il faut au moins que le spectateur puisse s'intéresser au sort des personnages, si on veut que ça serve à quelque chose.

Mon histoire, par exemple, serait autrement captivante. Je ne suis pas un toxicomane comme eux, naturellement, mais certaines de mes expériences vaudraient la peine d'être racontées. Il m'arrive de penser que je devrais fonder une branche dissidente des Cocaïnomanes Anonymes et organiser moi aussi des réunions sur la coke. Il n'y aurait que des gens vraiment branchés. Ce serait une association à laquelle les membres de l'élite viendraient tout naturellement, comme Suzanne, et peut-être Carol et son mari.

Suzanne discute encore avec Carol. J'aurais dû m'asseoir près d'elle. Nous pourrions partager notre point de vue sur ce film raté, faire des projets pour le nôtre. Je me demande de quel budget ils ont disposé…

VINGT-DEUXIÈME JOUR

Sam et Julie ont eu une violente altercation, cette nuit, et Sam est parti en claquant la porte. Julie a tenu des propos plutôt condescendants sur le compte de Sam, dont le visage a rougi et s'est enflé comme s'il soufflait dans un ballon invisible. En substance, il a rétorqué :

– Comment osez-vous me parler ainsi ? Ne savez-vous pas qui je suis ?

Et Julie lui a lancé :

– Qui vous êtes ? Vous vous trouvez dans une clinique de désintoxication. Alors, que pourriez-vous être ?

Sam a regagné sa chambre et brisé quelques tableaux contre les murs. Puis il a pris son portefeuille, un sachet de Chee-tos, et nous a quittés. Julie a téléphoné à la femme de Sam, Amy, pour lui annoncer qu'elle devait s'attendre à sa visite. Je me demande s'il sera défoncé.

Avec Carol et Ted, j'ai regardé *The Incredible Mr. Limpet,* le film de seize heures trente. Nous avons unanimement reconnu que le travail de Knott avait été remarquable et trouvé surprenant que personne n'ait songé à tourner une suite. Nous avons décidé de nous renseigner sur la disponibilité des droits, dès que nous sortirons d'ici.

Je devrais peut-être avoir un enfant.

Et si je me lançais dans cette entreprise ? Il est peu probable que je le fasse, mais je sais en tout cas que je m'y prendrais mieux que Stan. Il est déplaisant avec tout le monde. Je pense qu'il a une dent contre moi, et c'est inadmissible. Les gens qui font ce travail ne devraient pas avoir de préjugés.

Il faudrait d'ailleurs engager de *vrais* médecins, ici. Je préférerais être suivi par un membre de la profession médicale, plutôt que par ces amateurs qui n'ont pour toute qualification que de s'être abstenus de se droguer depuis huit ans. La sélection devrait être plus rigoureuse.

On ne cesse de nous répéter que notre situation est préoccupante. Si c'est grave à ce point, nous devrions être surveillés par des *médecins,* suivre un traitement. Je n'ai pas l'impression qu'on s'occupe convenablement de moi et leurs méthodes ne me paraissent pas positives. Depuis mon arrivée, j'ai entendu parler d'un tas de drogues dont j'ignorais jusqu'alors l'existence. C'est comme d'enfermer des voleurs avec des assassins... on fait d'eux des meurtriers en puissance. La seule chose qu'on m'apprenne, ici, c'est comment devenir un toxicomane incurable. Et s'il me venait à l'esprit d'imiter Sid et d'essayer les lodes ? Je ne savais même pas ce qu'étaient les lodes avant le début de cette cure.

Ils peuvent tous aller se faire foutre ! Ce n'est pas en me répétant que je ne parviendrai jamais à me sevrer que je surmonterai mon handicap. Je leur prouverai que je n'ai pas besoin d'eux. Je réussirai seul ! Je peux y parvenir sans leurs foutues réunions. *Tous des enculés, oui !* Je préférerais être suivi par un toubib plutôt que d'être jugé par des ex-toxicos. À quoi ça rime, d'abord ? *À quoi rime tout ça ?* Je n'ai pas l'intention de rester enfermé dans une pièce avec un ramassis de camés repentis qui boivent du café et fument une cigarette après l'autre. Ce n'est pas ainsi que je conçois mon avenir.

Je sais que Stan m'en veut. Je le soupçonne d'éloigner délibérément Suzanne de moi. Ils ont dû lui dire des choses sur mon compte. Quelle ordure, ce Stan. Et Julie, avec son collier ringard. Je voudrais le briser et regarder les perles rouler dans le couloir. Elle se met des quantités de parfum suffisantes pour étourdir un cheval. Je ne vois pas l'utilité de parler à ces gens et de regarder un film débile où l'on voit un horrible divan à fleurs, une fille dans les vapes et des parents compréhensifs qui se livrent à ces séances ridicules de thérapie de groupe…

Tout déballer devant mes vieux. Plutôt *crever*. Je préférerais encore avaler une poignée de lodes et partir comme ça, plutôt que de parler de mes « problèmes » avec mon père et ma mère. Je leur demande seulement de continuer de payer mes factures et de me foutre la paix. Enfin, pas payer mes factures à ma place, mais les régler en attendant que je sois reparti du bon pied. Ils me le doivent. Ils ont cafouillé à un moment ou un autre, et c'est ce qui m'a conduit à prendre toutes ces merdes.

Si ces débiles espèrent vraiment que j'accepterai de discuter de mes problèmes avec Stan et mes parents, ils se font des illusions…

VINGT-TROISIÈME JOUR

On trouve principalement dans mon univers intérieur trois émotions qui se succèdent : embarras, colère et tension. Si je me sens parfois passionnée, je crois qu'il s'agit simplement de tension positive. Stan a remis à chacun de nous une liste d'émotions en nous demandant de cocher celles que nous avons éprouvées récemment. J'ai menti et en ai cité sept.

Mark a refusé de venir assister à la réunion, aujourd'hui… il est resté dans sa chambre pour écouter les Doors. Il a réglé si fort son walkman que la musique ressortait par ses narines, pendant le déjeuner.

Marvin a profité de ce repas pour nous annoncer qu'il avait finalement admis l'éventualité d'être un alcoolique. Nous avons tous chanté « God Bless America ».

Amy a ramené Sam. Il semblait profondément déprimé. J'ai éprouvé de la gêne pour lui, et j'étais en conséquence assez tendue. Deux émotions sur les trois…

… Voilà ce que j'ai gagné en me portant à son secours. Voilà quelle est ma récompense. Ils sont tous partis faire une virée dans une galerie marchande et je me retrouve bloqué ici, seul dans cette chambre épouvantable. Je hais Stan, je le *hais*.

Je ne parviens pas à croire que Suzanne soit sortie sans moi. Comment a-t-elle pu me laisser tomber après que j'ai pris sa *défense*? Ce salaud l'a prise à partie, j'ai volé à son secours, et voilà le résultat. Voilà sa gratitude. Quel enculé, ce Stan. Ne sait-il pas qui je suis? Ne sait-il pas qui je serai? Je dois sortir d'ici.

Oui, je vais partir. Que pourront-ils faire? Appeler la police? Je ne transgresse aucune loi. Je pars, tout simplement. Je ne suis pas... Qu'est-ce que je fiche ici, d'abord? Je suis allergique à cet endroit. Je ne peux pas supporter ces infirmières avec leurs petites plaques d'identité sur la poitrine, ces monstres qui refusent de vous donner de l'aspirine. Seulement du Tylenol. J'ai une migraine épouvantable. Je souffre le martyre et je n'ai droit qu'à deux petits cachets de Tylenol. C'est *insuffisant*.

Je vais partir d'ici, et alors elle sera triste. Elle regrettera de ne pas m'avoir adressé la parole. Stan lui reprochait d'être trop gentille, ou une autre connerie de ce genre... quelle importance? Le point de vue de ce type me dépasse. Ce ne serait pas du luxe, s'il était un peu plus gentil. Il se prend pour le bon Dieu, mais Dieu ne s'est jamais drogué, Lui.

Comment ose-t-il me traiter de la sorte? Il me trouve «nerveux»? Il se trompe, ce n'est pas de la nervosité mais de la tension. Je ne suis pas nerveux... je suis... on ne peut rien me reprocher. Compte tenu du milieu où nous nous trouvons, il est naturel que nous soyons tendus. Je ne suis pas le seul. Même *Stan* est tendu. La preuve : il serre tellement ses mâchoires qu'elles tremblent constamment.

Et puis merde, je m'en fiche. Je me fiche de tous ces tarés. Je me fiche que le père de Wanda ne l'aime pas. Je me fiche de Carl et de ses jambes aussi maigres qu'un cent de clous. Je me fiche de Sam et de ses tatouages ratés. Et de Mark. Mark! Le copain de Manson. Ces paumés seraient mes égaux?

Et le jargon à la con qu'ils emploient à longueur de temps. On se croirait dans l'Est. Et je n'ai pas la moindre envie de vivre dans l'est de ce pays, pas plus que dans cette clinique. Je ne veux pas écouter plus longtemps ces radotages d'anciens combattants de la guerre d'Indépendance. J'en ai ma claque. C'est un ramassis de *conneries*.

Et Suzanne! Finalement, Carol est entrée dans ma chambre pour me demander :

– Venez à la galerie marchande avec nous.

Mais Suzanne, qui était à l'origine de cet accrochage avec l'autre connard, est-elle passée me voir? Non. Il est probable que j'aurais accepté de les accompagner, si c'était *elle* qui me l'avait demandé.

J'en ai ras le bol, de cet endroit. Le couvre-lit est affreux, le grondement de la chasse d'eau m'horripile, les poils qu'on trouve dans le sauna me dégoûtent, le ping-pong n'a pour moi aucun intérêt, et la nourriture est absolument *infecte*. Surtout leurs desserts : ces tranches de cake rose et blanc et leur flan abominable. J'ai *horreur* du flan. Je refuse en outre catégoriquement de voir un autre épisode d'*Au-delà du réel*. Je les ai déjà tous vus. Je les ai enregistrés sur mon magnétoscope. Je peux revoir *La Quatrième Dimension* et *Au-delà du réel* aussi souvent que je le souhaite. Il n'est pas nécessaire pour cela que je reste dans cet établissement pourri et que je subisse des réflexions désobligeantes sur ma nervosité. D'abord, je ne suis pas nerveux mais *exaspéré*. Je perds mon temps, ici. Je n'aurai qu'à passer discrètement devant le poste des infirmières et...

Merde ! Suzanne va penser que je suis une chique molle et que je n'ai pas pu supporter ce qui m'est arrivé. Elle se trompe. Je suis capable d'endurer tout ce qu'ils peuvent mijoter contre moi. Je resterai. Mais je sais déjà que je ne vais pas aimer ça. J'ai des opinions et des goûts personnels, et ils ne parviendront jamais à me conditionner. Ils ne feront jamais de moi un truc semblable à une pièce usinée qui avance sur une chaîne de montage.

Seigneur, il faut absolument que je sorte d'ici...

VINGT-QUATRIÈME JOUR

Alex n'est pas resté jusqu'à la fin de la réunion, aujourd'hui, Stan m'a reproché de faire mon « numéro de chic fille ». Selon lui, je ne cherche pas à être aimée mais à influencer mon entourage. Ce n'est pas une révélation. Je participe à des séances de thérapie de groupe depuis l'âge de dix-neuf ans et je ne crois pas que Stan pourrait me dire des choses qui ne me sont pas déjà venues à l'esprit. Il s'y efforce malgré tout. Il pense que j'essaie de faire passer ma nervosité pour de la vivacité d'esprit. J'allais lui lancer une repartie spécieuse, quand Alex a pris brusquement ma défense.

Et Stan l'a mouché en lui rétorquant :

– Oh ! Et j'ai la nette impression que tu espères quant à toi faire passer ta nervosité pour de la désinvolture.

Stan est parfois un vrai salaud. C'est un drogué repenti qui participe à présent à des marathons... la métamorphose du camé des années soixante-dix en athlète des années quatre-vingt. Quoi qu'il en soit, Alex a regagné sa chambre et a refusé de se joindre à notre sortie. Carol a tenté de le convaincre, mais Stan nous a dit de le laisser seul. Je me sens triste pour lui.

Faire des courses a été très drôle. Nous formions un groupe de dix personnes qui a parcouru cette galerie marchande comme une araignée géante. Nous avons acheté du pop-corn, de la barbe à papa, du Coca-Cola et du chocolat. Stan m'a dit que je mange comme une héroïnomane (mais en effectuant des pauses comme une petite fille). Maintenir la cohésion du groupe n'a pas été aisé. Sam voulait acheter des lunettes de soleil, Wanda du gel capillaire, et Carl a ingurgité trois hot dogs. Je ne regrette pas d'avoir fait cette overdose. Dans le cas contraire, je n'aurais jamais été en réadaptation et je n'aurais jamais eu l'occasion de faire des courses avec une bande de camés.

Je suis seulement désolée qu'Alex ait refusé de nous accompagner. Nous ne nous sommes jamais adressé la parole, alors qu'il se trouve parmi nous depuis déjà plus d'une semaine. Il paraît hypertendu et ne semble pas avoir conscience que c'est une affaire sérieuse. J'ai de la chance, dans un certain sens. J'ai subi une chose terrifiante : un lavage d'estomac. Cela m'a démontré qu'il y avait un problème. Si une telle mesure s'est avérée nécessaire la dernière fois que j'ai pris des drogues, il est possible qu'elle le soit également la prochaine fois. Le risque d'overdose est constant, car on ne peut savoir quelle est la « dose normale » de Percodan. Alex doit encore se croire capable de prendre des quantités *raisonnables* de cocaïne. J'en serais au même point que lui, sans cette overdose.

– Non, il est inutile de remettre sur le tapis ce qui s'est passé hier ! J'ai dit tout ce que j'avais à dire. Ouais, je sais que mes parents doivent venir. Oh ! Vous voudriez qu'on se réunisse tous les quatre ? Vous le souhaiteriez ? Alors, organisez cette rencontre à trois et discutez sans moi, parce que j'en ai ma claque. J'en ai ma *claque* ! J'ai déjà eu des entretiens avec mes parents, ainsi que des entretiens avec vous. Comme je n'ai apprécié ni les uns ni les autres, je doute trouver les deux réunis à mon goût. Je ne fais plus partie des pensionnaires de cet établissement. Je suis déjà *parti,* alors salut. Je ne vois pas ce que je fiche dans cette clinique et je peux me passer des conseils d'un ex-camé dans votre genre.

» Oh ! Vraiment ? Je ne comprends pas ? Je ne comprends que trop, *monsieur.* J'ai tout pigé dès que j'ai mis les pieds ici. J'ai immédiatement compris que vous êtes un connard et que cet établissement c'est du bidon. Je n'ai pas besoin de vous pour laisser tomber la drogue. Non, je ne suis pas un toxicomane. Ce qui m'est arrivé est purement accidentel, et vous ne parviendrez pas à me faire dire le contraire même si vous me débitez vos conneries jusqu'à demain… vous, un type qui se shootait. Carl m'a appris que vous avez même tué, pour vous procurer de la drogue. Et une ordure dans votre genre voudrait me donner des leçons ? Un drogué assassin des bas-fonds voudrait apprendre à quelqu'un qui a toujours vécu dans les beaux quartiers de cette ville comment renoncer à la drogue ? Je n'ai rien en commun avec vous, trouduc. Sayonara, je me tire.

Ah, je ne le lui ai pas envoyé dire, à ce foutu connard, ce fils de pute camé et meurtrier. Je le lui ai dit. Je lui ai dit ce que j'avais sur le cœur. Seigneur, l'odeur aseptisée de cet établissement me débecte.

– Retenez l'ascenseur !

Ils pensent certainement que je vais me défoncer dès que je serai hors d'ici. Eh bien, ils se trompent. Je ne suis pas un stéréotype comme tous les autres. Je suis différent. Ils ne cessent de répéter que tous leurs pensionnaires se croient différents, mais qu'en est-il du pauvre type comme moi qui n'a *vraiment* aucun point commun avec les autres ? Pourquoi devrais-je payer pour eux ?

Aaahhh ! Je suis dehors. Aaaaaaahhhhh ! Qu'il est bon de se retrouver à l'air libre, sans être entouré de tarés qui vont dans le parc écouter les conneries que Carl débite sur sa femme. Je ne veux rien savoir de la vie privée des autres. Pas même de la mienne. Ras le bol, des vies privées !

Whew ! Je ne remettrai jamais les pieds dans un de ces centres. J'ai l'impression de sortir de prison. J'en *chanterais* de joie. Je vais rentrer chez moi, lire un peu, et passer un dimanche paisible : une de ces scènes hyperréalistes désuètes comme en peint Norman Rockwell. Je crois être à même d'apprécier pleinement la normalité, après avoir vécu dans ce stalag paramédical. Mais c'est le passé. Et au moins suis-je parvenu à me libérer d'une partie de ma colère. Tu as aimé t'occuper de mes émotions, Stan ?

Bon, maintenant il me reste à rentrer chez moi. Par quel moyen ? J'ai un peu d'argent liquide, je peux prendre un taxi. Je ferai un détour par le

Blum's pour fêter ça. Je prendrai un petit gâteau et boirai deux bières, avant de rentrer à la maison...

Non, pas de bières. Merde. Il ne manquerait plus que ce connard vienne me chercher et me trouve attablé devant une bière.

« Je l'avais bien dit, Alex. »

Va te faire foutre, vieux con. Tu sais ce que je dis ? Je ne suis pas un alcoolique. Je me contenterai d'un gâteau, d'une glace au chocolat et peut-être d'une portion de frites, et ensuite je rentrerai chez moi. Et pas de viande rouge. Je pense à mes artères, moi !

Aaahhh ! Mon appartement. Bon Dieu, comme c'est agréable de se retrouver chez soi. Ma voiture est dans le garage... Je me demande comment ils l'ont ramenée. Quelle importance, dès l'instant où elle est là ? Voyons, ai-je reçu des messages ? Deux ? Seulement deux coups de fil en *dix jours* ? D'accord, qui a appelé ? Seigneur, Jeanne ! Ma mère a dû la mettre au courant.

– Je suis si heureuse que tu suives finalement une cure de désintoxication.

Dieu, cette intonation de je-l'ai-toujours-su ! Qui d'autre a appelé ? Merde. Ma mère. Ils savent donc que j'ai quitté la clinique. Quelle angoisse ! Je ne suis plus en sécurité même chez moi. Je vis un cauchemar.

Une minute, qu'est-ce que c'est ? Un euphorisant. Non. Non. Si je le prends, ils diront qu'ils avaient raison. Eh bien, je ne suis pas un de leurs clients habituels. Voilà ce que j'en fais, de cette merde : je la jette dans les toilettes et je tire la chasse. Adieu la drogue, bonjour l'abstinence.

Je ferais mieux de sortir, au cas où mes parents

rappliqueraient. Je pourrais aller faire une promenade en voiture. Oui, je vais sortir et rouler, jouir de l'existence comme je ne l'ai encore jamais fait. Je ne suis pas défoncé, et j'ai jeté un euphorisant. C'est la preuve que je sais me dominer. Je ne suis pas celui qu'ils pensent. Eh, un Valium. Aux chiottes, lui aussi. Je vais leur montrer. Je jetterai toutes mes drogues. Disparu, le Valium, et disparu ce petit bout de hasch. Parfait. *Parfait.* Aucun véritable toxicomane ne pourrait se débarrasser de ses drogues. Ils riraient jaune, s'ils pouvaient me voir. Parfait ! La preuve est faite que je ne suis pas un camé.

Bon, et si j'allais me payer une toile ? Voilà le genre de décision adaptée à la situation. On pourrait à première vue penser qu'il s'agit d'un acte de désespoir, mais pas du tout. Je n'ai pas envie d'aller retrouver mes amis. Je ne tiens pas encore à parler de mon expérience. Je dois préalablement procéder à la réévaluation de certaines choses. Je commence à trouver un sens à ma vie. Je me sens très fort, depuis que j'ai jeté toutes ces merdes. Je leur montrerai...

Une minute. Seulement une minute... Ma réserve secrète. Mon gramme-caché-dans-le-dictionnaire-évidé-au-cas-où. Je dois le balancer, lui aussi... Non. Non, surtout pas. Il est préférable que je conserve cette coke. Je la laisserai dans ce dico sans jamais y toucher, pour leur prouver à quel point je sais me dominer. Oui, m'sieur. Si j'étais réellement un camé, je ne pourrais pas m'empêcher de la sniffer.

Eh bien non, je m'en abstiens. Je les imagine en train de rire et de se dire : « Ouais, ouais, c'est un drogué. » Mais je n'en suis pas un. J'ai jeté tout mon Valium, tout mon hasch et cet euphorisant, et à présent je me contente de regarder ma réserve de neige sans y toucher... et voilà !

D'accord, d'accord, allons faire cette promenade. Dois-je emporter cette coke afin de mettre ma volonté à l'épreuve ? Non, ce serait inutile. Je vais la laisser à la maison, en tant que symbole de ma nouvelle personnalité.

Un drogué ? Je vais leur démontrer le contraire...

VINGT-CINQUIÈME JOUR

Alex nous a quittés. Il s'est querellé avec Stan et a pris la porte. Je me trouvais dans ma chambre, en compagnie de ma mère, quand nous l'avons brusquement entendu hurler à l'autre bout du couloir :

– Allez vous faire foutre ! etc.

Cela ne m'a pas surprise. Alex n'a jamais fait vraiment partie de notre groupe. C'est un peu comme s'il était simplement de passage parmi nous. Mais quel départ ! C'était presque de l'opéra, par son contenu mélodramatique.

Voir quelqu'un retourner à la drogue est toujours angoissant. Alex n'a probablement pas eu assez peur. Ce n'est pas parce qu'on estime que quelqu'un a reçu une bonne leçon que c'est nécessairement le cas.

M'man m'a apporté des biscuits au beurre de cacahouettes et une biographie de Judy Garland. Selon elle, mes problèmes seraient dus à mon impatience. Ma mèche est trop courte et je veux recevoir une récompense immédiate. J'ai répondu :

– Certainement pas une récompense immédiate, l'attente est bien trop longue.

Je suis une martyre de mon bagout.

… Quel film *débile. Doctor's Orders*. À quoi ai-je pu penser ? J'en tire une leçon… ce n'est pas parce qu'un film passe près de chez soi qu'il faut aller le voir. Quelle merde ! Seigneur, je serais probablement plus convaincant que ces acteurs. Et je pourrais certainement écrire un scénario bien plus valable. Je devrais me remettre à écrire. C'est décidé, je vais le faire.

Il faudrait que je puisse prendre un peu de speed. J'écris toujours mieux, sous amphétamines. Les idées viennent *toutes seules*. La Dexedrine m'a permis d'écrire mon premier pilote en deux jours. Je devrais avoir le droit d'en prendre un peu. On ne peut tout de même pas accuser quelqu'un de se droguer, si c'est pour son travail…

Le scénario, donc. Une histoire sur ce que j'ai vécu dans ce centre de réadaptation et ce que j'ai découvert dans cet univers. Mon héros sera un type qui se retrouve accidentellement dans une clinique de ce genre, un peu comme dans *Vol au-dessus d'un nid de coucou*. Mon personnage a mélangé plusieurs drogues et eu une réaction allergique, mais ses parents le font admettre dans cet établissement où se trouvent des paumés et une star du cinéma. À la fin, mon héros et la fille tombent amoureux et se marient. Deux Didrex me suffiraient pour écrire tout ça. Ce serait parfait, si je pouvais prendre du speed. Je n'aurais rien à me reprocher, compte tenu des difficultés que j'ai pour écrire, si je ne me dope pas un peu. Il est d'ailleurs spécieux de classer les amphétamines dans la catégorie des drogues. Les médecins en prescrivent, et si les médecins en prescrivent, ce sont des médicaments. J'ai tout simplement besoin d'un médicament pour écrire.

Dieu, c'est si bon de retrouver une existence normale et de rouler dans Laurel Canyon. C'est une nuit magnifique. J'ai passé une soirée d'homme responsable. Je suis allé au cinéma. J'ai retrouvé *ma* vie. *Tout* est conforme à mes désirs. À partir de maintenant, tout va me sourire.

Oh, *merde*.. Mes parents ! Je ne peux même pas aller au cinéma tout seul. J'approche de la trentaine, bon sang ! Je devrais pouvoir sortir de clinique et reprendre une vie normale sans qu'on me surveille. Je suis parfaitement capable de me débrouiller seul. Et voilà qu'en rentrant du cinéma je trouve la *voiture de mes vieux dans l'allée*. Je ne pourrai jamais devenir un adulte, s'ils me traitent comme un bébé. Eh bien, s'ils me prennent pour un enfant, j'agirai comme un gosse. Ils l'auront voulu. Et s'ils *veulent absolument* que je sois un camé, je serai un camé. Je me défoncerai. Parfait. S'ils tiennent tant à se faire de la bile, je leur fournirai des raisons de se ronger les sangs. Ils peuvent aller au diable. Je vais à Brentwood. Je retourne là-bas…

Je n'aurais jamais remis ça s'ils n'étaient pas venus. Je ne serais jamais retourné à Brentwood s'ils n'avaient pas garé leur Cadillac devant ma maison, où je comptais me détendre et passer sagement le reste de ma jeunesse. Je vais au cinéma, je m'en tire très bien, et voilà que… Qu'ils aillent au diable. Je suis à Brentwood, et c'est leur faute. Ce sont eux qui m'ont poussé à agir de la sorte. S'ils acceptaient de me voir devenir un adulte, j'y parviendrais sans peine. Laisse tomber, mon vieux, fais ce qu'il te plaît. Ou, plutôt, fais ce qui devrait te plaire *d'après eux*. À l'avenir, j'agirai conformément à leurs désirs. J'espère seulement que ce type est chez lui. Il ne sort jamais. Mes vieux me prennent pour un camé, un paumé, eh bien, je ne les décevrai pas…

– Salut, vieux. Non, ça baigne. Je sais que tu n'avais pas le choix, qu'il fallait avertir mes parents. Ouais, ouais, le pied. J'ai fait un séjour à l'hosto puis en réadaptation. Je vais bien. Je viens juste de sortir et ça me travaille un peu. Ils ont seulement… tu sais comment sont les parents, ils ne vous laissent jamais tranquille. Ils sont incapables d'admettre que leurs enfants ne sont plus des mômes et de trouver d'autres bases sur lesquelles établir de nouveaux rapports avec eux. Je ne peux même pas rentrer à la maison. Ils m'attendent chez moi, en fouillant probablement dans mes affaires.

» Tu as toujours tes parents ? Ils te tapent sur le système ? Ah, tu as de la chance qu'ils ne soient pas comme les miens. Si tu avais mes parents, ils seraient ici. Alors, qu'est-ce que tu as comme came ? Tu sais, je n'ai rien pris depuis un certain temps et… Merde. Ils croient tous que je suis un camé. Eh, je parie que tu as le même problème. Ouais ? Tout juste, ils se disent que ton cas est désespéré parce que tu prends parfois un peu de merde. Ceux qui se défoncent n'ont pas nécessairement un problème. La plupart des gens mettent dans le même sac ceux qui prennent seulement des drogues en compagnie et les autres, mais je pense…

» Aaah, c'est sans importance. Je voudrais un peu de coke. Je me suis arrêté au distributeur automatique et j'ai pu retirer cinq cents dollars. J'ai aussi cette Rolex. Au départ, je comptais n'en prendre que deux grammes mais, tu sais, j'ai réfléchi... j'ai eu une idée formidable. Je peux te faire confiance, pas vrai ? J'ai eu une idée géniale, pour un film. Un truc sur la désintoxication. Il s'agit d'un type qui... Au fait, je pourrais peut-être te trouver un job en tant que conseiller technique si... Eh bien, je veux approfondir cette idée. Je pense à haute voix, c'est tout, mais j'ai décidé de coucher tout ça par écrit. J'aimerais en finir rapidement et pour ça il faut que j'étudie ce personnage, que je sache ce qu'on ressent quand on est vraiment accroché à la cocaïne.

» Je ne sais pas, quinze grammes, peut-être ? J'ai toujours été réglo, pas vrai ? Je t'ai toujours payé. Je suis ton client depuis des années, et ça fait presque de nous des associés. Il y a ma montre. Elle vaut deux mille dollars et tu pourrais facilement en tirer huit ou neuf cents. Ce sont mes parents qui me l'ont offerte. Effacer l'inscription ne devrait pas poser de problèmes. Je ne sais pas comment ils procèdent, mais ils doivent utiliser un acide ou un truc de ce genre. Qu'en penses-tu ? Formidable.

» Dis, je viens de penser que tu pourrais peut-être jouer dans le film. Je suis sûr que tu en serais capable. Dès que je t'ai vu, j'ai immédiatement trouvé que tu avais une gueule intéressante. Tu pourrais tenir le rôle du dealer. Le type qui vend de la coke au héros. Eh bien, je ne sais pas. Je réfléchis à haute voix. Le processus créatif, tu vois...

» J'ai besoin de cette came. Je peux y goûter ? Une prise, pour me permettre de juger la qualité de la marchandise. Ouais, je sais que quinze grammes, c'est une quantité importante, mais je n'ai pas l'intention de tout sniffer à la fois. Je dois écrire un scénario, et quand on écrit un scénario on sait d'avance qu'il va falloir le *réécrire*...

» (sniff) Ooooh! (sniff) Oh, mec! C'est le pied. Ça plane pour moi. Oooh, tu sais vraiment ce que j'aime! Oh, mec: Whew. Wow, ça fait longtemps, tu sais? Et j'ai passé deux semaines sacrément *éprouvantes*. Tu ne peux pas imaginer. Après que tu m'as fait ce fixe à l'héro, je me suis retrouvé dans cette foutue clinique avec Suzanne Vale. Tu vois un peu ça? Ouais, je pense qu'elle a un sacré problème, et c'est surprenant parce qu'elle est plutôt mignonne. Et petite. C'est probablement pour ça qu'elle n'a pas tenu le coup. Ouais, il y avait un tas de gens intéressants. En fait, il n'y avait que des paumés, à l'exception de Suzanne, mais l'expérience en elle-même a été passionnante. Je suis certain que ça fera un téléfilm formidable, l'histoire de cet écrivain qui... Donne-moi une autre prise.

» (sniff) Aahhh. Oooh. (sniff) Oh! Ça me rappelle d'autres nuits... Dieu, j'éprouve une telle impression de *déjà-vu* qu'il me semble que... j'allais dire que je jurerais avoir déjà vécu cet instant. Je sais que ce n'est pas la première fois, mais ça me rappelle quelque chose de formidable, tu saisis?

» La baiser? Non, c'est interdit, là-bas. Mais je dois la revoir. Elle doit être extra dans un plumard. Alors, je peux avoir la came? Oh, d'accord. Voilà le fric... et ma montre. J'apprécie vraiment. Je regrette de m'être conduit comme un con, à mon arrivée. J'en prendrais bien encore un peu... Tiens, je t'offre une prise. Je me sens en veine de générosité, ce soir.

» (sniff) Ooh, c'est bon. Supérieur à ce que tu vends d'habitude, non? (sniff) Oh, ooohhh! Tu pourrais me filer une bière pour la route? Je compte me rendre dans le désert, m'y détendre, et rester seul le temps d'écrire ce machin. Merci, vieux. Ouais, super.

Cette bière est très bonne. Il me suffit d'avoir quelque chose à boire et de rouler tranquillement pour me sentir vraiment bien. Je suis heureux d'être loin de ce type. Il me donne la chair de poule. Une prise ?

(sniff) Ahh. (sniff) Aaahh.

Merde, pourquoi pas une autre ?

(sniff) Mmmmhh ! (sniff) Ahh ! (sniff) (sniff)

Heureusement que personne ne peut me voir. Ces connards ne manqueraient pas de dire que je n'y vais pas de main morte. Enfin, l'idée commence à prendre forme dans mon esprit. Il y a ce type qui ne se drogue habituellement qu'avec modération et qui passe une soirée avec d'anciens camarades d'études, ou un truc de ce genre. Ils lui disent alors d'essayer de l'Extase. Il le fait, par curiosité, et se sent en pleine forme. Ils le persuadent ensuite de se fixer à l'héroïne et il finit par erreur dans ce service de réadaptation. Mais une fois là, il rencontre un tas de gens incroyables, comme Carl… c'est une calamité dans la vie réelle, mais un excellent personnage de film. La plupart des tarés qui me faisaient gerber à la clinique seraient d'ailleurs formidables dans un film. Oooh, c'est *vraiment* le truc rêvé pour écrire. De nombreux auteurs ont pris des drogues pour travailler. J'ai entendu dire que Lewis Carroll avait écrit tout *De l'autre côté du miroir* en prenant des champignons hallucinogènes et qu'Edgar Poe s'envoyait en l'air au laudanum. Freud, Sherlock Holmes… C'est tellement agréable d'être sorti de la clinique, sorti de ce ciné, de se trouver en pleine nature. D'être moi-même, et *libre comme le vent*.

(sniff) (sniff)

J'entends couiner mon oreille. Je me demande si... Et quel est ce clapotis, comme si un robinet fuyait au fond de ma gorge? Formidable... Je me sens tendu, cependant. Je ne crois pas que cette came soit en cause. Elle est vraiment extra. Mais je n'ai plus envie de conduire. Je souffre de claustrophobie, dans cette voiture. Je devrais... Je sais. Il est inutile d'aller jusqu'au désert. Je n'ai qu'à m'arrêter au Ramada Inn. Ils ont probablement de quoi écrire, et je mettrai par écrit les grandes lignes de mon scénario. Le Ramada Inn... Je suis souvent passé devant en me demandant... Deux petites prises, pour me soutenir jusqu'à la chambre.

(sniff) (sniff) (sniff) (sniff) Ooooww!

Merde, il va falloir que je la réduise encore en poudre, elle est pleine de grumeaux.

(sniff)

Mais elle est bonne, je me sens détendu. D'accord. Vas-y...

– Ouais, heu, hé. Je voudrais une chambre pour deux ou trois nuits. Non, je... Pas de bagages, seulement ceci... de l'épicerie. Ouais, je suis un régime spécial.

C'est pas tes oignons, mec.

– Il y a une piscine, ici? Oh, chouette. Chouette.

Ce sera agréable, je pourrai bronzer un peu. C'est parfait, absolument parfait. J'écrirai. Je nagerai. Je perdrai du poids... Je suis en sueur. Seigneur, on crève de chaleur dans ce vestibule.

– Non, je n'ai pas besoin du groom. Seulement... Quel étage? Huitième? Formidable.

Seigneur, ils vous regardent toujours bizarrement, quand vous n'avez pas de bagages. Mais j'ai du répondant. Je suis accompagné de ma nouvelle épouse rougissante et tout de blanc vêtue. Oooh, ma main tremble, je me demande ce que... Je devrais peut-être manger quelque chose. Je n'ai pas faim, mais... Je commanderai un en-cas dès que je serai dans ma chambre. *Seigneur,* où ont-ils bien pu foutre ce bon Dieu d'ascenseur? Jésus...

– Non, non, ça va très bien. Donnez, que je signe la note. Voyons : six thés glacés Long Island, deux Smirnoff, un hamburger, des frites et une part de gâteau. Ouais, formidable. Merci. Non, inutile de revenir. Je poserai le plateau dans le couloir. Non, ça va, ça va, je suis seulement... j'ai pris un coup de froid. Merci.

Pour qui il se prend, ce type, pour se permettre de m'interroger sur ma vie privée? Fous le camp. Beurk, regarde ce hamburger, il semble *vivant*. Et ces tranches de pain détrempées, ces frites graisseuses. On pourrait s'attendre à ce que la nourriture soit au moins mangeable, dans un hôtel américain...

Je deviens nerveux. Très, très nerveux. C'est cette boustifaille qui m'angoisse. Il faut que j'écrive. Je devrais me préparer deux prises et me mettre à l'ouvrage. Pourquoi n'ont-ils pas installé un variateur de lumière dans cette chambre? J'ai l'impression de me trouver chez mon dentiste. Buvons un peu... Voilà ce dont j'avais besoin. J'étais de toute évidence assoiffé. Et maintenant une bonne sniffette et ensuite au boulot.

(sniff) Ouch! (sniff) Owww!

Merde de merde! Elle est coupée, c'est sûr! Je vais en mettre un peu sous la langue. J'aimerais que quelqu'un soit là pour en souffler au fond de ma gorge, mais je devrais alors subir une conversation. Bon, où est ce foutu papier? Voilà, au travail.

Je me demande si… Oui, ils ont le câble. Voyons un peu ce qu'ils passent à MTV. C'est cette tête de linotte blonde, alors il doit être très tard. Quelle heure… Oh, c'est vrai, je lui ai donné ma montre…

Quel est le thème, déjà ? Quelle est mon idée ? Le temps de sniffer une autre prise…

(sniff) Oowwww ! (sniff) Ooohh !

Je me demande si on trouve une pharmacie ouverte, ici. J'aurais besoin de Vaseline, pour ma narine droite… D'accord, d'accord. Donc, un type a une réaction allergique à certaines drogues, mais les autres s'imaginent qu'il a fait une overdose et l'envoient dans une clinique. Ce thème est formidable. C'est comme si c'était déjà *écrit.* Whew, ça roule !

(sniff) (sniff)

Oooh, mon cœur s'emballe… Une vodka. D'accord, ça roule à fond la caisse. Ce type se sent étouffé par ses parents, comme dans *Frances*. Ses vieux sont… Pourquoi l'ont-ils placé dans cette clinique contre sa volonté, au fait ? Ils sont un peu dérangés du cerveau. Ils se droguent, eux aussi. Non, ils ne se droguent pas mais ne veulent plus s'occuper de leur fils. Ça ne colle pas, il n'est plus un gosse… Une autre prise pour favoriser l'inspiration.

(sniff) (sniff) Aaah.

Je regrette de ne pas avoir de cigarettes. De toute façon, je ne fume jamais. Revenons au scénario. Ses parents l'envoient donc dans cet établissement parce qu'ils se droguent. Non, à cause… d'un héritage. Les héritages, ça plaît toujours. Le problème, c'est que ce sont habituellement les parents qui laissent un héritage à leurs enfants. J'ai trouvé : mon héros est le préféré du grand-père qui lui a tout légué et ses parents ne pourront mettre la main sur le magot que s'il est déclaré légalement incapable. Parfait ! Absolument parfait ! Il est donc l'héritier d'une immense fortune. Ma muse me sourit.

(sniff) (sniff)

Oooh, je crois que je vais être malade. C'est ce hamburger. Hors de ma vue, chose immonde ! Dans le couloir… C'est mieux. Bon, le type se retrouve dans cette clinique et rencontre l'actrice… il est musicien, à moins qu'il se contente d'écrire des chansons. On verra ça plus tard. La fille tombe amoureuse du héros, qui l'aide à se désintoxiquer. Ensuite, ils s'enfuient tous les deux de la clinique et c'est là que j'intercale la scène de la poursuite où des salopards comme Stan… des *tas* de salopards comme Stan… leur filent le train, dans l'espoir de les capturer et de leur faire reprendre de la drogue. Pourquoi ? Pourquoi voudraient-ils leur faire reprendre de la drogue ?

(sniff) (sniff)

Je sais ! Pour contraindre la fille à tourner des spots publicitaires pour la clinique et le type à écrire des articles sur la drogue, afin que leur établissement devienne célèbre. Je tiens le bon bout… mais je devrais me déshabiller. Ces vêtements collent à ma peau… Je… je trouve vraiment cette histoire formidable. Comment osent-ils prétendre que la drogue est un fléau ?…

Et si les producteurs n'aimaient pas mon idée ? J'ai brusquement si peur. Et si ce n'était *pas* un scénario valable ? Et si Suzanne *refusait* de participer au tournage ? Oooh, je ne me sens pas bien. Je dois boire quelque chose… la glace fond déjà… Je me demande pourquoi ils appellent ça du thé glacé Long Island. Ce serait peut-être un bon titre pour mon téléfilm : *Thé glacé Long Island* ?

(sniff) (sniff)

Qu'est-ce qu'ils passent, à MTV? Je n'aime pas cette chanson, j'ai *horreur* de cette chanson. Et regardez ce groupe. Regardez ce groupe, bordel! D'accord, je ne suis pas très reluisant moi non plus. Je ne l'ai jamais été, d'ailleurs. Il n'est pas étonnant que mes parents ne m'aiment pas. Mais, qui sait, je me trompe peut-être. Où peuvent-ils bien se trouver, en ce moment? Toujours chez moi, probablement, occupés à chercher de la coke dans mes tiroirs. Eh bien, je ne suis pas un drogué. Je suis descendu dans un hôtel et je travaille. Quelle heure est-il? Je ne tiens pas à le savoir. Il suffit de décrocher le téléphone...

– Standardiste. Pourriez-vous me dire l'heure? Merci.

Merde, déjà quatre heures et demie. Je devrais dormir. Si je faisais un petit somme, je me lèverais frais et dispos demain après-midi et je pourrais me remettre aussitôt au travail, donner vraiment du corps à cette histoire. Et peut-être même appeler Barry Diller. Oh, mon vieux. D'accord, je m'allonge. Je ne porte rien sur moi. Je me sens bien. J'ai un thème de scénario formidable, le premier depuis longtemps... Essaie de dormir. Vide ton esprit. Je capte une foutue radio, là-dedans. Silence! Débranche ton cerveau. Détends-toi et dors, et ensuite tu te réveilleras en pleine forme.

Oooh, mon cœur bat si vite. Je ne peux même pas garder les yeux fermés. Je devrais boire quelque chose. Merde, il ne reste qu'une vodka. Bon Dieu, je suis en sueur. Je n'aurais jamais dû sniffer tant de coke. Il faudrait sans doute que j'arrête, que je cesse d'en prendre. Deux dernières prises et ensuite plus rien pendant un moment.

(sniff) (sniff) Ooowwww !

Mais qu'est-ce que je fabrique ? C'est de la connerie. Je dois dormir. Plus de cocaïne. Par pitié, mon Dieu, faites que je m'endorme, sinon je ne serai plus jamais capable d'écrire. Je ne serai plus jamais capable de faire quoi que ce soit. Je suis crevé. Mes yeux brûlent. Je vais rester allongé, en attendant que la souffrance s'atténue un peu, et ensuite il me sera possible de fermer les paupières. Seigneur, la lumière sort de...

Quel est ce bruit ? Qu'est-ce que c'est ? Pas l'air conditionné, en tout cas. On crève de chaud, ici. Merde, je vais prendre une autre dose. Je crois que j'aurais intérêt à rester debout toute la nuit. Bon sang, j'en avais l'habitude, quand j'étais plus jeune.

– Eh, mec, on va faire la bombe toute la nuit.

Ça ne peut pas te tuer, mon vieux. Tu n'as aucune raison de te mettre dans un état pareil.

Je devrais manger quelque chose, boire un peu d'alcool. Je me demande si le hamburger attend toujours dans le couloir... Oui, le voilà. D'accord, d'accord, déconnecte tes papilles gustatives et avale cette merde. Une petite prise devrait estomper ton sens du goût.

(sniff) (sniff) Aaah, ouais.

Tiens, l'aube approche. J'assisterai au lever du jour. Comme John Denver. Ooow, la clarté est trop vive. Sans importance. Je vais monter l'air conditionné...

D'accord, d'accord, il n'y a pas de quoi se taper la tête contre les murs. J'ai pris de la coke. N'importe qui pourrait... je pense que je viens de faire un excellent travail préliminaire pour mon scénario. Je devrais ajouter un personnage qui prend un tas de neige. Le dealer, peut-être...

Entendu, je suis défoncé. Alors, qu'est-ce qu'il faut faire? Prendre un bain. Je vais prendre un bain, écrire pendant deux heures, puis regarder un vieux film à la télé et y pomper quelques idées. Regarde un peu cette tapisserie. Elle est *jaune*. Je me demande qui a bien pu s'imaginer que des gens parviendraient à s'endormir dans des chambres de cette couleur. Elles sont probablement toutes comme ça, dans tous les Ramada Inn du pays...

Je m'interroge au sujet de Suzanne... Je dois probablement lui manquer. Enfin, nous nous reverrons bientôt. Il est préférable que j'attende d'avoir vendu ce scénario, pour la contacter. Quand elle viendra le lire, je sais qu'elle me dira : « Est-ce que nous ne nous sommes pas déjà rencontrés quelque part ? »

Ouais, je vais la surprendre. Je vais surprendre *tout le monde*.

Mais je n'aurais pas dû sniffer tant de coke. Pourquoi ai-je fait ça? Il me reste tant de choses à finir... Le scénario, entre autres. Parce que j'écris un scénario. Mais comment serait-il possible d'écrire quelque chose de valable dans une pièce jaune? Et avec un pareil couvre-lit... Allonge-toi, mon vieux. Pose la tête sur l'oreiller et respire à fond. C'est bien. Inspire, inspire. Tout va bien. Tu as des copains et une petite amie, tu es plutôt beau gosse et ton corps est presque athlétique... Expire, voilà... Tu as des parents qui t'aiment, tu es un écrivain...

Aah, je me sens un peu mieux. Je devrais en profiter pour réduire en poudre le reste de la coke. Je n'ai pas envie d'inhaler un autre de ces blocs. C'est probablement pour ça que je ne me sens pas très bien... une dernière prise et...

(sniff) (sniff)

La clarté est si vive, ici. Il y a trop de lumière.

Pas de fenêtre dans la salle de bains. Je vais m'y installer pour écraser la neige. Une minute, j'aurai l'air de quoi, assis dans une salle de bains plongée dans l'obscurité? D'un dingue. Mais qui me verra? Je vais prendre un bain dans le noir. Je prépare deux prises, et ensuite je prends un bon bain, un bain bien chaud qui me détendra…

Là, là, ça y est. Mon bain coule, je l'ai fait couler. C'est parfait. Tout baigne. J'ai un sujet de scénario formidable, je suis jeune, j'ai la vie devant moi. Au boulot. D'accord, autant piler la poudre tout de suite. Parfait. Seigneur, quelle quantité de coke…

– Quoi? Qu'est-ce qui se passe? Non, je ne veux pas! Je ne veux pas qu'on refasse le lit! Non! N'entrez pas! Hors de ma chambre!

Non! J'ai *lâché* la cocaïne! J'ai tout laissé tomber dans la baignoire! Une pellicule de neige flotte à la surface de mon bain!

– *Dehors!!! Dehors!* J'intenterai un procès à cet hôtel! Ma montre! Dire que j'ai échangé une montre de deux mille dollars contre… Dehors! *Hors de ma chambre, bordel!!!*

Qu'est-ce que je vais faire, à présent? Je sais! Je dois essayer de récupérer la poudre dans la flotte! Ô mon Dieu, ô mon Dieu, la neige est à l'eau! Qu'est-ce que je peux faire?… Mais tu deviens hystérique, ma parole! Calme-toi et ferme-la. Trouve une lampe! Sèche ce qui reste dans le sachet. Tu dois sauver tout ça! Il doit y en avoir pour trois mille dollars… Seigneur, mais qu'est-ce que tu attends pour fermer le robinet? Qu'as-tu fait, bon Dieu? D'accord, d'accord, ne t'emballe pas. Ô mon Dieu, ô mon Dieu. La femme de chambre! Je rêve, ce n'est pas vrai. Une chose pareille ne peut pas m'arriver… Maintenant, mets la coke mouillée sur la serviette et fais-la sécher sous une ampoule. Oh oh oh, j'ai une crise cardiaque. Seigneur, je vois des étoiles. Ça y est, je suis mort… Baisse la tête…

Uhhhh, uhhhhh…

Ô mon Dieu, je dois appeler un médecin… Quoi faire ? Ils vont avertir la police, à présent que j'ai hurlé. La femme de chambre va téléphoner aux flics… et je ne sais pas ce qu'il convient de faire dans une pareille situation. Je dois agir en homme…

J'ai encore ce gramme à la maison. S'il me restait un peu de coke, elle m'aiderait à prendre une décision… Je n'arrive pas à réfléchir, c'est trop affreux… Ils vont avertir la police… Mes parents ne doivent plus se trouver chez moi. Je vais aller chercher ce gramme… C'est un cauchemar… Le dealer acceptera peut-être de me rembourser. Je lui expliquerai que sa coke s'est renversée. Ce n'était pas ma faute. Si seulement on pouvait assurer la drogue… D'accord, d'accord, je pars. Calme-toi… Enfile ta chemise et tire-toi…

C'est bon, du calme, aucune femme de chambre en vue. Et voilà l'ascenseur. Merde, il y a des gens dans la cabine. D'accord, baisse la tête et inspire. Ils rient de moi. Ô mon Dieu ! Comment cela a-t-il pu m'arriver ?

– Que voulez-vous dire par « Quel temps fait-il à Miami ? » ? Je n'ai jamais mis les pieds en Floride.

Pourquoi m'adressent-ils la parole ? Regardez-les, impeccables, irréprochables. Ils vont à leur boulot. Je n'aurai jamais une existence digne de ce nom. Je suis un animal. Je ne suis qu'une *bête*… et un *drogué*. Je ferais mieux de… Oh, non ! Je ne peux pas sortir de l'ascenseur. Ces gens sont les Nouveaux Chantres du Rédempteur et je suis pour ma part le hideux monstre de l'espace. Je ne suis rien... Ô Jésus, Jésus, je dois regagner ma chambre et prendre le temps de réfléchir. J'ai des ennuis. De sérieux problèmes... je ne sais pas ce que je fais. Je n'y comprends plus rien... Qu'est-ce que je fabrique ? Je suis en train de me tuer...

Il faut que j'avertisse quelqu'un. Mon nez saigne. Je dois joindre quelqu'un... Qu'est-ce que je fiche ici ? Qu'ai-je fait ? À quoi ai-je pensé en décidant de m'installer dans une chambre d'hôtel avec quinze grammes de coke ?... Mon bras est engourdi... Je ne perçois plus aucun goût dans ma bouche... Je suis malade, malade... Je ne peux pourtant pas téléphoner à Stan. Il ne faut pas qu'il sache... Qu'il sache quoi, au fait ?

Il est possible que je ne puisse plus... plus prendre de drogue. J'en ai abusé, je me suis fait du mal... Je vais appeler Julie. Elle a toujours été gentille. Trop gentille, sans doute, mais gentille quand même. Je réussirai peut-être à la convaincre de ne pas en parler. Je suis tellement gêné... Que vais-je bien pouvoir lui dire ? Aidez-moi, je suis... Ô Seigneur, c'est si pénible. Je ne me sens pas bien. Je dois... Je sais, je vais déguiser ma voix et me faire passer pour un ami de... Non, non, je... Oh, bordel, je vais simplement leur demander de venir me chercher. Si je ne fais rien, je resterai jusqu'à la fin de mes jours dans cette maudite chambre, pendant que la drogue s'écoulera par la bonde de la baignoire et que des hamburgers se promèneront dans les couloirs...

Je dois me rendre là où on pourra s'occuper de moi. D'accord, il faut téléphoner. Il suffit de retourner là-bas pour que tout s'arrange. Calme-toi, tu vas t'en tirer... J'ai tellement peur... Téléphone...

– Heu, ouais, est-ce que Julie Marsden est là ? Heu, salut, Lucille. C'est Alex. Non, non, ça va très bien. Est-ce que, hum, est-ce que je pourrais parler à Julie ? Oh ! Alors, auriez-vous son numéro de téléphone ? C'est important. Ouais, c'est... D'accord, merci.

Quatre-sept-six-deux-neuf-quatre-cinq. Quatre-sept-six-deux-neuf-quatre-cinq...

– Allô, Julie ? C'est Alex. Non, ça va... Non, je suis... Je suis dans un hôtel. Je... C'est vrai, vous pourriez ? Vous pourriez venir me... Ouais, je n'aime pas... Entendu. Ouais, le Ramada Inn de Burbank, chambre 823. D'accord, j'attends. Ouais. Non, je ne bouge pas d'ici.

Bon, maintenant reste assis et tiens bien tes genoux. D'accord, balance-toi si tu y tiens... Ô Seigneur, ô mon Dieu... C'est bon, c'est bon, elle arrive. Quelqu'un arrive. Ça va aller... Tiens bon, tiens bon... tout va s'arranger... les secours arrivent...

VINGT-SIXIÈME JOUR

Alex est de retour. Il est allé dans un hôtel de la vallée avec une livre de coke. Il en avait déjà pris une dose importante, quand il a cru entendre quelqu'un entrer dans sa chambre. Alors, il a paniqué et renversé tout le reste dans le bain qu'il s'était fait couler. Quelque chose de ce genre, en tout cas. C'est Bart qui me l'a raconté, et il a tendance à exagérer un peu. Pour en revenir à son histoire, il aurait pris l'ascenseur pour aller récupérer sa réserve de coke (!?!) et les gens qui se trouvaient dans la cabine se seraient moqués de lui en lui parlant de la Floride. Il a flippé, a regagné sa chambre et a téléphoné à Julie.

Naturellement, tout le monde ne parle que de son retour. Wanda était au poste des infirmières quand Julie a ramené Alex. Elle dit qu'il était effrayant, avec le nez ensanglanté et le reste, agrippé au bras de Julie, tête baissée comme un accusé passant devant les journalistes regroupés à l'entrée de la salle d'audience. Nous avons tous tenté d'en apprendre plus de Wanda, étant donné qu'elle est la seule à l'avoir vu, mais c'est tout ce qu'elle a pu nous dire.

Carl a entendu Julie expliquer à Stan qu'elle était arrivée dans la chambre d'Alex vers onze heures du matin. Il l'a laissée entrer et l'a étreinte comme si elle était une proche parente perdue de vue depuis longtemps. Il était en sueur et pleurait, en proie à la panique.

– Je suis si heureux de vous voir, je ne vous remercierai jamais assez d'être venue.

Voilà ce qu'il lui répétait sans cesse. Pendant qu'il parlait, un bloc de neige est tombé de son nez et a fini sur le tapis. Sans perdre une seconde, Alex a léché son index et s'est penché pour récupérer la coke, qu'il a mise dans sa bouche. Puis il a offert à Julie un thé glacé et lui a demandé si elle serait obligée d'en parler à ses parents.

Même si la Troisième Guerre mondiale devait éclater aujourd'hui, Alex resterait notre principal sujet de conversation.

...Seigneur, j'ai l'impression d'être mort...

Trois personnes venues de l'extérieur se sont adressées à nous, lors de la réunion des AA de ce soir. Le premier orateur nous a dit qu'on l'appelait autrefois le Roi de la syncope. Il revenait à lui alors qu'il roulait à toute allure sur l'autoroute, sans savoir s'il poursuivait quelqu'un ou était poursuivi. Une fois, il a repris conscience au milieu d'une grande bagarre, en ignorant à quel camp il appartenait. À la fin, lorsqu'il voulait se shooter, il devait s'enfermer chez lui et téléphoner à un service paramédical en signalant une overdose à son adresse. Puis il raccrochait et attendait pour se piquer d'entendre la sirène de l'ambulance, afin d'être certain qu'on pourrait le sauver. Jongler avec la mort était pour lui la plus grande de toutes les défonces.

Le deuxième nous a raconté sa vie de dealer et de taulard. Il nous a parlé d'une soirée à San Francisco et a précisé qu'il avait remarqué une fille.

– J'aurais bien aimé sortir avec elle, a-t-il dit. Mais elle ne prêtait pas attention à quelqu'un comme moi. Puis elle est partie pour New York et est devenue célèbre. Aujourd'hui, je la retrouve dans cette pièce. Nous appartenons désormais au même club privé.

Un frisson glacé m'a parcourue de la tête aux pieds comme je prenais brusquement conscience que c'était de *moi* qu'il parlait. Il laissait clairement comprendre que si je m'étais autrefois jugée bien supérieure à lui, j'aurais été à présent mal placée pour le faire. Ils disent ici que certains d'entre nous sont plus malades que les autres. Eh bien, j'ai estimé que compte tenu de la situation il y avait effectivement parmi nous un malade plus gravement atteint que les autres, et que je m'en fichais d'être encore plus malade que lui dès l'instant où je n'entrais pas dans sa catégorie. Je n'ai pu entendre ce que le troisième orateur avait à nous dire, étant donné que j'ai quitté la pièce.

En regagnant ma chambre, j'ai fait une halte pour voir comment se portait Alex. Il était couché et Lucille prenait sa tension. J'ai pensé à ces instantanés de personnes kidnappées que les ravisseurs joignent à la demande de rançon adressée à la famille. Il feignait de dormir, aussi n'ai-je rien dit.

Je suis si humilié. Que vais-je pouvoir leur raconter? Que doivent-ils penser? Seigneur, je suis *crevé*. Heureusement qu'ils n'ont pas organisé une rencontre avec mes parents. Je ne me sentirais pas d'attaque pour subir une pareille épreuve…

Je me sens mal, très mal. Ma seule consolation est de ne pas avoir été arrêté par les flics. J'espère qu'ils ne m'assimilent pas tous à un animal. J'ai perdu une partie de mon self-control. Ouais, je n'ai pas su me dominer, et si je n'ai pas su me dominer cette fois, ça risque de se reproduire. Je ne sais pas, il est probable que je refusais de regarder la vérité en face.

Je n'ai cependant pas changé d'avis au sujet de ce scénario. Le thème est excellent. À la fin, le type pourrait comprendre qu'il est effectivement un toxicomane. Il sort donc de la clinique, se bourre de drogue pour écrire, et prend finalement conscience qu'il a véritablement un problème. Attention, je ne pense pas à une fin à l'eau de rose où mon héros se change en bon Samaritain et se met à assister assidûment aux réunions des AA. Ce que je veux dire, c'est qu'il ne devient pas pour autant une de ces têtes d'allumettes qui vous abordent dans les aéroports pour vous dire : « J'ai quelque chose à t'offrir, mon frère. »

Non, c'est un individu plein de bon sens. La plupart des gens valables pourraient s'identifier à lui. Une sorte de Monsieur-Tout-le-Monde avec un léger problème de drogue. Je parie que mon agent m'obtiendra un rendez-vous avec Barry Diller, pour une idée pareille. C'est courant, je sais qu'il l'a déjà fait...

Mais je devrais peut-être laisser décanter tout ça pendant quelque temps, ne pas écrire tout de suite. Je me sens si ridicule. J'ai tellement honte. Dire que j'arrive au milieu de mon existence et que je ressens une chose pareille. C'est comme si un vent soufflait dans ma poitrine, ou un truc de ce genre...

Ils pourraient peut-être m'aider si je leur en parlais. Il n'est pas indispensable que je trouve mes interlocuteurs sympathiques, simplement que j'apprenne à me passer de la drogue. Je ne pense pas à Stan, naturellement, mais pourquoi pas à Julie ?

C'est décidé, j'essaierai leur méthode. Je n'ai pas grand-chose à perdre, de toute façon. Il n'y a qu'une seule chose que je refuse catégoriquement, et c'est d'utiliser leur sauna dégueulasse...

J'ai des difficultés à croire que je rentrerai chez moi dans deux jours. Ce ne sera pas un départ *définitif,* cependant. Je pourrai continuer de venir chaque jour de la semaine prochaine. Je serai une patiente en demi-pension. Bart reviendra, lui aussi. Je bénéficierai ainsi de ce qu'on trouve de mieux dans les deux mondes. Il est difficile d'imaginer une journée sans les bavardages incessants de Carl. Je me demande s'il me servira de répondeur téléphonique.

Aujourd'hui, c'était le vingtième anniversaire de Mark. Le cadeau qui lui a fait le plus plaisir a été le Big Mac que Stan lui a apporté.

...D'accord, d'accord, je suis un toxicomane et je ne devrai plus jamais me défoncer. Si je le fais, je risque d'en crever. Ou pire. Je n'ai pas oublié ce qu'a dit Stan... Ce connard m'exaspère, mais il était dans le vrai en disant que le pire n'était pas de mourir mais de *vivre* comme ça. Je me vois mal finir mes jours dans des Ramada Inn, en dépendant d'un dealer vérolé. Même la coke n'a jamais pu le rendre moins répugnant à mes yeux. Je dois d'ailleurs préciser que la blanche ne m'a jamais fait beaucoup d'effet, la première prise exceptée... Enfin, ce n'est pas en tentant d'analyser ce qu'on éprouve en prenant de la came que je parviendrai à m'en tirer.

Je crois que dans mon cas, le mieux serait de me plonger à corps perdu dans le travail, écrire. En outre, je me rendrai à leurs foutues réunions... pour que mes parents me fichent la paix. Par contre, ils ne me verront *jamais* aux soirées dansantes des AA. C'est si pathétique, ces gens qui ont décidé… non, qui ont été *contraints*… de renoncer à la drogue et qui se trémoussent et frétillent comme des poissons au bout d'une ligne. Oooh, c'est une comparaison excellente. Je crois que ce scénario se présente plutôt bien.

Julie m'a dit que je pouvais me joindre aux autres membres du groupe, et je vais entreprendre sans plus tarder de collecter des données. J'ai en outre appris que Suzanne doit partir demain. Il faut que je lui parle, sinon tous mes projets tomberont à l'eau. Je refuse de croire que j'ai pu me mener en bateau en imaginant les rapports qui pourraient exister entre nous. Elle est bien la seule personne avec qui j'ai des affinités, ici.

Je dois cependant admettre que je n'ai pas pris un bon départ. Il est impératif que ces gens deviennent mes amis. Cela me fait penser à une plaisanterie. Si Dieu existe, il doit posséder un sens de l'humour décapant, pour m'avoir envoyé dans un Ramada Inn avec un sac de coke avant de me réexpédier ici. Enfin, je dispose désormais d'un récit bien dramatique et je ne suis pas à court de personnages hauts en couleur. C'est ma solution personnelle à tous mes problèmes, alors je ne tiens pas à ce que les nuées s'ouvrent et que Dieu m'envoie un ange chargé de me remettre un télex. Je n'ai pas la moindre envie de me métamorphoser en bigot. J'aimerais me situer entre ce qu'est Julie et ce que j'étais jusqu'à présent.

Je voudrais me faire des amis, mais en opérant une certaine sélection au sein des AA. Pas de débiles souriants ou de républicains fous de prosélytisme. Je ne veux pas devenir républicain. Ce serait vraiment l'angoisse si je finissais par ressembler à certains d'entre eux, et j'espère qu'ils ne s'attendent pas… Je suis d'accord pour ne plus jamais toucher à la drogue, mais pas pour devenir un illuminé mystique. Je ne reviendrai pas là-dessus. Il est nécessaire d'imposer des limites. Je ne me défoncerai plus, mais je refuse de remplacer la coke par des cœurs et des fleurs. Faut pas y compter.

Je dois absolument m'entretenir avec Suzanne avant son départ. Une sortie dans le parc est prévue, ce matin. Je l'aborderai et… ce ne sera pas difficile. Je ne dois pas m'en faire une montagne, sinon je serai sur les nerfs et je finirai par paniquer. Et je sais que si je ne lui adresse pas la parole je me botterai le cul jusqu'à ma sortie de cet établissement. Je ne peux pas me permettre de laisser passer cette dernière occasion. Et je ne vois d'ailleurs pas pourquoi elle refuserait de me parler. C'est comme la relève de la garde. Elle sort et je reste.

Je suis certain que nous avons un tas de choses en commun. Nous parlerons de l'antipathie que Stan nous inspire. Nous pourrons également parler de Carl. Je devrai par contre bien veiller à ne pas parler *à* Carl, parce que ensuite il ne nous laisserait plus placer une parole. Mais il est certain qu'il nous fournira un excellent sujet de conversation. Sid aussi. Je demanderai à Suzanne s'il lui manque, par exemple. Ma parole, je découvre que nous avons un tas de connaissances communes…

Au déjeuner, Wanda m'a dit :

– Seigneur, je t'envie vraiment de jouer dans tous ces films. Tu as vraiment une vie formidable.

Je trouve ironique de susciter l'envie d'une pensionnaire d'un centre de réadaptation dont je suis moi-même cliente.

Il m'arrive de penser que je n'ai pas reçu à la naissance un esprit capable d'affronter la réalité. Et je me sais désormais contrainte de vivre une réalité ininterrompue. Un cauchemar dont je ne pourrai plus jamais m'éveiller. Une réalité sans pause. Certains appelleraient cela un défi, d'autres une condamnation. Quel que soit le nom qu'on lui donne, cependant, les personnes sevrées, désintoxiquées et abstinentes sont à jamais ses esclaves. Les jouets de la réalité.

Qu'il s'agisse de nomades, de béni-oui-oui ou encore de rois.

...Bon, bon, c'est l'heure de la sortie. C'est cette *horrible* infirmière qui va nous conduire dans le parc, celle qui possède la voix aiguë d'un personnage de dessin animé et qui fait cliqueter ses clés contre ma porte. Mais je dois avouer qu'elle ferait un excellent personnage de mon téléfilm : l'Infirmière acariâtre. Une antagoniste parfaite, pour mon protagoniste.

Bon, je ressemble à quoi ? Merde, ce pull pue toujours autant. Enfin, inutile d'y penser. C'est ma dernière occasion. Je dois parler à Suzanne et le moment est venu de passer aux actes. Allons-y. Seigneur, ils sont tellement pathétiques, tous ces gens qui attendent près du poste des infirmières…

La voilà ! Ô mon Dieu, elle a déjà posé sa valise devant la porte de sa chambre. Ça me fait penser à la levée d'un camp militaire. Le camp des camés. Pour nous occuper, nous devrions tresser des cordes de chanvre indien. D'accord, on y va. Sur qui pourrais-je bien mettre le grappin, afin de sembler faire partie de leur groupe ? Je me sens si loin de tout ça. Si je m'étais montré un peu moins distant, ça paraîtrait plus naturel et… Un moment, voilà Carol.

– Hé, Carol. Non, je me sens mieux. Je… j'ai déconné. Ouais, je suis resté sous Inderal pendant deux jours. Ils disent que mon rythme cardiaque s'est considérablement accéléré. De l'angoisse ? Non, c'est probablement dû à la cocaïne qui quitte mon système.

Ce que tu dis est d'une connerie sans bornes, bon sang !

– De l'anxiété, sans doute.

C'est mieux ! Maintenant !

– Eh ! Salut, Suzanne.

Bon Dieu, tu aurais tout de même pu être un peu plus bavard. Qu'est-ce que… Et arrête de contempler tes pieds, bon sang ! Tu ne pues pas, tu ne pues pas. Et tu es plutôt beau gosse.

– Ouais, nous n'avons pas été officiellement présentés. Effectivement. J'ai appris que vous rentrez chez vous, aujourd'hui. Nerveuse ? Ouais, ouais. J'étais nerveux, moi aussi. Vous pensez revenir nous voir ?

Tu viens de gaffer. Tu as tout du mec complètement désespéré. Détends-toi.

– Vous avez du travail qui vous attend ? Pensez-vous que ce soit préjudiciable à votre carrière… je parle de cette histoire de drogue? Ouais, sans doute. Sans doute. Ah, le parc. La promenade dans le parc.

Merde, je ne trouve aucun sujet de conversation. Que pourrais-je lui dire? Qu'elle est jolie? Impossible. Elle irait s'imaginer que je veux me placer.

– Vous allez donc revenir assister aux réunions de la semaine prochaine. C'est bien, c'est très bien. Je devrais peut-être en faire autant. Après mon départ, bien entendu. Vous pensez que ce serait une bonne chose? J'aimerais connaître votre avis sur la question, parce que…

Tu dois avoir l'air d'un con. Seigneur! Contente-toi d'aller de l'avant.

– Ce que je veux dire, c'est que vous êtes un peu une sorte de vétéran, ici, et moi un simple bleu…

C'est mieux, ça. Continue sur le même registre.

– … Hum, vous savez, j'ai l'impression que vous avez terminé vos études et que je suis en première année. Je ne connais pas encore les règles de cet établissement. Auriez-vous des conseils à me donner? En plus de renoncer à la drogue, naturellement. Hon-hon, ouais. Je voulais vous demander ce que vous pensez de Stan. Vraiment? Je ne sais pas, je le trouve plutôt… Je peux être franc avec vous? Il m'est profondément antipathique. Je pense à ce jour où il s'est presque instauré un semblant de dialogue entre nous… Ouais, eh bien j'ai trouvé qu'il planait un peu. Je ne me réfère pas à la drogue, évidemment. Loin de moi l'idée de faire une plaisanterie de ce genre…

Aiiie, elle vient de me cataloguer dans la catégorie des débiles profonds.

– …Vous savez, j'ai l'impression qu'il n'y a en fait qu'une seule règle, ici : ne pas toucher à la drogue.

J'estime qu'un peu de courtoisie et de respect permettraient de... où je veux en venir, c'est que même quand j'étais complètement défoncé je restais correct. Mes dealers m'appréciaient. On croirait à une plaisanterie, mais c'est la stricte vérité. Alors, hum...

Dis quelque chose. Ne laisse pas ce silence s'éterniser. Si tu n'ajoutes rien, elle va te planter là. C'est une actrice, elle doit aimer parler d'elle...

– Et que comptez-vous faire, sur le plan professionnel ? Je désirais justement vous en parler. Je suis conscient d'avoir l'air d'un type qui a échoué ici parce qu'il était complètement paumé, mais je suis écrivain et, hum, j'envisage d'écrire un scénario basé sur cette expérience. Vous accepteriez d'y jeter un coup d'œil ? Ouais, un scénario. Faire partie de la distribution vous intéresserait ? Je ne voudrais surtout pas vous importuner, notez bien...

Ne dis pas des conneries de ce genre. Quand apprendras-tu finalement à te vendre ?

– Vraiment ? Vous le lirez ? Ce sera formidable. Eh bien, je ne l'ai pas encore écrit. Ma méthode consiste à tout assembler dans mon esprit et à passer au stade de l'écriture lorsque j'estime qu'il ne manque plus rien. Ensuite, ça vient tout seul. J'espère que ce sera encore le cas, tout au moins, car j'ai toujours travaillé sous amphétamines, jusqu'à présent. Un journal ? Vraiment ? Vous tenez un journal ? C'est votre idée, ou...? Je vois. Ce qu'un journal a de formidable, c'est qu'il n'y a pas de date de remise à respecter, ni à trouver une fin. C'est vraiment une excellente idée. Quel est le thème ? Les gens qui vous entourent ? Comme Sid, Carl et les autres ? Ouais, c'est vraiment passionnant.

Regarde-la, elle va bâiller d'ennui. Tu es en train de te saborder.

– Les balançoires ? Bien sûr. Mais vous n'êtes pas un peu trop grosse ? Je veux dire que vos pieds vont traîner dans le sable et…

Vas-y, bon sang ! Elle t'a demandé de faire de la balançoire avec elle. *Vas-y !*

– Vous voudriez que je vous pousse ? J'en serais *honoré*. Dois-je demander à ce petit garçon de descendre ou… ? Voyez-vous sa mère quelque part ? Oh, il y en a une de libre, là-bas. Ces fillettes s'en vont. D'accord, je vous pousse. Ce sera chouette. C'est un moyen comme un autre de s'envoyer en l'air, pas vrai ?

Celle-là, c'est bien la pire que tu pouvais faire. Elle ne lira jamais ton scénario. Mais surtout, n'ajoute rien, ne présente pas tes excuses. Elle ne doit plus pouvoir te supporter, à présent.

– Et c'est parti pour un tour !

Je n'oublierai jamais cela. C'est une de ces anecdotes qui font l'Histoire du cinéma. Je pousse Suzanne Vale sur une balançoire. Les gens qui nous entourent doivent nous prendre pour des amoureux. Il est d'ailleurs possible que nous soyons des amoureux en gestation, qui sait ?

– C'est assez haut ?

Surtout, aucun jeu de mots avec *décoller* ou *planer*. Contente-toi de fermer ta grande gueule et d'écouter le vent, les bruissements des feuilles…

– Agréable, pas vrai ?

Chuuut ! Ferme-la. Sois heureux et tais-toi. Imprègne-toi de la magie du moment. J'espère que personne ne viendra nous importuner. Je veux graver cette image dans mon esprit, de façon indélébile. *Je pousse Suzanne Vale sur une balançoire, dans un parc situé juste à côté de la clinique…*

J'ai passé la matinée dans le parc avec Alex. Ce n'est pas un mauvais bougre... mais pas une lumière non plus. Il m'a poussée sur la balançoire pendant un très long moment, cependant. Il y a deux choses que certains types savent faire à la perfection : pousser une balançoire et écraser des insectes.

J'en conserve le souvenir d'une scène étrange : le drogué qui pousse la droguée sur une petite balançoire de gosse, au milieu des mômes qui courent de tous côtés en hurlant, pendant que leurs mères restent assises sur les bancs et étudient tout le monde. Une ribambelle de petits enfants autour de deux grands dadais.

Alex veut écrire un scénario ayant pour thème son séjour dans cette clinique. Il est probable qu'il s'agit de l'événement le plus marquant de toute son existence. Je lui ai suggéré de l'intituler *Réadaptation!*. « Juste à l'instant où on pensait qu'il était sans danger de replonger dans le flacon de coke. »

Je suis impatiente de reprendre le volant! J'irai peut-être au cinéma, ce soir. J'ai entendu dire que *Doctor's Orders* est un bon film. Quoi qu'il en soit, j'ai pris beaucoup de plaisir à écrire ce journal. Je devrais peut-être continuer de le tenir une fois rentrée chez moi. Si je le fais, il faudra que je surveille mon style, au cas où il serait publié après ma mort.

Jeudi, je dois aller à une soirée dansante des AA avec Sid. Il est possible que j'en fasse un peu trop, mais tant pis...

On a dû me faire subir un lavage de cerveau, parce que toutes mes pensées me semblent désormais bien propres.

Notes pour le scénario de *Réadaptation !* :

Suzanne est partie aujourd'hui. Je m'estime vraiment satisfait des rapports que nous avons établis dans le parc. Il m'a fallu du temps, mais attendre en valait la peine. Je suis heureux qu'elle ne m'ait pas connu avant, quand j'étais complètement à côté de mes baskets. Elle est formidable. Si elle perdait seulement deux kilos, c'est avec plaisir que je l'épouserais.

Je crois que sa suggestion de tenir un journal pour préparer mon scénario est bonne. J'aimerais pourvoir lire le sien. Elle n'est pas un écrivain, mais elle est Suzanne Vale, et je me demande s'il sera un jour publié.

Et je me demande surtout si elle y parle de moi.

UN FESTIN DE MIETTES

– Je vous demande d'excuser mon retard, fit-il. J'ai été retenu à une réunion du comité de production. Ma secrétaire vous a téléphoné, j'espère ?

– Oui, répondit-elle. Rassurez-vous, j'avais pensé à me munir d'un livre.

– Que lisez-vous ? Je pourrais prendre une option sur ses droits. Oh, formidable. *Siddhartha*.

– Il s'agit en fait d'une relecture.

– Une actrice cultivée. Vous me plaisez vraiment. Quel est votre Q.I.? Le mien est de cent quatre-vingt-huit.

– Un producteur de génie.

– Ouais. Mais je me demande à quoi ça peut servir, dans cette *bourgade*.

– J'adore ce terme. Il évoque pour moi une épicerie, une mairie avec son horloge, et un postier. « Eh, bonjour, monsieur Phelps, comment allez-vous ? Et vos rhumatismes ? » La « bourgade » d'Hollywood. Clinquantville, plutôt. « Bonjour, je suis le maire de Clinquantville et je vous accueille dans notre belle cité au nom de tous mes concitoyens. Comment va ? »

– Spirituelle, en plus. Andrea avait raison. Je commence déjà à vous apprécier.

– Vous souvenez-vous également de vos moyennes, au collège ?

– Six quatre-vingt-seize en anglais. Sept soixante-six en maths. Une fois, je suis sorti avec une fille qui voulait m'embrasser uniquement pour rapprocher sa langue de mon cerveau. Elle avait pour sa part une cervelle d'oiseau.

– Comment avez-vous connu Andrea ?

– Par Candy.

– Oh, oui, c'est une femme formidable. Quand j'étais petite, je rêvais de lui ressembler un jour. Vous savez, quiconque grandit à L.A. accorde énormément d'importance à son apparence. À l'époque où j'allais encore à l'école, je décidais déjà quelle serait ma tenue vestimentaire du lendemain, avant même de faire mes devoirs. Je me souviens d'une fille de ma classe, Beth Ann Finnerman. Ses socquettes ne descendaient jamais, alors que les miennes s'enroulaient avec obstination autour de mes chevilles. Et je pensais vraiment que mon existence aurait été merveilleuse si j'avais été capable de les faire tenir en place, comme elle.

– Eh bien, vous me paraissez absolument parfaite, à présent.

– J'ai découvert que le meilleur moyen de soigner son apparence, c'est de veiller sur sa santé. Jusqu'à une période récente, je trouvais cela un peu idiot, mais de nos jours « forme physique » et « séduction » sont devenus des synonymes, ne pensez-vous pas ?

– Ne devrions-nous pas commander ?

– Oui. Je parle trop et dois vous paraître tendue. Je le suis, mais je ne veux pas que vous puissiez vous en rendre compte. Je n'ai pas déjeuné, aujourd'hui, et chaque fois que je saute un repas, je suis sur les nerfs. Pour clore ce chapitre, j'ajouterai que mon taux de cholestérol a légèrement augmenté et que je suis le régime Pritikin. J'ai droit à des légumes et quelques protéines. Du poulet, par exemple. Je précise cependant que cela ne m'obsède pas. Je fais un simple essai. J'aime être fixée sur certaines choses, et j'estime qu'il convient de savoir ce que l'on fait en prenant du sucre raffiné, de l'huile ou des graisses animales. Il faut être conscient qu'on transforme ses artères en pizza. Et pas d'œufs, *jamais*.

– Vous ne…

– Oh, j'oubliais de vous dire que je n'ai absolument rien pris contenant de la caféine depuis le début de mes méditations, il y a de cela une semaine.

– Vous n'avez pas de problèmes digestifs, n'est-ce pas ?

– En fait, je suis une anorexique ratée. J'ai les pensées d'une anorexique, mais pas le comportement.

– Je suis sorti un certain temps avec une fille. Il s'est avéré qu'elle était boulimique, ce que j'ignorais à l'époque, mais elle avait un corps magnifique. Je suppose qu'on pourrait comparer les deux cas.

– Je ne serai jamais boulimique. Je me vois mal fourrer mes doigts dans ma gorge pour faire de la place à ce qui va suivre.

– Vous êtes très ouverte. J'aime ça.

– Même chez une femme ? Enfin, comme demander un plat spécial pose toujours des problèmes et que nous nous trouvons au Pasta Hello, je prendrai des lasagnes.

– Vous êtes bien décidée ? Parfait. Serveur, deux lasagnes, une Heineken, et… ?

– Un Diet Coke.

– Et un Diet Coke. Merci. Que vous m'ayez parlé de méditation est très intéressant, vous savez ? Chez une personne exaltée, un état transcendantal est toujours captivant. Je ne crois pas être du genre à connaître une petite expérience transcendantale. Il est probable que j'irais droit au satori. J'ai lu pas mal de choses sur le zen. Si la connaissance du sujet pouvait suffire, j'aurais déjà atteint le but recherché. Naturellement, si on passe par le zen, tout se réduit à « Je pourrais le faire, *ou pas*. » Toujours cet incontournable « ou pas ». Je me demande combien de bouddhistes sont nécessaires pour dévisser une ampoule électrique ? Une douzaine, sans doute... six qui passent aux actes et six qui se croisent les bras.

– Avez-vous entendu parler de cette starlette polonaise qui vient d'arriver à Hollywood ? Il paraît qu'elle couche avec tous les écrivains.

– Ouais, je la connais. Au fait, pendant que j'y pense, je dois vous dire que je vous ai toujours trouvée formidable. Surtout dans *Brumes sur le lac*. Je me réfère plus particulièrement à la scène où vous vous dressez sur la falaise et contemplez le panorama, avec cette robe diaphane et votre longue chevelure. Je dois vous l'avouer, ça m'a fait bander. Et pas à cause de votre sillon mammaire, mais de votre jeu d'actrice. Je vous ai même trouvée excellente dans *Porky's Nerds,* ce que j'aurais pourtant cru impossible. Où je veux en venir, c'est que vous n'êtes pas Pia Zadora. Vous avez un tas de qualités. Comment une fille aussi intelligente que vous a-t-elle pu devenir actrice ?

– À en croire mon analyste, Norma, ce serait partiellement dû à une carence sur le plan affectif au cours de mon enfance. Selon elle, j'essaie de rattraper le temps perdu en me faisant remarquer. C'est la raison de mon comportement séducteur. Vous savez, on se rend à un tas d'auditions, on ne reste qu'un bref laps de temps avec certaines personnes, et il est alors capital d'exprimer toute sa personnalité dans cette rencontre afin d'obtenir le rôle. Ce n'est pas parce qu'on a un certain succès que c'est plus facile. Il est toujours indispensable de plaire aux gens. Tenter d'être conforme à tous les fantasmes qu'on a pu faire naître en eux. Et comme il est capital de ne pas laisser voir que cela réclame un effort de volonté, on prend l'habitude de feindre de passer un bon moment et tous vous considèrent comme la femme idéale. Mais on ne se sent à l'aise avec *personne,* en fait.

– Les producteurs sont eux aussi contraints de rencontrer un grand nombre de gens et de feindre de les trouver sympathiques. Nous devons mettre nos interlocuteurs à leur aise. Nous devenons de plus en plus réceptifs aux sentiments des autres, en nous fermant aux nôtres.

– Je ne crois pas qu'on puisse trouver d'intimité véritable à Hollywood. C'est une chose que tout le monde sait imiter à la perfection. Le téléphone ne cesse de sonner. On a d'innombrables amis, et l'on pense toujours que si l'on avait un peu moins de succès ils n'appelleraient jamais.

– Je sais ce que vous voulez dire. Pendant des années j'ai accordé ma clientèle à des putes pour la simple raison que – pourquoi faire preuve de fausse modestie? – j'ai réussi en tant que producteur et écrivain. J'envisage d'ailleurs de me lancer également dans la mise en scène... la Columbia voudrait que je fasse un film et j'ai l'intention d'accepter. J'exploite des scénarios que je me sens capable de mettre en scène. Je pense plus particulièrement à une histoire qui se déroule dans un lycée et qui… Mais pour en revenir à ce que je disais, je crains d'être aimé pour mon argent. Or, si une femme s'intéresse à moi pour des raisons vénales, autant que ce soit une professionnelle. Je sais au moins à quoi m'en tenir. Il y a bien eu une fille, cependant… je ne sais pas s'il serait possible de dire que nous nous étions véritablement engagés, mais nous sommes sortis ensemble un certain temps. Je ne pouvais malgré tout m'empêcher de regarder les autres. Il m'est difficile de… je ne sais pas pourquoi… Quand on a évolué comme je l'ai fait, il se peut…

– … que vous ayez peur de vous engager ?

– Ce n'est pas de la *peur*. Je refuse tout simplement d'avoir des obligations envers quelqu'un. Je n'en vois pas l'utilité. Où je veux en venir, c'est que mes activités professionnelles m'absorbent énormément et… Non, il n'est pas tout à fait exact de dire que je refuse de m'engager. Je ne sais pas, il s'agit peut-être d'une simple excuse. Mon avocat affirme que je *redoute* toute liaison prolongée. J'avoue que je n'en vois pas vraiment l'utilité. J'aime faire l'amour, ne vous méprenez pas. On pourrait même estimer que je suis un grand amateur de sexe. J'espère que vous me pardonnerez ma franchise… elle est devenue presque célèbre… mais j'aimerais par exemple coucher avec vous. Ce que je veux dire, c'est que vous êtes une femme avec qui il serait formidable de faire l'amour.

– Que vous êtes romantique !

– Vous avez raison. Je manque de chaleur humaine. Depuis quelque temps, je perçois en moi une froideur qui m'effraie. Je crains que tout me laisse indifférent, mon travail excepté. On pourrait en quelque sorte dire que je suis un travailcoolique.

Si je n'étais pas producteur, je serais probablement entraîneur d'une équipe de football, parce que c'est une occupation accaparante. J'ai besoin de vivre intensément, je recherche cela, c'est ma raison d'être. C'est pourquoi j'aime les milieux qui me complètent. Je peux me détendre à un concert de Bruce Springsteen. Ce n'est qu'au cœur de ce genre d'énergie que je parviens à décompresser. J'aurais encore pu faire une belle carrière dans l'armée, si... enfin, si les militaires ne risquaient pas de recevoir des blessures, car je redoute la souffrance. Mais je ne suis probablement pas le seul dans ce cas.

– Vous vous êtes cependant cru obligé d'en parler, au cas où j'aurais envisagé de vous embrocher avec ma fourchette.

– Quoi qu'il en soit, j'*aimerais* éprouver le désir de me lier à quelqu'un, pour faire comme les autres et parce que cela semble à première vue agréable.

– Pour moi, l'intimité, c'est deux personnes nues assises devant une bougie qui écoutent de la musique en pensant que le fait d'aimer le même clip ou de ne pouvoir terminer la lecture du même livre signifie quelque chose. L'autre jour, j'ai dit à quelqu'un que je n'aimais pas le sushi. J'ai déclaré que le poisson cru me faisait penser à des bouts de « gencive de baleine » et mon interlocuteur m'a répondu : « Vraiment ? Vous n'aimez pas ? J'en ai horreur, moi aussi. » Et il avait dit cela sur le ton d'une personne qui s'exclame : « *Enfin,* quelqu'un qui me comprend ! »

– Nous vivons en Amérique et quiconque parle anglais peut se faire comprendre. Il en va différemment de l'interprétation de ses propos.

– Il existe une chose qui fait toujours son effet. Votre interlocuteur vient de lancer une remarque désobligeante sur les psychanalystes et vous dites : « Oh, vous ne les aimez pas ? Je les trouve épouvantables, moi aussi. Leur rôle est superflu. Pendant des siècles, nos ancêtres se sont passés de leurs services. Que faisaient les pionniers ? Se disaient-ils : "Je ne peux pas abattre cet arbre parce que j'ai rendez-vous à midi avec mon analyste" ? Ou encore : "Selon mon psy, j'essaie de me défouler de mon agressivité en tuant des Indiens" ? »

– J'ai noté que les personnes solitaires et agressives ont tendance à se regrouper. Comme si c'était un dénominateur commun suffisant. Une petite association d'insatisfaits pleins de hargne. Un club de personnes enragées.

– Club de personnes enragées. Je vous le chipe.

– Quand on rencontre quelqu'un pour la première fois, toutes les vannes de l'adrénaline s'ouvrent. On tente d'exhiber ce qu'il y a de mieux en soi tout en essayant de donner l'impression qu'on est toujours ainsi. On déploie les facettes les plus intéressantes de sa personnalité. Mais c'est une comédie, un comportement artificiel.

– Je suis sortie avec un sénateur qui ne cessait de me répéter : « Tu es formidable, je n'ai jamais rencontré une fille comme toi. » Et je lui ordonnais mentalement : « Ferme-la ! » Il me disait ce que je devais selon lui souhaiter entendre, et non ce qu'il pensait. S'il avait été sincère, je l'aurais *perçu*. Je l'aurais *senti*. Je suis quoi qu'il en soit consciente d'être une fille formidable, et je voudrais parfois pouvoir être autre chose. C'est le rôle que je dois tenir pendant une audition, pas lorsque je me retrouve avec un homme.

– J'offre mon cœur aux acteurs qui jouent dans mes films. J'ai débuté en tant que comédien. J'ai suivi des cours d'art dramatique. Il y avait Jeff Bridge dans ma classe. En fait, j'apparais dans deux de mes productions. Je pense que mes dons sont innés. Mon père était prédicateur, et j'ai hérité de lui cette sorte d'énergie particulière. De nombreux fils de prédicateurs sont acteurs… je pense notamment à Laurence Olivier, et vous pourriez en citer d'autres. Quoi qu'il en soit, j'étudie les rôles avec les actrices. Je suis d'ailleurs surpris que nous n'ayons jamais travaillé ensemble.

– Si, il y a six ans. Je vous ai trouvé très gentil, mais également tendu. Il s'agissait d'un tournage important.

– Vraiment ? Je n'aurais jamais cru pouvoir oublier quelqu'un comme vous. Un moment… n'était-ce pas pour *Why Is Ruth Dead ?* Je prenais beaucoup de cocaïne, à l'époque. J'ai lu que vous avez effectué récemment une cure de désintoxication, alors vous devez savoir de quoi je parle. Je n'ai jamais touché à la free-base, mais j'étais… je prenais beaucoup de coke. Et, vous savez, j'*aimais* vraiment ça. J'ai dû arrêter à cause des crises d'angoisse. Je devrais malgré tout me souvenir de vous, parce que vous êtes très séduisante et, surtout, pleine d'esprit. Cela me remémore une chose que j'ai dite dernièrement… Je trouve que se citer manque de modestie, mais si je ne le fais pas personne ne s'en chargera à ma place. En Inde, on dit que le corps est l'enveloppe de l'esprit et pour moi l'esprit est essentiellement ce que nous sommes. Nous vivons dans une ville d'enveloppes. Ce qui est formidable, à votre sujet, c'est que vous êtes une *lettre*. Il est évident que seule une lettre peut reconnaître une autre lettre, et je constate que nous sommes deux lettres perdues dans un tas d'enveloppes vides…

– *L'enveloppe, s'il vous plaît.*

– ... et quand on trouve une lettre vraiment intéressante, on désire naturellement la lire. Le problème, c'est que nous avons été conditionnés à ne lire que le courrier qui nous est adressé et... Il m'arrive parfois de penser que j'ai finalement trouvé ce que je cherche et que je suis dans l'incapacité d'en prendre conscience parce que je consacre toute mon attention à me surveiller, dans l'éventualité où une telle chose se produirait.

– Je saisis le fond de votre pensée. Quand je suis avec un homme, il m'arrive de me dire : « Ça y est. J'*aime* ce type. » Mais la personne que j'aime, c'est celle que je deviens quand je suis avec lui. Il n'entre pratiquement pas en ligne de compte. Je cherche simplement un prétexte pour me mettre en valeur, me prouver que je suis spirituelle, amusante, puissante. Et je suis une experte pour verser du sang dans le bassin aux murènes.

– J'envie les gens qui me rencontrent pour la première fois. Je les étudie et découvre dans leur regard ce qu'ils éprouvent. J'aimerais alors être à leur place. J'aimerais tant faire la connaissance d'une personne telle que moi.

– Dès que je sais que je les ai séduits, je commence à leur trouver des défauts. Ou, plutôt, c'est le Géant qui sommeille dans mon esprit qui s'éveille, s'étire et bâille, puis me dit : « Beuuurk ! Regarde ses *cheveux*. » Ou encore : « Ô mon Dieu, tu entends les conneries qu'il débite ? » Ce Géant au Cerveau dormant ignore ce qu'est la pitié et recherche avec avidité toutes les tares, comme si c'étaient des œufs un jour de Pâques. C'est lui qui fait cela. Je trouve pour ma part le garçon sympathique, et je suis *désolée* que le Géant agisse ainsi. Il existe une partie de mon être qui voudrait mettre mon interlocuteur en garde, lui dire : « Ne te conduis pas stupidement, je t'en conjure », comme si c'était une chose qu'on peut contrôler. Mais alors le Géant au Cerveau dormant lâche son verdict : « Il n'est pas assez bien pour toi ! » Sincèrement, et contrairement au Géant, j'aime bien mon prochain. Je fais rarement preuve de compassion mais ce sentiment ne m'est pas étranger. Il m'accompagne constamment. Je suis peinée pour les équipes qui perdent un match. Ma gorge se serre quand les cameramen font un gros plan sur les mines déconfites des joueurs. Je *sais* ce qu'ils éprouvent. Où je veux en venir, c'est que je ne peux même pas écraser des cafards, sauf si je me sens directement menacée.

– L'ennui, c'est que je tombe toujours sur des gens à problèmes. Je suis dans l'incapacité de les différencier des autres. Ces derniers devraient porter un badge : « Tout baigne pour moi, merci. » Mais je ne les *remarque* même pas.

– Le seul moyen de me lier à quelqu'un, c'est de me soumettre à des expositions répétées. Dans mon cas, le chemin qui conduit à l'intimité, c'est l'habitude. J'établis ainsi un mode de vie avec un homme, et ne prends ensuite conscience de son existence que lorsqu'il est sorti de ma vie. Une fois cette routine établie, des pauses s'avèrent indispensables. C'est comme un renouveau ou un retour en arrière. Lorsqu'on le revoit, c'est comparable à cette chanson que vous aimiez bien mais qui s'est trouvée si longtemps en tête du hit-parade que vous en avez eu pardessus la tête. Elle a été retirée des ondes pendant un certain temps, et le jour où on l'entend à nouveau on se dit : « Oh, chouette ! Comme c'est agréable qu'ils la passent ! » Voilà ce que sont les gens, à mes yeux.

– Pour moi, c'est me retrouver dans les personnes qui m'entourent. Mais en trop faible quantité pour que leur compagnie soit supportable. Nos personnalités possèdent tant de facettes. En Inde, un mendiant a fait rouler son petit chariot vers moi en me disant : « Mon frère, mon frère. » Qu'il m'ait appelé son frère m'a obsédé, jusqu'au moment où j'ai pensé : « Oui. Oui ! Naturellement. » Et si j'ai pu me retrouver chez un *lépreux*, que je me retrouve chez tous les gens n'a rien de surprenant. Mais ce n'est pas assez net pour pouvoir changer quoi que ce soit à la situation.

– J'ignore ce que j'espère encore trouver. J'ai consacré trop d'énergie à cette quête, trop de temps. Au début, je croyais vraiment que je finirais par découvrir la perle rare, provoquer un impact, établir un *lien* véritable. Compte tenu de mes échecs successifs, je poursuis mes recherches tout en étant persuadée qu'elles sont vaines. Je me contente de regarder autour de moi, par simple habitude. L'important, c'est la victoire, pas la coupe qui la symbolise. La récompense est le fait d'avoir gagné, ces trois minutes de plénitude qui suivent l'instant où l'on a réussi. Le plaisir apporté par le sexe est parfait, mais il est condamné à se métamorphoser en déception. Parce que le but recherché était d'en arriver là, pas d'aller au-delà. Dès qu'on fait l'amour tout est terminé. *Dès qu'on fait l'amour.*

– J'aimerais vous faire visiter ma maison. Je la considère comme mon antre. J'aime qu'elle reste humide, fraîche et obscure. Je suis un peu esclave de mes habitudes, ce qui explique sans doute mon attachement à la cocaïne. À cause du rituel qui s'y rattache. À présent que je me vois contraint de m'en priver, j'ai mis l'accent sur d'autres rites. Tous ne sont pas agréables, notez bien. J'ai horreur de me brosser les dents, par exemple, mais je m'exécute malgré tout. Si j'attendais d'aimer quelque chose pour le faire, je me retrouverais condamné à l'inaction. Ma seule activité consisterait à parler de ce que je ne fais pas. C'est pourquoi j'ai décidé qu'il n'était pas indispensable d'aimer, seulement de devoir. Alors, je m'acquitte de ces obligations. Il y a une chose que j'apprécie, cependant. Je trouve très agréable de me raser puis d'asperger mon visage d'after-shave. Chaque matin, après ma douche, j'enfile un peignoir en tissu-éponge…

– Le Repos du guerrier.

– J'en possède un autre pour la nuit, dans un tissu différent. Je ne sais même pas en quoi. J'ai des draps que j'*adore*. Des Pratesi. Des draps italiens, les plus doux qui soient. J'envisageais de les prêter pendant trois ans à une famille norvégienne bien propre, qui me les aurait rendus après les avoir assouplis. Mais à présent je les *achète* directement comme ça. J'ai également mon réveille-matin, et tout le reste. J'ai parfaitement conscience que tout cela peut paraître anal, mais ces petits détails me procurent un véritable plaisir : que tout soit ordonné, à sa place. Oui, je suis probablement anal. Cela m'apporte un bonheur intense. Vous devriez voir ma maison.

– Vous n'appartenez pas à un groupe à haut risque, n'est-ce pas ?

– Très drôle, répondit-il.

– Vous souvenez-vous de notre dernière séance, quand vous m'avez conseillé de m'abstenir de sortir avec qui que ce soit pendant un certain temps ? Tant que nous n'aurions pas étudié plus profondément la question. Je voudrais savoir ce que vous entendiez plus précisément par « un certain temps ».

» Non, je ne me suis liée à personne. Je me demandais simplement pendant combien de temps je devrais m'en abstenir. Je me doutais que ce n'était pas encore suffisant et c'est pourquoi je ne suis sortie avec personne... enfin, si, avec quelqu'un. Deux... ou trois fois. J'ai essayé de vous téléphoner... ou plutôt je *voulais* vous téléphoner, mais vous n'étiez pas en ville. Alors j'ai fini par estimer que je ne risquais pas grand-chose en allant à ce rendez-vous.

» Le fait est qu'il s'agit d'un individu intéressant, et que c'est justement ce qui m'attire chez un homme. Je sais parfaitement qu'il faudrait toujours rechercher les plus insignifiants, mais le halo qui nimbe les autres me fascine. Je suis parfaitement consciente qu'*intéressant* est synonyme de *problèmes*. Je ne me dis même plus : "Cette fois, ce sera différent." Je pense simplement : "Cette fois, ce sera la même chose, de façon différente."

» Je l'ai connu par mon amie Andrea. Il est producteur et a réussi dans la vie. Nous avons dîné ensemble et j'ai trouvé cela agréable. Il est très exalté... Entre lui et moi, il n'y avait pas que du néant. Ce qui le différencie des autres, c'est qu'il me ressemble. Nous avons le même tempérament agressif et des désirs semblables. Enfin, il est bien plus porté que moi sur le sexe. Vous savez qu'il s'agit d'un domaine auquel j'accorde peu d'importance. Je suis hors de mon élément, dans un lit. Je m'interroge sur les raisons de ma présence et me demande : "Comment ai-je bien pu en arriver *là* ?"

C'est la raison pour laquelle j'essaie d'éviter que les choses n'aillent trop loin.

» Je l'ai donc rencontré et nous avons dîné. J'ai vraiment eu l'impression qu'il me comprenait, ou tout au moins qu'il aurait pu me comprendre s'il s'était interrompu cinq minutes pour m'écouter. Je veux dire qu'il est mon double masculin, et comme je suis déjà mon double masculin cela rend la situation pour le moins singulière. J'avais l'impression de me trouver encore plus avec moi-même. Vous pensez sans doute que je devrais en avoir assez de ma compagnie, mais nous avons passé un très bon moment. Puis il a insisté pour me faire visiter sa maison. J'aurais sans doute dû me méfier…

» Surtout que je n'avais même pas de contraceptif. Je ne pouvais tout de même pas mettre mon diaphragme pour aller au restaurant. C'est tellement gênant, quand ils découvrent que vous aviez prévu que la soirée se terminerait dans un lit. J'ai l'impression d'être une femme moderne et libérée, tout en désapprouvant ce relâchement des mœurs au niveau de mon subconscient. Je lui ai donc dit que j'avais pour principe de ne jamais faire l'amour avec des hommes dont je venais de faire la connaissance, et il a paru comprendre. Il m'a simplement dit : "Pourquoi ne pas passer la nuit ici ?"

» Et j'ai accepté. Nous nous sommes pelotés un moment, et j'ai trouvé ça agréable. Alors que nous nous embrassions, il m'a déclaré : "Ça ferait un plan sensationnel." Il m'a précisé que lorsqu'il se trouvait en Inde, il avait regardé l'Himalaya et s'était exclamé : "Quel plan formidable !" Et il m'a fait ces confidences avec passion. J'ai l'impression que nous n'avons plus conscience d'exister. Nous sommes tellement obsédés par le meilleur moyen de *mettre à profit* nos expériences que nous n'éprouvons que du détachement pour ce que nous vivons. Quand une chose nous arrive, nous la situons dans un autre cadre. La vie est le plus vaste milieu que nous ayons à notre disposition, et nous essayons de la faire entrer dans des compartiments plus petits, de réduire son échelle…

» Pour en revenir à cet homme, j'ai donc passé la nuit chez lui. Au matin, je l'ai trouvé distant. Il était toujours prévenant, mais il semblait… Je ne sais pas… Évidemment, une certaine froideur est assez naturelle, le matin, mais j'ai *cru* que j'étais en train de le perdre, ce qui l'a immédiatement rendu très désirable à mes yeux. Nous avons alors fait l'amour, puis je lui ai préparé son petit déjeuner en lui déclarant que ce n'était pas dans mes habitudes. Il s'agit cependant d'une précision que j'ai apportée pour commenter chacun de mes actes. Le petit déjeuner laissait à désirer… les œufs étaient trop cuits et les deux premières tranches de bacon calcinées. Je crois que je n'arriverai jamais à minuter les temps de cuisson pour que tout soit prêt en même temps.

» Ensuite nous sommes allés assister au montage de son nouveau film, *Ziz !*, puis je suis rentrée chez moi. Le soir, j'en avais parlé à la plupart de mes amis… Il m'arrive de douter avoir des amis. Il ne s'agit peut-être que d'un groupe important de personnes auxquelles je fais des confidences. Comme si j'assimilais l'intimité à un geste superficiel. Quoi qu'il en soit, ils m'ont tous donné le même conseil : "Fais bien attention, on raconte que ce type est un obsédé sexuel et qu'il couche avec *tout le monde*."

» J'ai naturellement exprimé ma gratitude pour ces mises en garde, mais dans mon for intérieur – et je n'ai pas eu à plonger profondément parce que le fond est désormais très près de la surface –, j'ai pensé à ma jeunesse, quand je tombais amoureuse d'homosexuels qui ne voulaient pas de moi avant même de me connaître. Les coureurs de jupons ne rejettent pas les femmes, bien au contraire, mais ils les recherchent tout en les rejetant, ce qui revient au même. Et, comme à l'époque où je m'entichais de pédés, je me suis dit : "Avec *moi,* ce sera différent." Je ne veux pas dire que j'envisage d'avoir une liaison durable avec cet homme. Je m'interdis de nourrir de tels espoirs, mais je suppose que cette résignation sert en fait à dissimuler de l'espérance…

» Je regrette vraiment que vous ayez été absente, parce que si j'avais pu vous parler vous m'auriez probablement aidée à ne pas lui céder. Je suis en effet incapable de lui résister, quand je suis livrée à moi-même. J'ai besoin d'encouragements. Pourrions-nous nous pencher sérieusement sur ce problème et nous consacrer corps et âme à cette tâche ? Comme lorsque les États-Unis ont augmenté les bombardements et procédé à cette escalade dans la guerre du Viêt-nam. Je crains en effet qu'une intensification de l'effort de guerre ne soit indispensable. Et s'il s'avère impossible de me changer, peut-être parviendrons-nous à faire en sorte que je m'en fiche.

» Je savais que je ne devais pas m'emballer. Il était attendu au Festival du film de Jackson Hole, pour le week-end, et comme je ne voulais pas jouer à la fille qui s'incruste j'ai inventé une histoire de visite à des amis de Napa. Le lundi, il m'a téléphoné peu avant dix heures et nous sommes allés déjeuner, puis nous avons fait l'amour chez moi. Il trouve ma maison très jolie. Il a été charmant et je me suis pour ma part efforcée de paraître indifférente, ce qui était superflu étant donné qu'à un certain niveau il me laisse *effectivement* de marbre. Oh, il est beau garçon et le reste, mais je dois tenir compte de sa réputation. En outre, c'est un *ex-drogué* et il va voir des *putes*.

» Nous avons cependant des conversations passionnantes. Avec lui, j'ai l'impression d'aborder des sujets primordiaux, comme le temps qu'il fait, par exemple. Et il m'a dit qu'il ne pourrait pas me voir ce soir-là, parce qu'il devait rencontrer un groupe de rock, les Bad Hetero, pour le thème musical du générique de son film. Et comme vous n'étiez pas encore rentrée, je me suis rendue à Santa Barbara pour m'éloigner et ne pas penser à lui. À moins que ce ne soit pour m'éloigner et ne penser *qu'à* lui. Je crains en effet que cet homme ne m'obsède.

» Quelques jours plus tard, dans le parking de l'hôtel, j'ai rencontré par hasard sa monteuse, Evelyn Ames. Je la connais depuis des années. Elle a un caractère très indépendant et aime entretenir sa réputation. Elle donne cette impression, en tout cas. Il faut bien que les hommes ne soient pas les *seuls* à l'apprécier.

» Nous avons déjeuné ensemble et j'ai glissé dans la conversation que j'avais rencontré Jack Burroughs. Oui, il s'appelle Jack Burroughs. Puis je lui ai en quelque sorte demandé si elle avait couché avec lui. Nous ne sommes pas amies intimes, mais il n'est pas indispensable de bien la connaître pour lui poser une question de ce genre.

» Elle m'a répondu : "Évidemment, ma chérie," puis elle a croisé ses bras au-dessus de sa tête, en plein milieu du restaurant, et m'a demandé : "Est-ce qu'il t'a fait ce truc ?" J'ai répondu négativement, tout en estimant que même si c'était la seule manifestation du respect que j'inspirais à Jack, je pouvais déjà m'estimer flattée. Elle a également précisé qu'il lui parlait tout le temps d'une fille qu'il allait faire venir de Boston et qui possédait une peau d'une impensable douceur. Il caressait Evelyn et lui parlait de la peau d'une autre fille.

» Finalement, elle m'a avoué qu'elle l'avait revu récemment. En fait, elle avait passé la soirée et la nuit de lundi avec lui, juste après qu'il eut passé l'après-midi avec moi. J'ai pensé : "Seigneur, cette fille a un sacré tempérament, et pour avoir besoin de *deux* filles ayant un sacré tempérament le même jour..." J'avoue que le terme de "chaud lapin" m'a immédiatement traversé l'esprit. Comme elle se sentait visiblement gênée de m'avoir fait de telles confidences, elle s'est empressée d'ajouter : "Mais, tu sais, je crois sincèrement qu'il tient à *toi*. Quand nous nous retrouvons, on ne fait que baiser. Et il ne cesse de me parler des autres filles, pendant la partie de jambes en l'air."

» J'ai alors décidé de rompre. J'étais *furieuse*. Alors j'ai pris la voiture pour rentrer chez moi. Quand j'ai atteint ce tournant en tête d'épingle et que les roues ont en quelque sorte quitté la route, j'ai imaginé que j'avais un accident, qu'on m'emportait à l'hôpital, que ce salaud venait me voir et que je le faisais expulser de ma chambre. Et je me suis dit : "Voilà qui règle la question."

» De retour chez moi, j'ai reçu un coup de fil de mon imprésario, Charlie. Il désirait savoir s'il était exact que j'avais une liaison avec Jack Burroughs. Après un instant d'hésitation, je lui ai répondu : "Eh bien, on pourrait difficilement appeler cela *une liaison*. Pourquoi cette question ?" Il m'a alors expliqué qu'une de ses amies était allée à un rendez-vous avec lui le mardi soir, et qu'il lui avait parlé de moi. Il s'était donc payé trois filles en deux jours... en ne dénombrant que celles dont j'avais entendu parler. Imaginez un peu ce que j'aurais appris, si j'avais disposé d'une de ces antennes paraboliques pour satellites.

» Je voulais lui téléphoner pour lui dire de ne plus jamais me téléphoner, mais je nourrissais au fond de moi l'espoir qu'il en serait désolé, qu'il prendrait conscience de l'amour qu'il me portait, et qu'il comprendrait ce qu'il perdrait s'il ne me proposait pas le mariage sur-le-champ. De telles pensées me donnaient naturellement l'impression d'être devenue complètement idiote, mais c'est en quelque sorte une tare génétique. Le jour de ma naissance, je m'imaginais déjà avec un tablier, des tartes mises à refroidir sur l'appui de la fenêtre et des bébés qui pleurent au premier. J'ai toujours pensé que cela représentait un moyen de m'arrimer à cette planète, que c'était le lest dont j'avais besoin pour garder les pieds sur terre.

» Alors je lui ai téléphoné. J'ai lancé une plaisanterie anodine au sujet de la situation et il s'est aussitôt *emporté*. Il m'a même dit : "C'est l'hôpital qui se moque de la charité", laissant ainsi entendre que parce que j'avais couché avec deux de ses connaissances... en *cinq ans*, notez bien... et parce que j'avais fait l'amour avec lui le lendemain matin de notre rencontre, j'avais la cuisse hospitalière. Je suppose que toutes celles qui ont couché avec cet homme doivent être des putes. Nous nous sommes donc disputés, et il m'a accusée d'avoir été l'instigatrice de nos rapports sexuels. J'ai rétorqué : "Eh bien, si je suis à l'origine de notre liaison, je serai également à l'origine de notre rupture." Puis j'ai aussitôt raccroché.

» Lorsque j'ai compris qu'il n'était pas dans ses intentions de me rappeler, j'ai décidé de le joindre pour lui interdire de m'importuner à nouveau. Il avait branché son répondeur et laissé un message concis : "Salope!" J'ai aussitôt flippé. Notez bien que je savais que cela ne s'adressait pas uniquement à moi, mais à toutes les femmes qui avaient partagé son lit, et que je n'occupais qu'une toute petite place quelque part à l'intérieur du lot. Mais cela m'a ébranlée à un point que je ne saurais décrire. Après avoir souhaité sa mort, je lui ai laissé un message d'une voix très distante. Le lendemain matin, il m'a appelée pour me dire que j'avais mal compris son message. Selon lui, il n'avait pas dit "salope" mais "allô!". C'était plausible, compte tenu du contexte, et j'ai admis que j'avais pu me tromper. Il était si charmant, et peut-être... S'il était indéniable qu'il m'avait parlé d'hôpital et de charité, il avait pu donner à cette expression une signification différente de mon interprétation.

» Compte tenu de ma tension, j'avais effectivement pu prendre "allô" pour "salope". Je savais qu'il m'avait tenu des propos peu aimables mais, à la réflexion, je n'avais pas dû être très tendre non plus. Cependant, j'avais juré le soir précédent de ne plus jamais lui adresser la parole, sauf s'il me présentait des excuses. Or, il ne s'excusait pas et je lui parlais malgré tout. J'ai naturellement pensé : "J'aime ce type." Puis je me suis dit : "Non, ce n'est pas de l'amour mais une simple passade."

» Il m'a demandé de déjeuner avec lui, et je lui ai opposé un refus catégorique en déclarant que je possédais ma fierté. Le soir, il m'a rappelée et a plaisanté au sujet de notre rupture. Il m'a demandé ce que je portais, et je lui ai dit que j'avais une grande robe de bal, des chaussures de bowling, un masque de plongée, une perruque rousse, et aucun sous-vêtement. La conversation était pleine d'esprit et il me semblait que le temps avait tout effacé. Je sais que peu de jours s'étaient écoulés, mais mon humiliation appartenait malgré tout au passé. Nous avions conduit cette liaison à sa conclusion illogique, mais rien n'était terminé pour autant.

» Le dimanche après-midi, il m'a téléphoné et demandé s'il pouvait venir regarder la télé chez moi, pour la remise des récompenses. J'ai accepté. Je gardais un peu mes distances, naturellement, ce qui devait l'attirer. Il ne peut résister aux gens qui lui résistent. Il est donc venu, j'ai fait réchauffer des restes, et il m'a dit que je lui avais manqué. J'ai été transportée de bonheur et ai accepté qu'il dorme à la maison. Nous avons évidemment fait l'amour.

» Cette fois, cependant, il a abrégé les préliminaires. Il s'est contenté de raconter une blague à leur sujet : Que fait un Irlandais pour mettre sa femme en condition ? Il lui dit : "Accroche-toi, Bridget." Puis il a voulu qu'on reste couchés toute la matinée, mais je devais venir vous voir.

» Je n'ai qu'une seule crainte : tomber enceinte, parce que j'ai l'impression que c'est une chose qui pourrait m'arriver. Je lui en ai parlé et il m'a répondu qu'en ce cas il m'accompagnerait à la clinique pour l'avortement. C'est sans doute ainsi que les hommes font preuve de galanterie à notre époque... ils sont solidaires de celles qui vont se faire avorter. Autres temps, autres mœurs. Je serais cependant ennuyée de devoir aller me faire avorter avec lui après n'avoir eu des rapports que pendant une semaine. Il serait peut-être préférable que je garde le bébé...

» Ce dont j'ai peur, c'est que ce type soit vraiment l'homme de ma vie et que je n'aie pas encore fait suffisamment de séances de psychanalyse pour pouvoir en être heureuse. Selon vous, le processus prendra combien de temps ? Ne croyez-vous pas que nous devrions doubler le nombre de nos rendez-vous ? C'est un peu comme si je changeais de cabine sur le *Titanic,* et qu'en plus je couchais avec tout l'équipage.

» Je devrais peut-être venir tous les jours...

– Je fais l'objet de nombreuses pressions pour que ce film sorte à Noël. Quand je suis harcelé sur le plan professionnel, j'essaie de me détendre dans ma vie privée et, pour moi, la meilleure façon de se détendre, c'est... Eh bien, autrefois je prenais de la coke et maintenant je sors avec des femmes. Cela ne devrait pas vous choquer, après tant d'années. Je ne cherche pas une compagne mais je sors avec des filles en m'efforçant de garder l'esprit ouvert, au cas où je rencontrerais la bonne.

» Une chose m'ennuie. La semaine dernière, j'ai rencontré une femme, Suzanne Vale, l'actrice, et... Vous savez que je ne tiens pas à me retrouver lié à quelqu'un. Au début, les filles ne créent jamais de problèmes, puis elles estiment brusquement que c'est du sérieux. Elles vous posent des questions du genre : “Est-ce que je suis la seule ?” Et si vous avez d'autres amies, elles vous traitent d'individu immoral ou de coureur de jupons. Je ne crois pas que le fait de coucher avec deux ou trois, parfois quatre filles en une semaine... rarement plus de quatre... fasse de moi un coureur de jupons.

» Je suis très sélectif. Je ne craque que pour un certain genre de femmes. Il faut qu'elles soient belles ou voluptueuses. Et je ne m'intéresse pas uniquement à elles pour le sexe, même si j'estime qu'on ne puisse pas avoir des relations suivies avec une personne sans la connaître sexuellement. Ce que je veux dire, c'est qu'il est indispensable de savoir si ça colle dans tous les domaines... Je l'ai naturellement dit à Suzanne, et savez-vous ce qu'elle m'a répondu ? "Que veux-tu dire ? Est-ce comparable à un de ces tests avec du papier de tournesol, et si le pénis ressort tout bleu on sait qu'on a trouvé la compagne idéale ?" C'est complètement absurde ! Où je veux en venir, c'est que s'il n'y a pas d'entente sexuelle, on ne devrait pas insister parce que c'est irrémédiable.

» Ma réputation d'obsédé sexuel commence à me taper sur les nerfs. J'aime bien faire l'amour, je l'admets. Mais j'aime aussi faire de bons repas et il ne viendrait à l'esprit de personne de me traiter de nourrituromane. J'ai horreur qu'on colle une étiquette aux gens. Les femmes *s'attendent* à ce qu'un homme leur fasse des avances. Si je m'en abstenais, elles me prendraient pour une tante, ou un impuissant. Notez bien que je n'en serais pas malade, si une femme s'imaginait que je suis impuissant, mais ça m'ennuierait quand même.

» Non, je ne suis pas sur la défensive. Je suis simplement *en colère*. Je ne crois pas être sur la défensive. Elle m'a dit exactement la même chose. Je ne sais pas... Il me semble que tout va trop vite. J'espère toujours qu'elles vont mettre un frein à ce processus, mais elles ne le font jamais. Je m'imaginais qu'avec Suzanne ce serait différent, parce qu'elle m'avait dit qu'elle attendrait de mieux me connaître pour coucher avec moi. Quand elle m'a raccompagné, elle a déclaré qu'elle ne ferait pas l'amour et je me suis dit : “Enfin ! Tu as peut-être finalement trouvé la perle rare qui t'accordera une pause.” J'avais conscience qu'elle était d'un tempérament exalté et que le processus habituel risquait au contraire de s'accélérer encore, et c'est pourquoi j'ai été soulagé par sa déclaration. Je suis pour ma part incapable de temporiser. J'aimerais pouvoir le faire, mais je n'y parviens pas et je nourris l'espoir qu'elles s'en chargeront à ma place. Je sais qu'il serait plus simple de dire : “Non, non, ne pense pas à mon érection, il est inutile de faire l'amour”, mais cela irait à l'encontre de ma nature. Mon sexe sait ce qu'il veut et il est convaincant.

» Vous avez beau être un psychiatre, vous n'en êtes pas moins un homme. Vous savez de quoi je parle. Je vois une femme qui poste une lettre et la courbure de ses seins m'indique qu'elle ne porte pas de soutien-gorge sous son pull, et alors je voudrais la renverser sur le capot d'une voiture et la posséder. Vous savez, comme dans ces films sur la préhistoire où un homme des cavernes passe près d'une femme, la renverse, et *Bam !* Je regrette les apports de la civilisation. C'est un besoin naturel, bordel ! J'ai toujours désiré lire des bouquins traitant de ce sujet.

» Je ne sais pas. Il est possible que je puisse un jour avoir des relations suivies avec quelqu'un. À moins que je ne sois pas fait pour ça. C'est probablement le cas de certaines personnes. Mais, vous savez, j'ai trente-cinq ans et je décline… Enfin, je ne décline pas. Je… je ne décline pas, mais je pense qu'en laissant le processus se poursuivre je…

» Le problème, c'est que cela me fascine. Je suis

obsédé par tout ce qui se rapporte de près ou de loin à l'acte sexuel. La façon dont une femme se déshabille, son expression pendant qu'on la baise, ses réactions, *absolument tout*. Et je crois posséder une perception développée. J'aurais des difficultés à penser qu'une femme puisse feindre l'orgasme, avec moi. Je sens ce qui se passe en elles, comme un perceur de coffres qui cherche la bonne combinaison.

» Je pourrais écrire un guide de voyage du corps de la femme. J'aime les regarder en contre-jour, quand leurs formes apparaissent sous leurs vêtements. J'aime tant quand elles se déplacent de telle façon que des parties de leur être me sont révélées. Je suis captivé lorsque j'entrevois un détail de leur anatomie, une vision si brève qu'elle semble n'être qu'un fruit de l'imagination. Je suis transporté de bonheur par la moindre découverte dans le domaine de la chair. J'apprécie moins les surprises sur le plan de l'esprit, même si je dois avouer que celui de cette fille m'intéresse. À un moment, elle m'a dit que je devrais baiser des idiotes et ensuite venir fumer ma cigarette avec elle, ce qui était une repartie spirituelle. Elle est pleine d'esprit.

» Mais elle est malgré tout comme toutes les autres. Quand elle m'a dit qu'elle ne souhaitait pas faire l'amour, le premier soir, je lui ai demandé de rester chez moi en pensant que si je me montrais un peu distant au matin… et naturellement, *Bam !* Il n'en existe aucune qui soit capable de résister, quand l'homme fait preuve d'une certaine froideur. Même les plus intelligentes. Elle est en outre *très* possessive. Je dirais même qu'elle est un peu timbrée. Un jour où j'étais d'assez mauvaise humeur, j'ai laissé sur mon répondeur un message concis : “Allô ?” Elle m'a téléphoné et a cru entendre “salope !". Elle s'est imaginé que je la traitais de salope. Ah, c'est un bel exemple de projection du subconscient !

» Je ne sais pas, je ne crois pas que le moment soit venu d'avoir des relations suivies avec quelqu'un, mais il est possible qu'il en résulte quelque chose. Je tiens à elle. Naturellement, que je suis amoureux. C'est ce qui permet de tout justifier, alors je ne vois pas ce que cela pourrait avoir de répréhensible. Et comme je ne sais pas feindre d'être amoureux, je le suis chaque fois.

» Il m'arrive de penser que je devrais en épouser une et me contenter d'aller tirer quelques coups à droite et à gauche. Parfois, j'aimerais même avoir des gosses. C'est la pensée d'avoir une *épouse,* qui me déplaît. Il faudrait que je trouve une femme assez intelligente pour comprendre que j'ai besoin de voir d'autres filles de temps en temps, qui ait conscience que l'acte sexuel n'est que la satisfaction d'un besoin physique et que les sentiments n'entrent pas en ligne de compte. Je serais naturellement discret, comme avec Jill, la dernière fille avec qui j'ai vécu. Il est exact qu'elle a tout découvert, mais elle y a mis le temps. Et ce n'est pas pour cette raison qu'elle m'a plaqué, d'ailleurs. Elle est partie parce que je lui avais refilé des morpions... vous vous en souvenez ? C'est la goutte d'eau qui a fait déborder le vase, les morpions...

» Je me mène peut-être en bateau. Il est possible que des rapports durables ne puissent s'établir sur de telles bases. Mais je deviens rapidement claustrophobe et...

» Voilà en fait ce que je pense. J'estime que si je suis un expert en certains domaines, c'est parce que je manque de modération. J'ai réussi sur le plan professionnel en travaillant comme un fou. Si je parviens un jour à partager mon existence avec quelqu'un, ce sera parce que je manquerai de mesure. J'assimile presque cela à un travail, mais un travail très agréable. L'ennui, c'est que cette fille m'a lancé certaines accusations vraiment… elle n'a pas fait mouche, mais l'impact s'est produit très près de la cible et cela m'ennuie.

» Je me demande s'il est sage de la revoir. Je dois vous préciser qu'elle est pleine d'esprit, avec un épiderme de velours et des seins formidables… vous savez à quel point les seins me fascinent… un cul admirable et une chatte absolument *parfaite,* mais on ne sait jamais. Cette fille est formidable, mais il pourrait exister mieux. Il est possible que je sois condamné à rechercher la perfection. Je voudrais trouver toutes les qualités réunies chez une seule femme. J'aimerais pouvoir rester longuement près d'elle sans avoir l'impression de suffoquer, sans redouter mes besoins ou en être écœuré.

» On trouve tant de choses fascinantes dans chacune d'elles, mais jamais pendant *longtemps*. Le véritable problème, dans le cas présent, c'est qu'il s'agit d'une femme, d'une *seule* femme. Pas toutes. Et ses réactions sont typiques de son espèce. Elle fait un tas de cinéma quand elle veut quelque chose, puis elle s'emporte ou veut me métamorphoser. Cela ne veut pas dire que je pourrais respecter une femme qui m'accepterait tel que je suis. Elle a fait une réflexion spirituelle : "Si je pouvais créer un homme, je le ferais à ton image puis je m'efforcerais de le modifier."

» Je n'aime pas qu'on vienne fureter dans ma vie, vous comprenez ? Je ne peux pas supporter qu'une femme compte les jours qui se sont écoulés depuis mon dernier coup de téléphone ou qu'elle se souvienne de ce que je lui ai dit puis me fasse remarquer que je viens de me contredire. Je ne peux consacrer toute mon attention à surveiller mes paroles. Je ne tiens pas à devoir constamment me remémorer que je dois la ménager. C'est une trop lourde responsabilité, et je ne suis pas prêt à porter un tel fardeau. Je me demande d'ailleurs si je le ferai un jour.

» Je pense plus à créer de bons films qu'un bon foyer. Je ne dis pas que ce soit l'idéal, mais c'est ainsi que je vois les choses pour l'instant. Je crois que mon nouveau film est vraiment valable, et cela m'ennuie un peu. Lorsqu'il sera sorti, je ne pourrai plus savoir si les femmes m'aiment pour moi-même ou pour *Ziz !*...

– J'étais chez Helena, vendredi soir, et j'y ai rencontré George, dit-il. Sa froideur m'a surpris.

– Avec qui es-tu allé chez Helena ? s'enquit-elle.

– Je ne pense pas que... Je te parle de George. Le reste est secondaire.

– Ce n'est pas cela qui importe. Écoute, nous nous connaissons depuis trois mois. Je sais que je ne suis pas la seule femme dans ta vie, nous nous sommes déjà chamaillés à ce sujet. Avec qui étais-tu ?

– Il est probable que tu finiras par l'apprendre, quoi qu'il en soit. Charlene Hasselhof.

– La fille de la télévision ? L'actrice de la télé ?

– Ouais.

– Voilà qui me surprend. Je n'aurais jamais pensé que tu sortirais un jour avec quelqu'un appartenant au milieu de la télévision.

– Ce n'est effectivement pas dans mes habitudes. Je trouve ce média pour le moins limité. Mais il s'est avéré qu'elle est… Charlene sort de l'ordinaire. Elle est presque plus… Non, je me contenterai de dire qu'elle est *aussi intelligente* que toi.

– Aussi intelligente que moi ?

– Hon-hon.

– Et spirituelle ?

– Un peu moins que toi, mais très drôle. Oui, très drôle. Cela m'a beaucoup surpris, tu sais ?

– Pourquoi m'en parles-tu ? *Pourquoi me racontes-tu tout cela ?*

– Ta question est ridicule. C'est *toi* qui as voulu savoir. J'ai cru en outre que tu serais heureuse d'apprendre que tu n'es pas la seule fille intelligente d'Hollywood.

– Pourquoi ? Pourquoi as-tu pensé que je serais heureuse de l'apprendre ? Qu'est-ce qui a bien pu t'inciter à croire que cela pourrait me faire plaisir ? Dis-le-moi, parce que je souhaite prendre immédiatement des mesures pour y remédier. Est-ce ma tenue vestimentaire ? Mes lèvres seraient-elles incurvées d'une façon qui signifie : « Je souhaite ardemment savoir s'il y a une autre femme intelligente dans les parages ? » Pourquoi as-tu pensé que je ferais des bonds de joie en apprenant qu'en plus d'avoir un minois télégénique et connu dans la plupart des supermarchés cette fille est aussi intelligente et spirituelle que moi ?

– Je n'ai jamais dit qu'elle était *aussi* intelligente et spirituelle que toi. Il serait en fait impossible de vous comparer. Son esprit est totalement différent du tien.

– Comment pourrait-on être différemment intelligent ? En quoi est-elle une experte ? La cuisine ? La littérature ? Les langues ?

– Ô Seigneur. Je...

– J'avoue être profondément intriguée. Comment as-tu pu penser que je serais heureuse d'apprendre que cette jolie fille possède un intellect hors du commun et que tu en es amoureux ?

– Je n'en suis pas amoureux. En outre, je me demande pourquoi nous avons cette conversation.

– Parce que je suis jalouse. D'accord, j'admets que je suis jalouse. Je sais que nous avons conservé notre liberté, mais il existe malgré tout certaines obligations entre nous et ce sont ces dernières qui sont au centre de ce débat. Nous ne parvenons pas à nous comprendre, mais nous ne feignons pas le contraire comme tous les autres, et c'est pourquoi j'ai l'impression d'avoir été trahie. Je présume que tu trouves sa conversation captivante ?

– Non, nous nous parlons très peu. En vérité...

– Alors, quels sont ses atouts ? C'est une sacrée baiseuse ?

– Non. En fait, nous n'avons pas encore couché ensemble.

– Oh, formidable. Formidable. Je présume que tu la respectes trop pour ça ? Tu ne lui as donc pas fait ton petit numéro de froideur matinale ? Mais peut-être est-elle trop intelligente pour s'y laisser prendre ?

– Écoute, je...

– Ce qui te fait jouir, c'est que des filles au demeurant intelligentes deviennent complètement stupides à ton contact. Mais, si tu veux un conseil, tu gagnerais du temps si tu sortais dès le départ avec des débiles.

– Je ne pense pas qu'il soit utile de poursuivre cette discussion. J'avoue ne pas apprécier cette facette de ta personnalité.

– Je ne suis pas un diamant. Je n'ai pas de facettes.

– Comment en sommes-nous arrivés là ? Cet affrontement était-il indispensable ? Nous savons que nous ne pourrons jamais nous comprendre. Nous ferions mieux de commander quelque chose et de passer une soirée agréable, dans la mesure du possible.

– Très bien, chéri. Je n'aurais jamais dû t'interroger sur cette fille.

– Que prendras-tu ?

– Des aliments mauvais pour la santé. Caféine, sucre et sel. Frites et Coke. Seulement des poisons qui détruisent un être humain. Commande.

– D'accord. Deux cheese-burgers bien cuits, une grosse portion de frites, deux Coke, et tout ce que vous pouvez avoir de bien cancérigène. Merci.

– Oh ! J'allais oublier. J'ai reçu un coup de fil du type que Gary voulait absolument me présenter.

– Quel type ?

– Je t'en ai parlé. Gary devait me faire contacter par un de ses amis.

– Vraiment ? Je ne me souviens pas que tu m'en aies parlé. Que fait-il ?

– Il écrit des scripts.

– Oh, un scénariste.

– Ouais, il vient d'en terminer un pour Spielberg.

– Vraiment ? Tu lui as donc parlé et…

– Eh bien, il possède un vocabulaire étendu.

– Un peu trop étendu, sans doute. Il est rare qu'on remarque le vocabulaire des gens. C'est comme pour les dents. On ne tient généralement pas à ce que les gens se disent : « Belles jaquettes. » On souhaite plutôt qu'ils notent son joli sourire. Un vocabulaire *étendu*.

– Pas *trop* étendu, note bien. Mais il a employé des termes dont j'ignorais le sens.

– Vraiment ? Quels mots ?

– Puisque je te dis que je ne les connais pas. J'ai compris la signification globale de la phrase, mais je n'avais encore jamais entendu employer ces termes.

– Vraiment ? Je constate en tout cas que sa façon de parler t'a fortement impressionnée. Quand dois-tu le rencontrer ?

– Je ne le sais pas encore. Il a promis de me rappeler. Il était chez son agent et devait partir. J'ignore à quoi il ressemble, mais je l'ai trouvé très spirituel. Je lui ai parlé de mon complexe d'Œdipe, suite au départ de mon père quand j'étais gosse, et j'ai précisé que je savais comment désirer ardemment les hommes mais pas comment les aimer. Et tu sais ce qu'il m'a répondu ? Il m'a dit : « Vous auriez dû avoir dix-huit ans pendant la Deuxième Guerre mondiale. Vous auriez rencontré un jeune homme juste avant qu'il ne soit envoyé sur le front. » Je lui ai répondu : « Le jour où nous nous verrons, je n'aurai qu'à vous laisser tomber et vous pourrez alors vous engager dans la Légion étrangère. » Et il m'a promis qu'il passerait préalablement louer un uniforme. Il a été très drôle.

– Vraiment ? Tu trouves ça drôle ? Il est possible que ce soit spirituel, après tout. Mais tu lui as dit ça ? Tu lui as parlé de cette histoire de désirs ? Pourquoi lui avoir fait de telles confidences ?

– Eh bien, je l'ai jugé très spirituel, très intéressant. Gary m'a affirmé qu'il est formidable. Et très jeune.

– Vraiment ? Il a quel âge ?

– Il est plus jeune que... trente-deux ans. Toujours selon Gary, il serait très séduisant et aurait une voiture magnifique, comme si ce genre de détails pouvait m'intéresser. Mais, tu sais, je me demande ce qui cloche, pourquoi il est libre. Il a trente-deux ans, de l'argent et de l'intelligence... Alors, pourquoi est-il seul ?

– C'est effectivement une bonne question. Alors, *pourquoi* vit-il seul ?

– Eh bien, je ne sais pas. Peut-être... Et moi, pourquoi *suis-je* seule ? Enfin, je ne suis pas seule. Je vis avec toi, mais pas vraiment. Si, je suis seule.

– Tu as donc raconté à ce type un monceau de conneries sur ton compte ? Toutes ces histoires personnelles ? Je croyais que ce domaine nous était réservé.

– Chéri, nous ignorons encore quelle est la nature de mes rapports avec cet homme. Au fait, quels sont les tiens avec cette actrice ?

– Eh bien, je ne sais pas encore.

– Tu ignores ce qui se passe ici, tu ignores ce qui se passe là-bas. Aucun de nous ne sait quelle est sa place et il en découle que nous occupons tout l'espace. Nous devrions peut-être sortir ensemble tous les quatre. Toi et ta beauté de la télé avec son Q.I. Tu sors à la fois avec la T.V. et le Q.I., comme c'est formidable ! Et, qui sait, ce type a peut-être obtenu un score encore supérieur au tien. *Oooooo*.

– Ne te moque pas de moi. Ne plaisante pas avec mon Q.I. Je n'ai pas ri de ta réaction au sujet de Charlene. Comment s'appelle ce type, au fait ? Est-ce que j'ai entendu parler de lui ? *Spielberg*. Spielberg a tant de projets en cours que...

– Il s'appelle Arthur. Arthur Soames.

– Vraiment ? Oh.

– Tu le connais ?

– Ouais, j'ai lu deux choses de lui. C'était pas mal, pour autant que je m'en souvienne. Il possède sans doute du talent à l'état latent. Il est difficile de se prononcer.

– L'as-tu rencontré ? Est-il beau garçon ?

– Je crois effectivement l'avoir vu, mais je ne me souviens pas avoir eu le souffle coupé par sa beauté. Enfin, je... je préfère m'abstenir de tout commentaire, de peur de faire preuve d'un certain parti pris. J'éprouve à mon tour un vague sentiment de jalousie. Je ne veux pas dire que... Enfin, je tiens à toi. J'éprouve de l'attachement pour toi. Je me suis accoutumé à avoir de tels sentiments, quels qu'ils puissent être, et je trouve leur ambiguïté agréable, mais... Qu'est-ce qu'ils attendent pour nous servir ? Tu n'as pas faim ? Je suis si affamé que je m'enverrais une...

– ...vedette de la télévision ?

– Ce n'est pas très spirituel. Je ne crois pas que nous devrions revenir sur ce sujet.

– Eddie Samuels m'a confié qu'au cours de votre dernière réunion il avait trouvé que nous nous ressemblions beaucoup, toi et moi.

– Il est exact que nous passons énormément de temps au téléphone, mais je doute que tu aies déteint sur moi. Nous avons des points communs. Nous parlons beaucoup. Tu dois reconnaître qu'Eddie est un con, d'accord ? Dans le cas contraire, il ne serait pas un simple secrétaire de production. Il est nul comme son cul.

– Nul comme son cul, quelle finesse ! Ton Q.I. montre à nouveau le bout de son vilain nez. Eh, ma psy m'a dit un truc important, cette semaine...

– Norma, la reine de l'intuition ?

– Selon elle, tu serais « mon compagnon de jeu imaginaire ».

– Voyez-vous ça ? Qu'a-t-elle dit d'autre ?

– Elle nous appelle les Jumeaux du bourrage de crâne et trouve que je me régale d'un festin de miettes.

– Elle devrait se reconvertir et écrire des scénarios. Tu crois vraiment que c'est une psychiatre valable ? Sa perspicacité semble laisser à désirer. Je ne crois pas me montrer si mesquin avec toi. Nos relations sont modernes. Leur nature est attribuable à l'époque où nous vivons. Tu sais, les vieux principes se sont effondrés et nous possédons tous deux un caractère indépendant, mais nous avons du respect l'un pour l'autre. Il serait possible de dire que je t'admire, dans un certain sens.

– Merci. Je t'admire, moi aussi. J'adore ton travail et tes yeux. Non, si j'interprète correctement le fond de sa pensée… elle n'apprécie guère que je te voie. Elle estime que tu ne peux rien m'apporter. Elle est certaine que je reste avec toi parce que j'aurais des difficultés à avoir des rapports d'une autre nature avec un homme.

– Qu'est-ce qu'elle reproche à notre liaison ? Enfin, ce n'est pas une liaison, mais qu'est-ce qu'elle lui reproche ? Tes sentiments et les miens sont semblables, nous nous sentons tous deux différents des autres personnes, nous partageons le même mépris du mode de vie hollywoodien, nous nous aimons et je trouve notre camaraderie très…

– Allons, s'il existe effectivement entre nous de la camaraderie, cette dernière est pour le moins singulière. Elle est à la fois bizarre et inquiétante. Notre comportement est étrange… Qu'en pense ton propre psy ?

– Je ne le laisse pas régenter mon existence. Tu sais, je vais le voir, je lui parle… mais si je me rends chez lui, c'est avant tout pour m'entendre penser, et il m'arrive de découvrir des révélations dans mes propos. Je le consulte depuis de nombreuses années et nous avons réglé la plupart de mes problèmes familiaux au tout début. À présent, c'est simplement… j'assimile cela à une visite chez le coiffeur pour se faire donner un coup de brosse, ou chez le dentiste pour un détartrage. Quoi qu'il en soit, il est probable que tu fournis une image déformée de la situation, quand tu en parles à ton analyste. Dans le cas contraire, elle n'émettrait pas d'objections. Je veux dire que faute de me connaître personnellement elle ne peut fonder ses objections que sur ce que tu lui racontes. Et je te soupçonne de manquer d'objectivité, parce que je ne vois vraiment pas ce qu'elle pourrait me reprocher.

– Au fait, l'avant-première est prévue pour quand ? Jeudi ?

– Tu parles de *Ziz !* ? Oui, c'est pour jeudi. Tu le sais. À laquelle dois-tu venir, celle de sept ou de neuf heures ?

– Et toi ?

– Je devrai assister aux deux. Tu oublies que je suis le producteur de ce film.

– Eh bien, je me rendrai à la deuxième projection. Tu es nerveux ?

– Je pense que c'est un film formidable.

– Je sais, mais rien ne prouve que les critiques seront du même avis.

– Ils peuvent aller se faire foutre. C'est un film fabuleux.

– Te souviens-tu de cette réplique, dans *Indiscrétions* : « Le connaître à peine, c'est déjà bien le connaître » ? J'ai l'impression que cela s'applique à nous, que nous continuerons ainsi, toujours et toujours, mais que nous ne parviendrons jamais à dépasser le stade de l'incandescence qui accompagne la première rencontre. Nous entretenons une légère phosphorescence mais... Je veux dire que tu es l'être qui est actuellement le plus proche de moi tout en restant malgré tout très lointain. Je trouve cela plein d'intérêt.

– J'aimerais rencontrer une autre femme qui te ressemble. Mais il n'existe personne qui te ressemble autant que toi.

– Nous trouverons peut-être un jour quelqu'un pour procéder aux présentations, dit-elle.

RÊVER HORS DE SA TÊTE

Suzanne souhaitait désespérément acquérir de la respectabilité, ou tout au moins se donner un statut comparable à ses yeux. L'idéal eût été d'accepter la demande en mariage d'un membre de la famille royale d'Angleterre disposé à renoncer à sa couronne par amour pour elle. Consciente que les lois de la probabilité lui étaient défavorables, elle reporta son énergie sur un projet de remplacement : chercher du travail.

Elle harcela ses imprésarios pendant des mois, jusqu'au jour où ils lui trouvèrent finalement un rôle dans un film à petit budget qui devait s'intituler *L'Évier dans la cuisine*. La vedette principale n'était autre que Robert Munch, qui devait sa notoriété à sa participation à la série *Mr Blue,* où il tenait le rôle d'un concierce dans une résidence pour femmes seules. Plus récemment, il avait été évêque dans la mini-série *Lis sur mes lèvres.*

L'Évier dans la cuisine, une comédie entièrement basée sur les quiproquos, était l'histoire de deux flics en civil – Munch et Suzanne –, qui subissaient une cascade d'avatars alors qu'ils enquêtaient sur un réseau de prostitution, se retrouvaient en prison, et finissaient par se marier. Le tournage ayant lieu aux environs de Palm Springs, Suzanne décida d'aller s'installer chez ses grands-parents qui occupaient une maison située en plein désert. Le drapeau américain qui flottait au sommet de la hampe plantée devant la porte d'entrée et la pièce d'eau creusée derrière l'habitation semblaient apporter une sorte de protection à cette demeure, l'inclure dans une étrange parenthèse.

Son grand-père, qu'elle adorait, avait sombré dans la sénilité. Suzanne ignorait s'il était encore capable de la reconnaître, mais il paraissait heureux de la revoir, même s'il croyait qu'il s'agissait d'une autre personne. Il passait la plupart de son temps à regarder la télé mexicaine, bien qu'il ne connût que quelques mots d'espagnol. Sa grand-mère, cependant, avait toujours toute sa tête. Elle était un peu là, et devait même veiller à ce que son entourage ne la souhaitât pas ailleurs. Elle avait trois yorkshire-terriers : Jigger, Peanut et Howdie... et lorsqu'elle n'était pas occupée à faire des mosaïques ou à passer des plats franco-américains au micro-ondes, elle s'adressait à ses chiens :

– Tu ne trouves pas, Jigger ?

» N'ai-je pas raison, Peanut ?

» C'est pas vrai, Howdie ?

Le matin du premier jour de tournage, le réveille-matin de Suzanne sonna à cinq heures. Elle se leva, gagna la salle de bains et ouvrit les robinets de la baignoire sans faire la lumière. Puis elle regagna son lit et tenta de se sentir heureuse d'avoir finalement obtenu du travail.

Elle resta allongée, somnolente, et pensa à la petite fête organisée pour célébrer la fin du tournage de son premier film. Elle avait alors étreint son habilleuse, Rosie, une quadragénaire à l'accent cockney prononcé, et lui avait dit :

– Vous allez tant me manquer. Donnez-moi votre adresse et votre téléphone.

Et Rosie de répliquer :

– Je doute qu'on se revoie un jour, ma belle.

Dix années s'étaient écoulées depuis et rien n'était venu infirmer la supposition de Rosie.

C'était toujours ainsi, pensa Suzanne tout en plongeant un pied dans la baignoire. Le tournage d'un film durait quelques mois, pendant lesquels acteurs et techniciens formaient une sorte de grande famille. Un groupe avec sa dynamique, ses plaisanteries, ses goûts et ses dégoûts, ses histoires. Le caractère temporaire de tout cela accentuait encore l'intensité des rapports. On savait non seulement que le tournage prendrait fin mais, à une ou deux semaines près, dans combien de temps. Ce que l'on ignorait, par contre, c'était ce qui en résulterait. Un bon film ou un navet. Un succès ou un four. Ils étaient des chercheurs d'or sur pellicule. Sans prendre le temps de sécher ses cheveux, Suzanne se vêtit rapidement et traversa sans bruit la maison obscure. Elle passa devant les chiens, le four à micro-ondes et la bannière étoilée, puis grimpa dans un break dont le chauffeur attendait de la conduire sur les lieux du tournage.

Ils atteignirent le plateau à cinq heures trente, à l'instant où le soleil effectuait une timide apparition au-dessus des arbres. Suzanne étudia l'activité frénétique des techniciens qui contrastait avec le décor serein du désert. Le tournage de ce film semblait être un acte insensé de la nature. « Dieu dit : “Que le cinéma soit !” », pensa Suzanne en descendant du véhicule. Puis, se remémorant le texte original, elle ajouta : « En quelque sorte. »

Un barbu, que Suzanne catalogua immédiatement dans la catégorie des assistants-réalisateurs, vint vers elle tout en parlant à son walkie-talkie.

– Ouais, elle vient d'arriver. Je vais lui montrer sa loge. (Il lui sourit.) Je m'appelle Ted, et j'ai pour mission de vous gâcher l'existence.

Elle incurva à son tour ses lèvres, inclina la tête, et répondit :

– Moi, c'est Suzanne, et mon rôle consiste à tout faire pour gâcher la vôtre.

Ted éclata de rire.

– En ce cas, nous sommes faits pour nous entendre.

Il la guida vers une longue caravane où s'ouvrait une rangée de portes sur lesquelles des noms étaient écrits.

– Et voici votre…

– Ma cage, l'interrompit gaiement Suzanne en parcourant du regard le réduit qui lui avait été attribué.

– J'allais dire « votre lieu de repos ».

– Mon lieu de repos, répéta-t-elle. Mon lieu de repos éternel. J'ai toujours su que je finirais ainsi… oubliée de tous dans une pièce minuscule, avec l'air conditionné, un cabinet de toilette et un poste de radio, au cœur de nulle part.

– J'espère sincèrement que vous vous trompez, fit Ted.

– Ouais, j'ai probablement tendance à noircir le tableau. Je finirai mes jours oubliée de tous dans une pièce relativement spatieuse, avec l'air conditionné, une salle de bains et une mini-chaîne hi-fi.

– Voilà une façon plutôt déprimante de débuter la journée, rétorqua Ted avant d'ajouter avec entrain : Je sais ! Je vais vous conduire au maquillage. Ça vous remontera le moral.

– Oh, ouais, approuva Suzanne en le suivant vers une autre caravane. Il suffit de me barbouiller d'un peu de fond de teint et de rouge à lèvres pour que je me mette à glousser comme une idiote.

Ils gravirent quelques marches et entrèrent dans une caravane obèse. Elle ne comprenait qu'une seule pièce où un homme s'amusait avec une perruque rousse et une femme lisait une revue.

– Je vous apporte la tête de Suzanne Vale, annonça Ted. Suzanne, je vous présente Marilyn, la reine du maquillage, et Roger, le roi des coiffeurs.

Ils échangèrent des salutations.

– Ooh, vos cheveux sont trempés, s'affola Roger. Il serait préférable que je m'occupe de vous en premier.

– Je vous laisse, le temps d'aller voir ce que les traiteurs ont apporté pour notre petit déjeuner, déclara Ted.

Il ouvrit la porte et la clarté d'une aube magnifique en profita pour entrer dans la caravane, puis il fit claquer le battant derrière lui.

Suzanne s'installa dans le fauteuil de Roger et étudia le reflet décourageant de son visage matinal. L'homme fouilla dans une boîte pleine de cassettes.

– Vous préférez quelque chose d'apaisant ou de stimulant ? s'enquit-il.

Suzanne réfléchit un instant. C'était une question qu'elle s'était fréquemment posée en un autre domaine : celui des hommes. Elle finit par conclure qu'elle espérait toujours que la stimulation se changerait progressivement en apaisement – elle pensait à un enfer qui devenait au fil du temps un paradis. Elle avait eu l'espoir que Jack Burroughs parviendrait à accomplir cette transmutation délicate, mais il était directement passé du stade de compagnon stimulant à celui de raseur déprimant.

– Apaisant, décida-t-elle.

– Voilà une bande qui répond à cette définition.

Roger glissa une cassette de Windham Hill dans le lecteur et pressa une touche.

Il regarda Suzanne.

– L'heure est un peu matinale, fit-il remarquer, maternel.

– À tel point qu'elle est tardive, répondit sombrement Suzanne.

– Que d'esprit ! s'exclama Roger en riant. C'est de vous ?

– Je ne sais pas. Mais je pense être bientôt fixée sur ce point.

– Écoute-la ! lança Roger à Marilyn. Nous n'allons pas nous ennuyer avec elle.

Suzanne sourit.

Marilyn alluma une cigarette et gagna la porte.

– Vous voulez que je vous rapporte quelque chose ?

Suzanne l'étudia. Marilyn était une blonde se situant quelque part dans la quarantaine, avec des yeux bleus et un visage hâlé buriné par les éléments. Grande et mince, elle portait un jean et un T-shirt sur lequel on pouvait lire : « Certaines de mes semblables deviennent les hommes que nous rêvions d'épouser. » Suzanne sourit... elle avait le même vêtement, chez elle.

– S'il y a des beignets ou des crêpes...

Elle était brusquement certaine que quelque chose à grignoter pourrait la réveiller.

– Vous n'êtes pas une de ces accros de la nourriture macrobiotique, à ce que je vois, répondit Marilyn.

Une partie de la fumée de cigarette qu'elle venait d'inhaler avait accompagné ses paroles.

– Je vais voir ce que je peux faire.

– Elle est toujours lyrique, déclara Roger en secouant la tête.

Ses longs cheveux bouclés et décolorés dansèrent, alors que la porte se refermait derrière Marilyn.

Il brancha le sèche-cheveux.

– Nous avons travaillé ensemble pour…

Il leva les yeux au ciel, comme si le nombre de films auxquels ils avaient participé était inscrit sous sa voûte crânienne.

– Cinq tournages. Celui-ci est le cinquième.

Sur ces mots, il leva le sèche-cheveux comme s'il s'agissait d'une arme de poing et le braqua sur la tempe de Suzanne.

– Bang ! bang ! Je vous ai séchée.

Suzanne explora son esprit en quête d'une réplique appropriée. Faute de la trouver, elle se contenta d'adresser un sourire inepte à Roger par l'entremise du miroir, alors que le silence brûlait en elle.

– Je suis si heureux de pouvoir m'occuper de vous, fit-il avec enthousiasme. J'ai toujours été un de vos fans.

– Merci.

– Mais j'ai toujours préféré votre talent d'actrice à vos coiffures. Je n'en ai pas vu une seule qui vous mette véritablement en valeur, dans vos films. Je ne dis pas que vous n'étiez pas magnifique, seulement que mes collègues auraient pu faire mieux.

Il mit le sèche-cheveux en marche et dut crier pour se faire entendre par-dessus le souffle brûlant et sonore de l'appareil.

– Sauf dans *Brumes sur le lac,* peut-être. Oui, c'est dans ce film que vous étiez le plus à votre avantage.

Il fit courir ses doigts dans la chevelure de Suzanne, qui fronça les sourcils tout en étudiant son reflet.

– Mais… j'ai gardé les cheveux trempés pratiquement d'un bout à l'autre du tournage, cria-t-elle.

– C'est ce que je voulais dire ! hurla Roger avec satisfaction. Et c'est un peu ce que je veux tenter pour ce film. Ramenés en arrière. Avec du gel pour leur donner un aspect humide. Une coiffure à la fois dramatique et désinvolte.

– Formidable ! cria-t-elle.

Voilà ce qu'est le cinéma, pensa-t-elle pendant que cet homme qu'elle venait de rencontrer – et qu'elle connaîtrait certainement très bien dans moins d'une semaine – jouait avec ses cheveux. Il s'agit d'une évasion, d'un moyen de changer de vie, de connaître l'existence d'une autre personne pendant quelque temps. On s'identifie à elle. On éprouve du soulagement parce que nos épreuves sont différentes des siennes, ou parce qu'elles sont semblables. C'est en quelque sorte un moyen de rêver hors de sa tête. Lorsque deux acteurs s'embrassent, on penche le cou en même temps qu'eux et l'on pense : « C'est tellement réel. » La Nouvelle Réalité.

La Nouvelle Réalité ne consistait pas à *être* réel, mais à en donner l'*impression*. Le métier de Suzanne s'apparentait à celui des illusionnistes… son travail consistait à distraire les spectateurs grâce à sa capacité de feindre d'exister. Représenter une autre réalité était devenu sa vie. Elle savait par exemple comment se comporter en personne normale. Elle avait conscience d'éprouver les sentiments d'un tiers. Peu lui importait d'être observée, mais pas d'être filmée. Elle s'assimilait un peu à une indigène africaine, quand les caméras se mettaient à tourner. Elle avait alors l'impression qu'on lui volait un peu de son âme. Si les croyances de certains peuples étaient fondées, son niveau d'âme devait être bien bas, désormais. Il lui vint à l'esprit que dès qu'elle noterait la disparition complète de son âme il lui serait impossible de feindre d'être toujours vivante.

La porte s'ouvrit sur Marilyn.

– Vous avez de la chance, dit-elle en venant poser quelques beignets au chocolat devant Suzanne. Je suis arrivée avant les opérateurs et il en restait encore.

– Comment pourrai-je vous exprimer ma gratitude ? s'enquit Suzanne.

Elle regardait les beignets comme s'il s'agissait d'une panacée.

– En évitant de bouger quand je vous ferai les yeux.

Marilyn gagna la partie de la caravane qui lui était attribuée et retira le couvercle en polystyrène de son gobelet de café.

– Elle est à toi ! lui annonça Roger en ponctuant sa déclaration d'un grand geste théâtral.

Suzanne le remercia d'une voix rendue indistincte par la bouchée de beignet qui occupait sa bouche, puis elle traversa la caravane pour aller s'installer dans le fauteuil de Marilyn. La clarté crue émanant du pourtour du miroir la fit ciller, comme elle tentait de s'accoutumer à cette agression fluorescente.

– Plutôt puissant, pas vrai ? demanda Marilyn.

– Assourdissant.

– Alors, avez-vous quelque chose à me dire au sujet de vos préférences, vos allergies, ou ce que vous ne pouvez pas supporter ? (Tout en parlant, Marilyn avait glissé une serviette en papier dans le col de Suzanne, pour le protéger des cosmétiques.) J'estime qu'il serait préférable de faire le tour de la question avant de se mettre au travail.

Elle but une gorgée de café tout en étudiant Suzanne par-dessus le rebord du gobelet.

– Essayez simplement d'allonger mon visage et de rendre mes lèvres un peu moins fines. Je pense pouvoir survivre au reste. Une dernière chose : j'ai une sainte horreur des imperfections de la peau.

– Nous avons donc dit, lèvres trop minces, visage bouffi et un tas de boutons, pensa à haute voix Marilyn tout en soumettant les sujets de récrimination de Suzanne à un examen approfondi. Eh bien, voilà qui ne devrait pas poser trop de problèmes. Nous utiliserons du crayon contour pour les lèvres, du fard à joues et une crème couvrante. Mais, sincèrement, je ne vois pas de quoi vous parlez. Je trouve que la plupart des actrices consacrent trop de temps à s'étudier dans un miroir et à se trouver des défauts.

Elle entreprit d'appliquer une crème de base sur le visage et le cou de Suzanne.

– Faire disparaître les boutons est ma spécialité. J'utilise un crayon spécial presque jaune, avant d'appliquer la base et la poudre. Dans les cas désespérés, j'ai recours à un bâton anti-cernes. Moyen. Mais de telles mesures draconiennes me paraissent pour l'instant superflues. Vous aviez quelque chose de précis à l'esprit, ou vous pensiez simplement à l'avenir ?

Elle se figea, son éponge en suspension au-dessus

de la mâchoire de Suzanne, attendant une réponse. Mais, bercée par la musique, les soins et la voix de Marilyn, Suzanne venait de s'endormir.

– Réveillez-vous, Belle au Bois dormant. Le Prince Charmant vient d'arriver.

Ted la secoua doucement par les épaules.

– Ma mère m'assimile à un prince, ajouta-t-il en guise d'explication.

Marilyn observa attentivement Suzanne pendant que cette dernière étudiait son visage dans le miroir.

– Je trouve que ce n'est pas mal, compte tenu de l'heure matinale.

Suzanne sourit.

– C'est probablement ce que je préfère, dans ce métier. Je m'endors dans la peau d'une fille quelconque et je m'éveille jolie.

Elle s'extirpa du fauteuil et accompagna Ted vers la porte.

– Je vous donnerai un coup de brosse sur le plateau, lui cria Roger qui utilisait son sèche-cheveux sur des pinces fichées dans une perruque.

Ted se pencha vers son walkie-talkie.

– Je la conduis à l'habilleuse. (Puis il pivota vers elle, comme ils sortaient dans la fraîcheur matinale.) Nous avons littéralement franchi la porte du désert. Au fait, le directeur de production va venir vous voir. L'un d'eux, tout au moins.

– Combien sont-ils, en tout ?

– Trois. Le Père, le Fils et le Saint-Esprit.

Il lui ouvrit la porte de sa loge.

– Et auquel vais-je devoir faire mon petit numéro de charme, ce matin ? s'enquit-elle en grimpant dans ce qu'elle appelait sa cage.

– Au Saint-Esprit. Je parle de Joe Pierce. Vous voulez que je vous apporte quelque chose, avant son arrivée ?

– Un Diet Coke, merci.

Une femme rousse apparut derrière Ted, les bras chargés de vêtements. Il s'adressa à elle.

– Rita, ma chérie, je te présente notre vedette, Suzanne. Suzanne, voici votre habilleuse, Rita. Mesdames, je vous laisse temporairement livrées à vous-mêmes.

Il s'inclina et s'éloigna, tout en essayant d'apaiser les craintes d'une personne qui devait tenir un autre walkie-talkie.

– Je vous apporte vos costumes, déclara Rita.

C'était une femme bien en chair qui possédait les yeux bleus les plus doux et les plus humides que Suzanne avait jamais vus.

– Il serait sans doute temps de les essayer.

Suzanne remarqua les fossettes et les taches de rousseur de Rita... des caractéristiques propres aux personnes possédant un caractère amical. L'habilleuse l'aida à enfiler son uniforme de flic en civil, autrement dit un jean, un sweat-shirt et une paire de baskets. Elle finissait de lacer la deuxième chaussure quand Ted entra avec une boîte de Diet Coke.

– Votre ration de caféine, dit-il en tendant à Suzanne le cylindre de métal glacé.

– Merci. Où pourrai-je en trouver, si le besoin s'en fait sentir ?

– Le camion des accessoiristes. Demandez Raider. Mais je pourrai me charger de cette corvée, si vous êtes gentille.

– Oh, je le suis. Il est même probable que le chapitre de ma biographie se rapportant à la période actuelle s'intitulera « les mois de gentillesse », que suivront bientôt les années maussades et, naturellement, les décennies obscures. Je n'ai que récemment mis un terme à ma jeunesse fantasque et vous serez les premiers à bénéficier de ma décision de m'assagir.

Rita allait faire un commentaire quand on frappa à la porte.

– Qui est-ce ? demanda Suzanne.

– Joe Pierce. Je suis simplement venu vous souhaiter la bienvenue à bord.

Suzanne ouvrit la porte et Ted sortit en se glissant entre le Saint-Esprit et le chambranle.

– Bonjour, monsieur, dit-il à Joe avant de pivoter vers Suzanne. Alors, je peux leur annoncer que vous êtes prête ?

– Faites toujours.

Joe Pierce entra dans la caravane. Il s'agissait d'un homme quelconque, sans aucun trait caractéristique. Il portait un polo et un jean qui, sur sa personne, évoquait plutôt un pantalon sport trop ample. Il avait tout du beau-père de monsieur Tout-le-Monde.

– Une seule personne de plus, là-dedans, et il faudra utiliser du lubrifiant pour pouvoir se déplacer, dit-il.

Suzanne eut un rire contraint et Rita s'excusa.

– À plus tard, Rita, lança jovialement Joe avant de reporter ce qui pouvait passer pour de l'attention sur Suzanne. Je suis simplement passé vous saluer et m'assurer que tout allait bien.

– C'est parfait, lui assura Suzanne en se contraignant à sourire.

– Je tenais à vous dire que nous vous sommes reconnaissants d'avoir accepté de vous soumettre à ce test anti-drogue, précisa Joe.

Sous son abondante chevelure blanche, ses petits yeux noirs rappelaient à Suzanne ceux d'une limande.

Elle posa sa boîte de Coke.

– Ouais, ai-je réussi ?

– Si vous avez réussi ? Naturellement, répondit Joe en riant. Nous n'en avons jamais douté. C'est la compagnie d'assurances qui s'inquiétait, pas nous. Il semble que vous ayez eu quelques problèmes, lors du tournage de votre dernier long métrage, mais... (Il abattit sa paume sur son genou et se leva.) Je voulais simplement vous dire que nous sommes avec vous, sans réserves. Bon, je vous laisse vous préparer. (Il ouvrit la porte.) On se retrouvera sur le plateau.

Sur ces mots, il disparut en la saluant de la main.

Et Suzanne se retrouva seule, pour la première fois depuis son arrivée sur les lieux du tournage. Elle resta assise et berça son Diet Coke tout en pensant aux propos de cet homme. Elle s'était soumise à ce test de bonne grâce, consciente de la nécessité de se montrer docile. Elle n'assimilait pas cela à une brimade et n'était même pas humiliée que ses cachets soient versés sur un compte bloqué jusqu'à la fin du tournage, au cas où elle retrouverait ses vieilles habitudes et ferait perdre de l'argent à la production. Elle accepterait de se plier à de telles mesures jusqu'au jour où ces dernières deviendraient superflues. Il s'agissait d'un processus de réhabilitation indispensable. Elle regrettait simplement que ce ne fût pas pour un contrat plus valable... une superproduction, ou encore un petit film d'art et d'essai intéressant. Il s'agissait d'une série B au budget ridicule, ce qui rendait la situation plus difficile à supporter.

Suzanne entendit à l'extérieur les crépitements des parasites d'un walkie-talkie. Elle vida la boîte de Diet Coke, ouvrit la porte, et emboîta le pas à Ted qui se dirigeait vers le plateau.

Suzanne avait fait la connaissance de Simon Markham, un metteur en scène anglais apparemment très gentil, la semaine précédente, quand elle s'était rendue à l'audition. Malgré son désespoir, elle n'avait pas accordé beaucoup d'importance au fait d'obtenir ou non ce rôle. Lorsqu'elle se retrouvait sans emploi, Suzanne était persuadée qu'on ne lui donnerait plus jamais de travail, et quand elle finissait par obtenir un contrat elle se disait toujours que c'était le dernier.

Simon se tenait près de la caméra. Il portait un grand chapeau de paille, un pantalon de toile, un T-shirt blanc et une veste nonchalamment jetée sur ses épaules.

– À votre tenue, on pourrait croire que vous allez faire du yachting, lui dit Suzanne.

– Oh, bonjour, ma chérie, lui répondit Simon. (Il manqua de peu l'embrasser sur les deux joues.) Vous semblez en pleine forme.

Le chef opérateur demanda à Markham de regarder dans le viseur de la caméra pour contrôler le cadrage de la scène : la séquence où Suzanne et Robert Munch, l'autre vedette, venaient d'être ligotés à un cactus par une bande de souteneurs impitoyables qui les avaient abandonnés à leur triste sort. Il s'agissait d'un passage interminable et alourdi par beaucoup trop de dialogues, surtout pour Suzanne qui devait commenter en détail les raisons de sa peur du noir.

Elle regarda Simon Markham s'adresser aux techniciens. C'était la première fois qu'on lui confiait la mise en scène d'un long métrage mais, s'il était nerveux, son dynamisme parvenait à masquer sa tension. Il écoutait à présent le chef opérateur qui expliquait pourquoi il serait impossible de procéder aux prises de vues ainsi qu'ils l'avaient escompté.

Brusquement, Ted apparut près de son épaule.

– Nous sommes prêts pour un essai, mettez-vous en place, dit-il.

Suzanne hocha la tête et le suivit jusqu'au cactus. Arrivée à destination, elle fut présentée à Robert Munch et ligotée avec lui, puis elle lui parla longuement de sa peur du noir jusqu'à neuf heures du matin.

En fin de journée, ce fut en souriant que Suzanne revint vers la maison de ses grands-parents. Elle estimait que tout s'était bien passé. Elle avait fait la connaissance d'au moins cinq personnes qui avaient eu recours à l'assistance des AA, y compris Bobby Munch et sa femme qui l'avait accompagné sur les lieux du tournage. Elle avait trouvé quelqu'un pour lui donner des pilules hydratantes avant la scène en maillot de bain. Elle s'était souvenue de la majeure partie de son texte et Simon avait paru satisfait de son travail. Elle avait en outre rencontré les deux autres directeurs de production – le Père et le Fils – et s'ils s'étaient montrés plus prévenants envers Bobby qu'envers elle, elle pensait pouvoir attribuer leur attitude au sexisme prévalant dans le show-business et ne pas devoir s'en inquiéter.

Suzanne avait conscience d'accepter désormais la réalité presque à la façon d'une adulte, et cela lui procurait une certaine fierté. Oui, il s'était agi dans l'ensemble d'une première journée de tournage très satisfaisante.

Le lendemain matin, pendant que l'équipe technique déplaçait les caméras pour procéder au tournage des gros plans, Simon vint s'asseoir près d'elle. Son attitude était amicale, mais il y avait autre chose. Il semblait embarrassé.

– Que se passe-t-il ? s'enquit joyeusement Suzanne. Avez-vous dû vous soumettre vous aussi à un test anti-drogue ?

Simon parut déconcerté.

– Oh, non, non. Rien de grave, vraiment. Ils ont seulement... Les directeurs de production ont visionné les rushes, la nuit dernière, et ils ont fait quelques remarques pleines d'intérêt.

Suzanne se tendit aussitôt et entreprit de tirailler des mèches de ses cheveux, qui avaient été trempés pour la scène de la poursuite sous la pluie qu'ils étaient en train de tourner.

– Alors ? dit-elle, aussi calmement qu'elle en était capable.

– Eh bien, ne le prenez pas mal. Je les ai visionnés ce matin et vous ai trouvée très bien.

– C'était le premier jour, rétorqua Suzanne en étudiant le sol.

– C'était le premier jour, absolument. Je suis entièrement d'accord avec vous. Les directeurs de production estiment simplement que vous devriez prendre un peu plus de plaisir au tournage, voilà tout.

Elle le fixa.

– Si je savais comment prendre du plaisir à ce que je fais, je n'aurais pas à eu à suivre un traitement et il aurait été superflu de me faire passer ce test anti-drogue.

Simon inclina la tête et l'étudia comme si elle était une enfant qui refusait de manger sa soupe.

– Allons, allons. Je trouve leurs observations pertinentes. Je me suis sans doute mal exprimé. Ils ont simplement voulu dire que vous devriez vous mettre un peu plus dans la peau de votre personnage. Rendre votre interprétation plus personnelle. Vous *amuser,* en quelque sorte.

Suzanne étudia une fourmilière et s'adressa sur un ton sarcastique aux insectes qui défilaient entre ses pieds.

– Vraiment ? Et dire que je croyais devoir donner à tout ce que je fais un contenu dramatique. C'est incroyable. Je me demande bien pourquoi mon analyste ne m'en a pas touché deux mots.

– Suzanne, fit patiemment Simon. Vous ne devriez pas faire ce métier, si vous ne pouvez pas supporter les critiques.

Et il était exact que Suzanne n'acceptait pas les critiques. Même lorsque les metteurs en scène lui donnaient des instructions, elle assimilait fréquemment ces dernières à des reproches.

– Mais, Simon… prendre plaisir à jouer ce rôle… Ne pensez-vous pas que je le ferais, si c'était possible ?

Il la prit par les épaules.

– Je sais que vous êtes capable de faire mieux. Il suffit pour cela de vous détendre. Soyez vous-même, et le résultat sera formidable.

Il déposa un baiser sur son front et alla s'entretenir avec un membre de son équipe. Ted arriva avec un Diet Coke.

– Une douceur pour la plus douce d'entre toutes, fit-il en lui tendant la boîte.

– Vous savez ce que je pense ? Les acteurs sont la dernière roue de la charrette. Sauf s'ils sont placés au box-office, auquel cas ils sont traités avec respect sans être respectés pour autant. (Elle but une gorgée de Coke.) En ce qui me concerne, cependant, je n'ai pas à souffrir de l'hypocrisie de mon entourage. Les gens me méprisent et me traitent avec mépris.

Ted hocha la tête, compatissant.

– Vous devriez devenir assistant-réalisateur, pour pouvoir parler du mépris en toute connaissance de cause. Et, de préférence, deuxième assistant-réalisateur, dit-il en prenant son bras. Venez, il faut vous faire retoucher. Vous participez à la prochaine prise de vues.

Après la scène, Suzanne gagna le camion des accessoiristes pour découvrir quelles étaient les possibilités en matière d'approvisionnement en gâteaux et confiseries diverses. Le véhicule était garé à l'autre extrémité du plateau et sans doute ne s'y serait-elle pas rendue s'il ne s'était agi d'une fraîche journée d'automne et si elle n'avait pas entendu dire que la lumière changeait constamment, dans le désert. Elle décida donc d'aller assister à ses métamorphoses depuis les hauteurs du camion.

Elle s'avançait au cœur des murmures des techniciens qui vérifiaient les projecteurs, changeaient les objectifs, mettaient en place les figurants. Suzanne aimait les équipes de tournage. Elle leur trouvait un je-ne-sais-quoi de rassurant, quelque chose qui semblait lui affirmer que cette existence valait malgré tout la peine d'être vécue. Elle aimait les casquettes de base-ball que portaient ces hommes, leurs vestes et leurs chemises sur lesquelles on pouvait lire les titres de films et de spectacles auxquels ils avaient apporté leur contribution. Elle aimait également leurs anecdotes sur ce qui se passait sur d'autres plateaux, la nourriture infecte, les gueules de bois et les petites amies. Tout cela se rapportait à des choses de la vie réelle. Suzanne se sentait moins angoissée, lorsqu'elle estimait en faire également partie.

Elle fredonnait « Il n'y a pas de business semblable au show-business », lorsqu'elle atteignit le camion. Elle se dirigea vers les marches métalliques se trouvant à l'arrière du véhicule et, arrivée à l'angle, elle manqua entrer en collision avec Neil Bleene, le plus jeune des directeurs de production.

– Eh bien, déclara l'homme en s'écartant d'un pas. Je suis étonné de vous trouver ici.

Suzanne lui adressa un sourire et gravit les marches. Neil Bleene avait un gros scénario sous le bras. Il portait un pantalon de cuir beige et une chemise blanche au col ouvert et aux manches retroussées. Il avait des cheveux bruns, une barbe, des yeux sombres, un épiderme blême et une bouche qui ne se refermait jamais complètement. Il semblait en outre être toujours agréablement surpris, ou entrer dans la catégorie des débiles profonds.

Faute de trouver des beignets ou autres friandises de ce genre, Suzanne prit un Coke et baissa le regard sur Neil depuis les hauteurs du camion.

– J'ai cru comprendre que ma capacité à trouver mes activités amusantes laissait à désirer.

Neil étudia ses chaussures en croco et se racla la gorge.

– Eh bien, ce n'est pas tout à fait ça. Nous n'avons rien à reprocher à votre façon de jouer la comédie, mais... (il parcourut l'horizon du regard, y cherchant le mot juste) ...vous ne semblez pas vous donner à fond.

Suzanne prit conscience d'être plus âgée que Neil Bleene. Il n'avait probablement guère plus de vingt-six ans.

– Je ne me donne pas à fond, répéta-t-elle sur un ton solennel.

– Il me semble que... que vous n'agissez pas de façon positive. Vous vous comportez négativement. Comme si vous pensiez plus à ce que vous ne devez pas faire qu'à ce que vous devriez faire.

– Je vois.

– J'ai joué au théâtre, où j'ai également fait de la mise en scène. Je travaille à ce film pour des raisons bassement matérielles, mais je suis avant tout un homme de théâtre. J'ai entendu dire qu'au cours d'une répétition vous avez spontanément frappé Bobby et que Simon vous a fait reprendre la scène. Eh bien, j'estime qu'il a eu tort de vous obliger à contenir vos impulsions. (À présent, la voix de Neil s'était changée en gémissement.) L'autre chose, c'est qu'il faut parfois s'en tenir à un certain mode d'interprétation. Comme le veulent les règles de la comédie, il est impératif que l'inflexion monte à la fin.

Suzanne s'agenouilla pour le regarder dans les yeux, sans renoncer pour autant à la séparation et à la protection que lui offrait le camion.

– La comédie aurait donc des *règles* ?

Neil passa la main dans sa chevelure.

– Eh bien, ce sont moins des règles que des indications. Des principes de base.

Il fit une pause, puis changea de méthode.

– Vous avez été excellente, dans *Domaine public*. Qu'avez-vous fait de particulier ?

– Magna Valnepov était le directeur artistique et Benjamin Keller le metteur en scène, répondit-elle en criant presque. Je ne me suis pas *amusée*, pendant ce tournage. Nous avons répété des mois, travaillé sans relâche. Nous n'avons pratiquement jamais pris un seul instant de détente.

Suzanne nota que Neil l'étudiait attentivement et serrait son scénario relié de cuir contre sa poitrine, comme s'il s'agissait d'un bouclier. Elle prit conscience d'être sur la défensive.

– Écoutez, fit-elle. S'il est effectivement possible que j'encaisse assez mal les critiques, ça ne signifie pas pour autant que je n'en tienne pas compte. Je le fais, mais un peu plus tard. Sur l'instant, je me contente de les stocker dans une zone de mon cerveau à réaction différée, parce que la situation m'est pénible. J'aimerais faire partie de ces gens qui acceptent les critiques en étant conscients de leur utilité, mais ce n'est hélas pas le cas. Et si je peux paraître malheureuse, c'est parce que je le suis. Je n'ai participé qu'à un seul jour de tournage et vous êtes déjà le deuxième qui vient m'adresser des reproches.

Neil secoua la tête, avec douceur.

– Nous parlons de deux minutes de film. Deux minutes sur quatre-vingt-dix.

– Est-ce rattrapable ?

Il rit.

– Allons, fit-il, bon enfant. Ce n'est tout de même pas comme si vous aviez lâché des pets d'un bout à l'autre de votre dialogue et que quelqu'un ait demandé pendant la projection des rushes : « Mais quels sont ces grondements qui couvrent ses paroles ? »

– Me voici rassurée. Votre comparaison me transporte de soulagement.

Elle sauta au bas du camion, en veillant à ne pas renverser son Coke.

– Merci pour vos conseils et vos encouragements, lança-t-elle par-dessus son épaule tout en regagnant le plateau. Je me sens *vraiment* détendue, à présent.

Suzanne regagnait la maison de ses grands-parents, lorsqu'elle demanda à son chauffeur s'il aimait le show-business.

– Ça dépend des jours, répondit-il. C'est un boulot à la con. Jamais régulier. (Il haussa les épaules.) Le cinéma, ça fait rêver lorsqu'on se trouve à l'extérieur, mais il n'y a rien derrière le décor.

– En ce cas, pourquoi avez-vous choisi ce métier ?

Il eut un sourire penaud.

– Je voulais rencontrer Jean Arthur.

– Et c'est chose faite ?

– Bien sûr, répondit-il avec fierté. J'ai été son chauffeur pendant le tournage de trois films qu'elle a faits pour la Columbia. Et, la dernière fois, c'est elle qui m'a demandé.

Elle ne se trouvait chez ses grands-parents que depuis dix minutes, quand le téléphone sonna.

– C'est pour toi, naturellement, lui dit sa grand-mère. George quelque chose.

– George Lazan, murmura Suzanne en couvrant le micro de sa paume. Un des directeurs de production.

– Oh, fit sa grand-mère. Mademoiselle prend de grands airs ! (Elle gagna la cuisine et ouvrit une boîte de conserve pour le dîner.) Elle devrait s'appeler miss Pimbêche, pas vrai, Howdie ?

Suzanne porta le combiné à son oreille.

– Allô ?

– Je ne vous dérange pas, au moins ? s'enquit George Lazan.

– Non, pas du tout. Comment allez-vous ?

– Bien, merci. J'ai visionné les rushes et il me semble vraiment que vous vous retenez. Voyez-vous, il s'agit d'une comédie, d'une histoire légère, froufroutante, une sorte de *On s'fait la valise, docteur ?* se déroulant dans le milieu de la police. Vous devriez vous détendre, vous amuser et nous faire confiance pour le reste.

Suzanne regardait s'allonger la cendre pourtant déjà démesurée de la cigarette de son grand-père, qui gardait les yeux rivés sur le match à la télévision.

– Je ne suis pas Barbra Streisand.

– Non, non, non, non. Mais j'assimile un peu Bob Munch à Ryan O'Neal. Il est nécessaire que vous donniez un rythme à cette histoire. Si vous imposez une allure, il vous suivra.

Suzanne se rassit et prit Jigger sur ses genoux, sans rien répondre.

– Il faut absolument que vous imposiez un rythme soutenu, et ensuite Bob vous suivra, répéta George.

Suzanne caressa Jigger.

– Je ne suis pas responsable de la cadence du récit.

– Eh bien, écoutez, c'est un peu comme dans *New York-Miami,* si vous voyez ce que je veux dire. (Il se racla la gorge.) Écoutez, pensez-vous sincèrement pouvoir jouer ce rôle ?

Suzanne fut brusquement glacée. Jigger sauta de ses genoux. La cendre tomba de la cigarette de son grand-père.

– Évidemment, fit-elle d'une petite voix. Pourquoi ?

« C'est complètement surréaliste, pensa-t-elle. Ils vont me virer parce que je ne m'amuse pas ! »

– Je pose systématiquement cette question à tous mes acteurs, expliqua-t-il. Je dois dire que nous pensions à une sorte de Goldie Hawn ou de Marilyn Monroe, pour ce rôle... À présent nous devons nous contenter de ce que vous pouvez faire. Nous vous avons engagée, il est trop tard pour avoir des regrets.

Suzanne soupira. « C'est dur, pensa-t-elle. Aussi pénible que mon overdose. »

– Je tiendrai compte de vos remarques, monsieur Lazan, dit-elle finalement. Et je ferai mon possible pour me détendre. Mais croyez bien que si je suis contractée, ce n'est pas dans le but délibéré de saboter votre film.

George se racla une fois de plus la gorge.

– J'en ai conscience. Faites simplement de votre mieux.

– J'essaierai, répondit-elle d'une voix qu'elle espéra désinvolte.

– Eh bien, heureux de... Je vous reverrai sur le plateau.

– Vous pouvez y compter, fit-elle avant de raccrocher et de répéter : Vous pouvez y compter.

– Et le fermier rencontra la bergère, chantonna son grand-père.

Elle le regarda et nota qu'il souriait.

– Bla, bla, bla, bla, bla, bla, ajouta-t-il.

Elle se dirigea vers son fauteuil, s'assit sur l'accoudoir et déposa un baiser sur son front.

– La soupe est prête, annonça sa grand-mère depuis la cuisine.

Après le dîner, Suzanne décida d'aller se coucher de bonne heure et de tenter d'oublier cette journée. Elle se démaquilla, se brossa les dents et enfila sa chemise de nuit. Avant de se glisser dans son lit, elle décida de téléphoner à sa psychanalyste.

Elle n'avait pas décroché le combiné et composé l'indicatif de Norma que le téléphone sonna.

– Suzanne? fit une voix masculine. C'est moi, Rob.

Son imprésario.

– Que se passe-t-il?

– Eh bien, George Lazan vient de me passer un coup de fil. Il est dans tous ses états. Il pense que tu n'aimes pas ce travail.

Suzanne eut conscience que tout ce qu'elle était parvenue à préserver tant bien que mal pendant tout le jour commençait à se désagréger.

– Si George Lazan est dans tous ses états pour cette raison, il devrait aller voir un psychiatre. S'il est bouleversé parce que je ne semble pas m'amuser, il aurait besoin d'un traitement de choc.

– Ça ne fait aucun doute. Mais que s'est-il passé? Que fais-tu?

– Je prends des euphorisants, des lodes, de la coke et de l'héro, cria Suzanne.

– Inutile de hurler.

– Rob, c'est *moi,* Suzanne. Je n'ai travaillé sur ce film qu'*un seul jour* !

– Deux.

– Tu sais parfaitement que je ne parviens à me sentir véritablement à mon aise qu'après quatre ou cinq jours de tournage.

– George Lazan m'a dit que tu semblais te retenir.

– Pas de ces conneries avec moi, fit Suzanne, menaçante. Pas de *ça* avec moi ! Je ne veux pas continuer, quoi qu'il en soit. (Elle se mit à pleurer.) Je refuse qu'on me traite comme si je ne donnais pas volontairement le meilleur de moi-même. Le tournage a débuté lundi et nous ne sommes que mardi. Je fais mon maximum. J'ai obtenu ce rôle vendredi soir. Et nous ne sommes que *mardi* !

Elle renifla bruyamment et se sentit ridicule.

– Enfin, il n'y a pas de quoi se mettre dans un état pareil, affirma Rob sur un ton qui traduisait son inquiétude. Je voulais simplement t'informer de ce que Lazan m'a...

– Ont-ils l'intention de me virer ?

– Non, bien sûr que non.

– Alors, à quoi riment toutes ces histoires ? Ce n'est certainement pas le meilleur moyen d'obtenir ce qu'ils désirent. Leur attitude me place sur la défensive. S'ils souhaitent que je me détende et que je m'amuse, ce n'est pas ainsi qu'ils parviendront à ce résultat. Je fais ce métier depuis douze ans, et ils me traitent comme si je sortais d'une école d'art dramatique.

– Calme-toi, Suzanne. George Lazan est de ton côté. Il désire seulement que tu donnes le meilleur de toi-même. Alors, détends-toi. Et lorsque tu retourneras là-bas, demain matin, montre-leur de quoi tu es capable.

Elle soupira.

– D'accord. D'accord. Mais je ne veux plus entendre parler de toutes ces histoires. Et s'ils te contactent à nouveau pour te dire qu'ils n'aiment toujours pas ce que je fais, j'exige que tu me tires de là et... Je regrette. Je suis crevée. Je n'ai dormi que quatre heures, j'ai travaillé toute la journée, j'ai eu droit à un tas de cours d'art dramatique et à présent...

Elle n'exprima pas la fin de sa phrase, qu'elle remplaça par une pause mélodramatique avant de conclure :

– Nous en reparlerons demain, d'accord ? D'ici là, j'espère avoir refait mon plein de philosophie.

– Entendu, chérie. Détends-toi.

– Merci.

Elle raccrocha.

– Tu ne devrais pas te mettre dans des états pareils, lui reprocha sa grand-mère depuis le seuil de la chambre.

– Ils me traitent comme si j'étais une débile.

– Ce n'est pas une raison pour agir comme si tu en étais une. Nous ne correspondons pas nécessairement à l'image qu'on se fait de nous. Ma mère me disait toujours : « Chérie, si on te considère comme une moins que rien, tu dois te comporter comme une reine. »

– C'était le thème favori de mon arrière-grand-mère. Je m'en souviens. Elle disait aussi que les mouches aimaient autant les bouses de vache que le miel.

– Ouais, c'était une femme intelligente. Très intelligente, même. Mais nous n'avons jamais été assez riches pour connaître les mêmes problèmes que toi. Nous n'avions pas le loisir de nous mettre dans des états pareils. Ton grand-père travaillait au chemin de fer. (Elle fit une pause, puis vint s'asseoir sur le lit, à côté de Suzanne.) Tu sais ce que tu devrais faire ? Il faudrait que tu écrives, que tu fasses des poèmes comme ceux que tu m'envoyais autrefois. Certains étaient encore plus beaux que ceux que j'ai pu lire sur les cartes postales qu'on trouve à Palm Desert Mall. Pourquoi n'essaies-tu pas de découvrir pour quelle raison tu es dans une pareille situation ?

– Je ne suis pas certaine de souhaiter le savoir.

– En ce cas, tu devrais chercher un gentil garçon et te caser.

– C'est l'épithète « gentil » qui me pose des problèmes. Ne crois-tu pas que si une telle chose devait se produire, elle aurait déjà eu lieu ?

– Non. Tu as l'âge idéal pour te marier. Trouve un brave garçon qui prendra soin de toi.

– Je ne dis pas non, mais je crains qu'une telle tâche ne soit au-dessus de ses forces.

– Oh, tu fais la maligne. Tu prends de grands airs et tu ne manques pas d'imagination, mais tu n'es pas différente des autres. Tu roules des mécaniques, mais tu es en fait la reine des poires. Tu réfléchis et tu parles trop.

– Ne trouves-tu pas mon existence singulière ?

– Singulière, singulière ! Tu as toujours ce mot à la bouche. Ta vie est bien plus banale que tu ne le crois. Et il va falloir que tu te ressaisisses, ma fille. Tu as cessé de te droguer, et je suis vraiment fière de toi, mais à présent que tu es à même de voir clairement la situation, tu dois prendre une décision.

– Qu'est-ce que tu disais toujours, déjà ? Ce n'est pas ce que l'on mange qui fait du lard, mais ce qu'on a dans son assiette ?

– Oui.

– Qu'est-ce que ça signifie ? J'ai toujours estimé que tu devais dire cela pour déconcerter les gens et leur faire oublier leurs problèmes.

– Absolument pas. C'est un peu comme « Avoir les yeux plus grands que le ventre ». Ce n'est pas ce que l'on mange qui fait grossir mais ce qu'on a dans son assiette… autrement dit, on mange ce que l'on a dans son assiette, même si c'est des haricots froids.

– Je vois.

– Qu'est-ce qui se passe, ici ? demanda le grand-père de Suzanne qui venait d'apparaître sur le seuil.

– 'Soir, grand-père.

– 'Soir, chéri, dit la grand-mère. Que fais-tu debout à une heure pareille ?

– Eh bien, j'ai entendu que ça discutaillait fort, là-dedans, et j'ai pensé me joindre à vous.

– Tu veux encore un peu de viande des Grisons, grand-père ?

– On m'en aurait déjà servi ?

– Il ne se souvient de rien, murmura la grand-mère.

– Oh, tu te trompes, rétorqua-t-il. Je n'oublie jamais rien. J'ai entendu. Ne t'avise pas de parler dans mon dos, femme. Je t'avertis…

– Ne t'énerve pas, chéri. Veux-tu…

– Je voulais seulement du café et un de mes beignets. Mais vous parliez tellement fort. Je vais très bien, merci.

Il regagna sa chambre.

– Il décline à vue d'œil, déclara la grand-mère. Tu sais qui il me rappelle ? Toi, quand tu étais sous l'effet de ces saletés de cachets.

Suzanne soupira.

– La seule chose que je souhaite, c'est avoir l'impression de vivre une existence normale. Crois-tu que j'y parviendrais, si je venais m'installer ici et écrivais des poèmes pour cartes postales…

– Je ne pense pas, mais c'est ta façon de faire un beau rêve. La plupart des gens ont de grandes ambitions, les tiennes sont modestes. Tu désires simplement tout ce que tu n'as pas. Ton existence n'est pas en cause, seulement ce que tu en fais. Alors, cesse de mener une vie anormale, plutôt que d'essayer d'avoir une existence normale, car tu ne fais que la rendre encore plus anormale.

– Crois-tu seulement que je pourrais conserver un emploi ? Effectuer un travail régulier ?

– Je fais partie de ces gens qui croient qu'on peut réaliser tout ce que l'on veut vraiment. Mais, cela étant dit, je pense également que des personnes ont plus de facilités pour prendre une décision que les autres, et que tu appartiens à la catégorie des indécis. Ton frère a les pieds sur terre, et toi tu as la tête dans les nuages. Tu lis trop, tu passes ton temps avec ton nez plongé dans un bouquin. Un rat de bibliothèque, voilà ce que tu es. Tu ne parviens pas à porter un regard lucide sur ce qui t'entoure, et j'ignore si tu serais capable de changer en ce domaine. Il vaudrait sans doute mieux que tu tentes de te faire une raison. Ta situation ne me paraît pas très grave, après tout. Il y a bien pire.

– Maman était-elle comme moi ?

– Tu lui ressembles un peu. Elle n'a jamais aimé la lecture, mais elle possédait également une forte personnalité. Enfant, tu étais très calme alors que ta mère avait tout d'un garçon manqué, mais toi… Je me souviens d'un jour où nous nous rendions quelque part en voiture. Tu étais assise sur le siège avant, à côté de moi, et nous encaissions des cahots violents. Puis nous avons atteint ce dos-d'âne... tu avais moins de deux ans... et tu m'as regardée en laissant échapper : « Bordel ! » Je me demande encore où tu avais bien pu entendre ce grot mot.

Suzanne sourit.

– De quoi te souviens-tu encore ?

– Tu étais toujours très grave et tu demandais constamment : « Qu'est-ce que c'est ? Qu'est-ce que c'est ? » en écarquillant tes grands yeux bruns. Tout t'intriguait. Tu fronçais les sourcils et tu tendais le doigt, comme un chef d'orchestre. Tu semblais toujours pressée, comme si tu devais aller à un rendez-vous, mais tu n'étais qu'une petite fille.

– Tu sais de quoi je me souviens, grand-mère ? J'ignore où cela se passait mais j'étais assez petite pour passer sous les boutons de porte, et je voulais désespérément parvenir à prononcer correctement un mot. Le mot « intéressant ». Je faisais tout mon possible pour le dire, mais c'était toujours « intressant » qui sortait de ma bouche. Ce fut ma première grande frustration.

– Tu as toujours accordé trop d'importance à tes échecs. J'ai tenté de t'en corriger, mais je ne sais pas... il est probable qu'on ne peut empêcher les enfants d'être ce qu'ils sont, et prendre mal ce qui t'arrive fait partie de ta nature. Tu réfléchis trop. J'estime qu'il faut être un peu fataliste, alors que tu ne cesses de ruminer de sombres pensées et de vouloir analyser chaque chose. Oh, tu étais vraiment une fillette qui s'intéressait à tout.

– J'aime entendre parler de moi. Un peu comme si j'avais l'espoir de relever un jour un indice, du genre de « Rosebud ». Je ne me souviens pas avoir connu ce que ressentent les enfants, ou devraient à mon avis éprouver… ce *youpiee!* qui les accompagne quand ils courent dans une prairie ou se livrent à d'autres occupations du même genre. Voilà pourquoi j'adore écouter des anecdotes sur mon enfance, j'ai alors l'impression de ne pas m'être brusquement matérialisée parmi vous à l'âge adulte.

– Rassure-toi, tu as eu une enfance. Et tu n'es pas la seule à posséder un tel caractère. En outre, tu as probablement grandi plus vite que les autres à cause du divorce de tes parents. Vivre cela est pénible, mais de nos jours ceux qui subissent une telle épreuve sont malheureusement nombreux. Les enfants ont naturellement moins de problèmes au sein d'une famille unie, mais revenir sur ce sujet est stérile. Et je dois dire qu'il t'arrivait quand même de t'amuser. Tu t'affublais d'un grand chapeau, tu te barbouillais le visage avec le maquillage de ta mère et tu enfilais ses chaussures à talons aiguilles. Tu organisais de petits spectacles dans le placard. Tu étais une enfant, et rien ne t'empêche de le redevenir, si tu le souhaites. Si tu veux, nous irons au supermarché et je t'achèterai des petits pots pour bébé. Mais tu ne rates rien, crois-moi.

– J'ai constamment l'impression de passer à côté de quelque chose.

– Cela ne date pas d'hier. Par exemple, tu n'es jamais parvenue à faire la sieste. Jamais.

– J'ai constamment comme une prémonition, la certitude qu'un drame pourrait se produire et que…

– Et quoi ? Tu crois peut-être que ta simple présence empêcherait un malheur d'arriver ? Un petit bout de femme comme toi ? Si un drame doit se produire, il aura lieu avec ou sans toi.

– Je sais, mais il me semble malgré tout qu'il est possible d'influencer le destin.

– Eh bien, cette supposition est infondée. Tout comme ces prémonitions, sans doute. On ne peut empêcher ce qui doit survenir, sauf lorsqu'il s'agit d'actes que l'on provoque soi-même. Et si tu désires vraiment fonder un foyer, avoir des enfants et faire la cuisine, eh bien, il serait temps de t'y mettre. Tu ne fais rien de tout cela, pour l'instant. Lorsqu'on arrive à un certain stade, il ne faut pas y aller par quatre chemins, comme disent les Français.

– Ta culture est admirable. As-tu appris cela à l'école Berlitz ?

– Ne fais pas ta jeune effrontée.

– Existe-t-il un âge limite, pour être une jeune effrontée, ou ce terme s'applique-t-il indéfiniment, tant qu'on a des parents plus âgés que soi ?

– Ne te moque pas de moi. Tu sais que j'ai raison. Jette ton dévolu sur un homme et fais le nécessaire pour que ça marche, au lieu de gaspiller ton énergie à te dire : « Il est trop petit, il est trop grand, il n'est pas assez bien… » Contente-toi de mettre le grappin sur un homme. Il y a maintenant un demi-siècle que je vis avec ton grand-père. Il ne m'a pas inspiré de l'amour, mais je l'ai pris quand même. Et je suis fière d'être mariée depuis si longtemps. Je mentirais en disant que tout a été rose. Notre vie commune n'a pas toujours été agréable, mais nous sommes restés ensemble, conformément à la volonté de Dieu. On vit avec un homme, et si l'amour fait défaut ce n'est pas une raison suffisante pour reprendre sa liberté. Tu es une enfant gâtée, Suzanne. Lorsqu'ils n'aiment pas quelque chose, les jeunes se croient à présent libres de faire n'importe quoi : se droguer ou se livrer à d'autres conneries. Ce n'est pas le cas des gens de ma génération. Lorsque nous avons décidé quelque chose, nous ne revenons pas sur notre décision. J'estime que tu aurais tout à gagner en suivant notre exemple.

– Ouais, mais tu oublies de dire que vous ne pouvez pas vous supporter, toi et grand-père.

– Qui a bien pu te fourrer une idée pareille dans le crâne ? Il vit dans la partie arrière de la maison et moi sur le devant, mais nos chemins se croisent. Nous avons une histoire commune. Nos vies se fondent pour n'en faire qu'une, et j'aime plutôt mon existence.

– Je devrais donc simplement… mettre le grappin sur un homme ?

– Je n'ai pas dit que j'étais sortie de chez moi et que j'avais jeté mon dévolu sur le premier venu, mais ensuite je me suis accrochée à lui. Notre union ne fut pas idyllique, loin s'en faut, mais nous ne nous sommes pas séparés quand tout allait mal entre nous. Nous avons été fidèles, et c'est déjà important. Contrairement à ce que tu penses, j'aime ton grand-père. Pas à longueur de temps, bien sûr, car c'est un vieux râleur insupportable, mais il est mon mari et je resterai avec lui.

– Quelles qualités devrais-je rechercher chez un homme, selon toi ?

– Eh bien, tu ne peux évidemment pas te permettre de faire la difficile. Tu seras en compétition avec des filles de vingt ans, aux seins bien fermes et avec les meilleures années de leur vie à offrir à leur mari. Étant donné que les tiennes appartiennent déjà au passé, tu ne pourras pas faire la fine bouche. Si tu trouves quelqu'un qui te trouve à son goût et qui te respecte, et si vous parvenez à vous supporter, alors il te sera possible de faire le reste.

– Voilà qui me paraît raisonnable.

– Ne va surtout pas t'imaginer que vous ne vous

disputerez jamais. On peut vivre avec quelqu'un sans que sa présence soit horripilante, ou le contraire. Si tu ne peux pas supporter les disputes, inutile d'essayer.

– Je ne l'ai jamais fait.

– Oh, si. Tu as procédé au moins à deux essais. J'ai rencontré Jonathan, ainsi qu'Albert...

– Ouais.

– Alors, que s'est-il passé, avec eux ?

– Nous ne nous entendions plus.

– Voilà bien une chose que je ne parviens pas à comprendre. C'est ce qui me sidère le plus, au sujet de ta génération. Quand on cesse de s'entendre, il faut tout mettre en œuvre pour s'entendre à nouveau. C'est une priorité.

– Grand-mère, tu devrais proposer une émission à la télé. Il y a déjà le docteur Ruth, pour les problèmes sexuels, et après avoir demandé ses conseils et couché ensemble, les gens n'auraient qu'à s'adresser à *toi* pour apprendre comment rester ensemble.

– C'est ça, continue, moque-toi de ta grand-mère, fit cette dernière en se levant du lit. Et ne prends pas ce tournage trop à cœur. Ne dit-on pas : « Ce n'est que du cinéma » ?

– Ouais, grand-mère, effectivement.

– Bon, comment veux-tu tes œufs, demain matin ?

– Il est inutile que tu te lèves. Il faut que je sois là-bas de très bonne heure.

– Je serai quoi qu'il en soit obligée de me réveiller. Ton grand-père doit prendre son médicament pour le cœur.

– Pochés, alors.

– C'est noté. Bonne nuit, chérie. Fais de beaux rêves. Et ne te laisse pas piquer par les punaises.

– Tu n'étais pas absente, lorsque la grande distribution des clichés a eu lieu, fit Suzanne. Bonne nuit, grand-mère. Je t'aime bien, tu sais ?

Ce fut une Suzanne presque détendue qui arriva sur les lieux du tournage, le lendemain matin. La première séquence se déroulait dans une voiture qui avait été installée sur une remorque, en compagnie de l'équipe technique et du matériel de prises de vues, le tout devant être tiré par un camion. Rita venait de dissimuler le micro corporel de Suzanne quand Simon passa avec Rocky, le premier assistant-réaliseur, qui expliquait combien de figurants seraient nécessaires dans cette scène.

Suzanne les suivit et attendit la fin de leur discussion pour demander :

– Excusez-moi, Simon, mais j'aurais quelques mots à vous dire.

– Certainement, chérie. Quel est le problème ?

– Le problème, c'est qu'au cours de la journée d'hier quatre personnes, mon imprésario inclus, m'ont tenu des sermons sur mon incapacité à trouver le tournage amusant et que cela commence à m'exaspérer. Je préférerais ne recevoir des instructions que de vous.

Simon paraissait ennuyé, et le vent semblait sur le point d'emporter son chapeau.

– Vraiment ? Ils ont eu tort. Je vais leur en toucher deux mots. Vous dites que même votre *imprésario* vous a téléphoné ?

– Oui, mon imprésario, confirma-t-elle avec indignation. Comme si j'étais une *enfant*. Comme s'il était impossible de me faire entendre raison. Je devrais leur communiquer le numéro de téléphone de ma mère ! Ou, plutôt, me faire accompagner par ma grand-mère ! Elle vit très près d'ici et elle pourrait venir me raconter des histoires pour me détendre !

– C'est ça ! s'exclama Simon en faisant claquer ses doigts. C'est elle ! *Voilà* exactement le caractère que devrait avoir votre personnage. Ce que vous êtes en *ce moment*. Vous voyez ?

– Mais, Simon, fit Suzanne en essayant de ne *pas* ressembler au personnage qu'elle aurait dû être. Je ne suis pas du tout détendue. Je suis au contraire dans tous mes états. Si c'est ce que vous souhaitez…

Il la prit par les épaules pour la guider vers la voiture installée sur la remorque et les techniciens qui attendaient le début de la répétition.

– Chérie, fit-il sur un ton apaisant, soyez simplement vous-même et tout sera parfait. J'ai conscience que ça peut paraître banal, mais faites-moi confiance. Je parlerai aux directeurs de production et ce qui s'est passé hier ne se reproduira pas. Maintenant, essayez de vous calmer.

Il déposa un baiser au sommet de son crâne puis fut rejoint par Rocky.

– Ils ont besoin de vous, derrière la caméra.

– Oh, certainement, certainement.

Simon contourna le camion et Suzanne gagna la remorque. Ted l'aida à grimper dans la voiture et Bobby Munch arriva quelques minutes plus tard. Suzanne lui narra la saga « amusement/détente » pendant que la remorque suivait le camion sur une portion déserte de la route du désert où ils passeraient les prochaines heures.

Lorsqu'elle eut terminé son récit, Bobby eut un sourire joyeux.

– Téléphone pour Suzanne Vale, fit-il. Driiiing !

Vous dites « Allô ! » – « Allô ! mon cœur, c'est ta tante Lilian, de Tucson. Écoute, mon cœur, un certain Mr George Lazan vient de me téléphoner pour me dire que tu paraissais morose. Oh, j'ai parfaitement conscience que vous ne savez plus vous amuser comme de mon temps. Tu sais ce que nous faisions, quand j'étais jeune ? Nous descendions jusqu'à la mare et nous y plongions les uns après les autres, en nous balançant dans un vieux pneu attaché au bout d'une corde. Il me semble cependant que si tu tiens absolument à gagner ta vie en faisant ce métier ridicule, il serait préférable que tu prennes les choses du bon côté, pendant que tu y es. Sur ce, il faut que je te laisse. À bientôt, mon cœur. »

Suzanne ne s'était pas sentie aussi gaie depuis des mois.

– Drrrrring ! fit-elle à son tour. « Allô ? » – « Suzanne ? C'est moi, Mary. Écoute, ma fille, je me suis occupée de toi depuis ta plus tendre enfance, et j'avoue que tu m'inquiètes. Mr George Lazan m'a téléphoné. Hon-hon, il m'a téléphoné. Il trouve que tu ne te détends pas assez. Qu'est-ce que tu manges ? Je parie que tu te gaves de sucreries et que tu souffres d'une carence de protéines. Tu sais ce que fait mon Pete, pour se détendre ? Oh, bien sûr qu'il n'est pas un acteur, mais il a beaucoup de tension. Il prend souvent un bain très chaud puis une douche glacée et ensuite il... Mais non, comme tu ne peux pas boire, ça ne marcherait pas. Hon-hon. Tout va s'arranger. Surtout, ne prends pas froid. Bye-bye. »

Bobby prit la relève :

– Drrring ! Drrring !... « Allô ? » – « Eh, Suzanne ? Tu m'as sans doute oublié, mais nous sommes allés ensemble à l'école maternelle. Louis Bondenfelden.

Nous étions dans la classe de Mlle Webber. Rappelle-toi, j'ai vomi des œufs brouillés par le nez, un jour que nous allions à la bibliothèque. C'était dans l'escalier ? Enfin, c'est secondaire. L'important, c'est qu'un certain George Lazan m'a téléphoné. Il a pensé que je pourrais peut-être te convaincre de te détendre. Je ne sais pas pourquoi il m'a contacté. Il m'a dit qu'il avait essayé de joindre Mlle Webber, mais qu'elle est morte. Je suis heureux qu'il m'ait offert cette occasion de te parler. J'ai beaucoup aimé tes films, tu sais ? Bonne chance. »

Suzanne nota alors que Simon, Rocky et les preneurs de son riaient. Elle se souvint qu'elle et Bobby avaient sur eux des micros et que toutes les personnes munies d'écouteurs pouvaient les entendre. Elle tapota avec insistance la glace de sa portière.

– « Mademoiselle Vale ? fit-elle d'une voix grave, masculine. Mademoiselle Vale ! C'est Jeff, le type chargé de l'entretien de votre piscine. Je suis désolé de vous réveiller de si bonne heure mais un nommé George Machintruc m'a téléphoné pour me dire que vous étiez tendue et que vous ne vous mettiez pas vraiment dans la peau de votre personnage. Je lui ai répondu que vous m'aviez pourtant toujours semblé assez détendue. Mais il faut dire que vous êtes presque toujours endormie, quand j'arrive. Tout ça, c'est peut-être dû à un excès de chlore dans la piscine. Enfin, ne vous tracassez pas pour ça. Bonne chance et à la prochaine. »

Cela se poursuivit pendant des heures. Entre chaque prise de vues, ils inventaient de nouveaux appels de personnes que George Lazan était censé avoir contactées. Le blanchisseur de Suzanne, son professeur de culture physique, son gynécologue, un ancien professeur de ski nautique, un conseiller d'ambassade homosexuel, ses parents et ses beaux-parents imaginaires, Jack Burroughs et, pour finir, le critique new-yorkais qui avait autrefois écrit que Suzanne aurait dû changer de métier et qui réaffirmait désormais ses convictions en termes encore plus catégoriques.

– Vous avez été merveilleuse, déclara Simon avec enthousiasme lors du retour vers le plateau. Un régal, tant pendant le tournage qu'entre les prises de vues.

Suzanne sourit et rougit. Tout son corps brûlait d'envie de rire et elle dut admettre qu'elle se sentait vraiment très détendue.

Une semaine plus tard, le jour de son trentième anniversaire, Suzanne se retrouvait mouillée de la tête aux pieds dans une voiture de police banalisée. En attendant d'entendre Simon crier « Action ! » elle regarda Bobby et lui déclara :

– Si c'est un avant-goût de ce que me réserve ma trentaine…

– Ta *trentaine* ? Parlons plutôt de ma *quarantaine,* si tu veux bien. Que dis-tu du fait que j'ai une femme et deux filles, et que je joue aux gendarmes et aux voleurs avec une épouvantable blessure imaginaire sur mon bras et trempé jusqu'aux os ?

– Mon cas est plus désespéré. J'ai trente ans et pas d'enfant. Pas de mari non plus, d'ailleurs.

Bobby éclata de rire.

– Voilà bien une conversation d'acteurs. « Et moi ? » – « Oh ouais ? Et *moi* ? »

– Une actrice qui panique parce qu'elle vient d'atteindre la trentaine, répondit Suzanne en riant également. Je suis devenue un archétype.

– Mon cœur, il y a bien longtemps que tu en es un, mais tu étais trop défoncée pour le remarquer.

– Oh, merci beaucoup. Tu n'es pas un archétype, peut-être ?

– Si, et cela me ravit. Crois-tu qu'ils se rappellent que nous existons et que nous attendons de tourner cette séquence ?

Il ferma les yeux à demi pour étudier les techniciens se trouvant sur la route. Simon et Rocky semblaient discuter de problèmes importants. Finalement, Simon regarda en direction de leur voiture et leva cinq doigts.

– Encore cinq minutes, soupira Bobby.

– Eh, mon vieux, on ne t'a pas obligé à entrer dans le show-business, se moqua Suzanne.

– Je ne pensais pas à ce *genre* de show-business, mais à l'autre : celui qui est amusant et prestigieux.

Une brise douce et chaude traversait le désert, leur apportant les voix des membres de l'équipe technique.

– Je m'inquiète. N'es-tu pas un peu trop joyeuse, pour quelqu'un qui vient de passer le cap de la trentaine ? ajouta-t-il.

– Je n'ai pas la moindre envie de me remémorer mon trentième anniversaire en l'assimilant à une épreuve épouvantable. J'ai parfois peur d'être heureuse et je ne... (Elle s'interrompit, le temps de chercher ses mots.) Parfois, j'ai peur d'être heureuse, mais je m'interroge sur la nature de ce que j'éprouve parce que je me serais attendue à ce que ce soit différent. Alors, dans le doute, je présume que c'est ça, le bonheur.

Elle haussa les épaules.

Brusquement, Rocky les appela et Simon répondit en levant un pouce. Roger courut vers le haut de la colline avec une bouteille d'eau, pour les asperger à nouveau.

– Action ! cria Simon.

Bobby couvrit sa blessure d'une main et démarra pour descendre vers le bas de l'éminence. Suzanne serra son revolver. Alors qu'ils passaient devant la caméra, Suzanne se sentait ragaillardie. Elle était toujours jeune, belle, spirituelle, intelligente. Ses cheveux humides s'enflaient derrière sa nuque et elle tenait une arme. Dès qu'ils furent hors du champ de la caméra, elle se mit à fredonner « Mon beau matin ».

Lorsqu'ils atteignirent la route principale, Suzanne nota qu'on passait *Faux départ* au Desert Palm Drive-In, un film pour lequel elle avait auditionné sans pour autant obtenir le rôle. Sa bonne humeur s'évapora instantanément.

– Nous devrions faire demi-tour, dit-elle. Ils vont être fous de rage.

Bobby vit l'affiche et eut un sourire compatissant.

– Tu étais dans la course, pour ce film ?

Suzanne feignit de s'intéresser à son arme.

– Je m'en remettrai, fit-elle avec stoïcisme.

Bobby fit demi-tour.

– Quand ?

– Lorsque j'aurai terminé mes séances de psychanalyse et que plus rien n'aura d'importance à mes yeux.

– Que conseillerais-tu aux acteurs qui ne se sont pas encore remis d'avoir raté *L'Évier dans la cuisine* ?

– De repenser à leur carrière. Je le fais constamment. C'est ce qui garde une certaine fraîcheur à mon teint.

– Crois-tu que tu resteras dans le show-business jusqu'à la fin du tournage ?

– Parles-tu de *ce* show-business, ou de l'autre ? Celui qui est amusant et prestigieux ?

– *Ce* show-business, répondit-il sur un ton dramatique en accompagnant ses paroles d'un geste plein de panache et en coupant le contact.

Suzanne regarda autour d'eux. Tous les membres de l'équipe lui montraient leurs fesses et chantaient « Joyeux anniversaire ». Marilyn se tenait près de la voiture, avec un gateau au chocolat surmonté de trente et une bougies.

– Comme j'ai le cul le moins agréable à voir, c'est moi qu'on a chargée d'apporter le gâteau, dit-elle en souriant.

– Il sera difficile de l'oublier, dit Suzanne en rougissant.

– Il est malgré tout possible qu'avec un nombre suffisant de séances de psychanalyse… commença Bobby.

– Leur nombre n'est *jamais* suffisant, lui rétorqua Suzanne. C'est impossible.

DYSPHORIE

Elle était enceinte et ne souhaitait pas emmener le bébé à la soirée où elle devait se rendre. C'est pourquoi elle sortit le fœtus de son ventre et le laissa à la maison. Elle se trouvait à cette soirée, lorsqu'elle prit conscience qu'il était inconvenant d'agir ainsi avec un enfant qui n'était même pas encore né et qu'elle décida de rentrer chez elle. Une fois arrivée à destination, elle constata que le bébé était tout bleu. Prise de panique, elle tenta de le ranimer.

« Comment ai-je pu faire une chose pareille ? se demanda-t-elle. J'aurais dû me douter de ce qui se produirait. Je n'avais même pas envie de me rendre à cette invitation, qui plus est. »

Brusquement, elle se retrouva en train de voler. Elle prenait son essor au-dessus d'une campagne qui s'étendait à perte de vue, et c'était merveilleux. *Merveilleux*. Puis une pensée lui traversa l'esprit : « Je ne peux pas voler ! » et elle prit conscience qu'elle ne volait effectivement pas mais tombait d'une hauteur vertigineuse. Elle venait d'écarter les bras afin d'augmenter leur portance quand un chasseur la prit pour cible. Elle était vulnérable. Il n'existait aucune cachette où se dissimuler, dans le ciel, et elle ne pouvait esquiver les projectiles. Elle se recroquevilla, pour rentrer le plus profondément possible dans ses vêtements. Elle ne savait où aller et ne pouvait descendre, étant donné qu'on tirait sur elle. Mais, comme on tirait sur elle, rester dans le ciel était tout aussi dangereux.

Puis elle se retrouva sur le siège du passager d'une voiture. Si le conducteur n'était qu'une ombre, elle savait malgré tout qu'il s'agissait d'un homme. Elle désirait descendre de ce véhicule, car il semblait incontrôlé, mais il roulait trop vite. Ils se dirigeaient dans une direction inconnue et atteignirent brusquement une maison. Suzanne ouvrit la porte et se retrouva dans un tunnel, un boyau interminable. Elle crut entendre un petit bébé pleurer, dans les profondeurs de ce passage, puis elle entendit les échos de ses pleurs et fut prise de panique. Elle se mit à courir. Elle devait progresser dans une épaisse couche de neige et l'homme de la voiture la poursuivait, armé d'un fusil...

La sonnerie du téléphone tira Suzanne de son rêve et de tout danger immédiat. Elle traversa son lit, à tâtons.

– Allô ? hoqueta-t-elle en raclant sa gorge qu'obstruait le sommeil. Allô ?

Elle n'entendait que le sifflement caractéristique des communications avec l'outre-mer.

– Allô ? hurla une voix mâle dans les profondeurs du combiné. Pourrais-je parler à Suzanne Vale, s'il vous plaît ?

– De la part de qui ?

Elle gardait les yeux clos, afin de les protéger contre l'agression du soleil matinal.

– Sven Gahooden. Je l'ai rencontrée à un séminaire d'extension de la perception, il y a plusieurs années, et elle m'a dit de lui téléphoner si jamais je...

– Suzanne suit des cours de repartie au Nouveau-Mexique, l'interrompit Suzanne.

– Alors, dites-lui que je voulais simplement lui faire part d'une révélation que j'ai eue alors que je regardais un de ses films, à Stockholm.

– Je n'y manquerai pas.

– Dites-lui également que j'ai quitté la fac de médecine pour travailler à plein temps sur le Projet famine.

– D'accord, je le lui répéterai. Au revoir, Sven.

– Qui êtes-vous ?

– Une amie de Suzanne. Ruth Buzzi.

– Alors, merci, Ruth.

– Merci, Sven. Au revoir.

Suzanne raccrocha le combiné et secoua la tête. « Ruth Buzzi... il serait sans doute nécessaire que je m'inscrive effectivement à des cours de repartie. »

L'ouragan du sommeil avait enroulé sa chemise de nuit autour de son corps et le vêtement arrêtait toute circulation sanguine dans son bras gauche. Elle repoussa la couverture comme s'il s'agissait d'une muleta et se leva pour pénétrer dans l'arène dangereuse du jour sans sa protection.

Elle se dépêtra de sa chemise de nuit et gagna la salle de bains pour ouvrir les robinets de la baignoire. Puis elle se rendit dans la cuisine et se servit un jus d'orange à même de la réveiller. « Un homme avec un fusil, pensa-t-elle. Comme c'est ridicule. »

Elle regagna sa chambre et mit une cassette sur sa chaîne hi-fi. Elle aimait écouter des musiques de films, au réveil. En voiture, elle n'appréciait que le rock and roll, mais chez elle Suzanne avait d'autres goûts. Ce matin-là, elle jeta son dévolu sur la musique de *Quelque part dans le temps,* qui traduisait sa conception de ce que devait être l'amour. Et le désir ardent. Elle l'écouta pensivement pendant qu'elle buvait son jus d'orange à petites gorgées puis regagna la salle de bains. Avec cet accompagnement musical, ses pensées lui semblaient plus poétiques. Elles s'apparentaient moins à un bavardage futile. Elle ferma les robinets et s'assit dans la baignoire.

Alors qu'elle prenait son bain, cette musique commença à saper son moral. La cassette lui avait été conseillée par un musicien avec qui elle était sortie autrefois, un certain Chester Pryce qu'elle avait trouvé très sympathique mais dont elle n'avait plus jamais entendu parler depuis. Elle ne parvenait cependant pas à se remémorer si elle l'avait trouvé très sympathique à l'époque où ils se voyaient régulièrement ou après qu'il eut disparu de sa vie. Quoi qu'il en soit, il avait omis de lui préciser que cette musique engendrait des états d'âme dangereux. Suzanne imaginait Chester l'écoutant dans une voiture qui fonçait droit vers un précipice.

Elle tendit la main pour prendre sa serviette de toilette, se leva et sortit de la baignoire tout en étudiant son reflet dans le miroir. Elle devrait maigrir. En fait, il lui faudrait devenir *presque* squelettique, pour pouvoir ensuite manger à satiété pendant deux jours sans devoir s'en inquiéter outre mesure. « Je ne prendrai pas la moindre nourriture, sauf en cas d'absolue nécessité », décida-t-elle.

Puis elle nota l'extension d'un bouton d'apparition récente, sur son menton. « Je redoute les rides et je souffre encore d'acné, se dit-elle. La vie est une plaisanterie cruelle, épouvantable, dont je suis la chute. » Si elle se sentait profondément déprimée, la musique et les imperfections de son teint n'étaient pas seules en cause. Il lui faudrait se rendre à la soirée donnée par son amie Wallis, et cela eût représenté une épouvantable épreuve même avec une peau irréprochable.

Elle enfila sa tenue de gym : un maillot de bain noir agrémenté de petits oursons qu'elle avait acheté à Hawaii quelques années plus tôt, après avoir perdu ses bagages. Elle n'était pas ce que l'on pourrait appeler une fanatique des oursons, mais il s'était agi d'un cas d'urgence et ce maillot mettait en outre ses seins en valeur. Elle enfila un short à damier turquoise et noir. L'ensemble manquait d'élégance, mais lorsque Suzanne s'habituait à une tenue vestimentaire elle n'en changeait plus. Elle enfila également ses chaussettes noires montantes et ses baskets turquoise, s'aspergea de déodorant et de parfum, essuya un excès de fard sous ses yeux, prit son sac et ses lunettes de soleil, et partit pour le gymnase.

Elle se dirigeait vers Venice derrière une Karmann Ghia sur la plaque d'immatriculation de laquelle on pouvait lire BURRRPP. Elle connaissait la route par cœur et la suivait machinalement. Elle estimait entrer dans la catégorie des conducteurs d'élite et espérait parvenir à renforcer sa confiance en soi à partir de ce postulat. Lorsque des questions importantes étaient en jeu, cependant, elle ne pensait pas que le fait de se considérer comme une conductrice hors pair pouvait lui être du moindre secours.

Avec le toit ouvrant ouvert, les glaces baissées et la radio hurlant à plein volume, Suzanne se sentait bien. Elle estimait que Dieu devait se dissimuler à l'intérieur de son autoradio, et qu'Il lui passait les chansons qu'elle aimait lorsqu'Il était satisfait de sa conduite. La semaine précédente – quand son comportement avait de toute évidence fortement irrité le Seigneur –, l'ampli avait grillé alors qu'elle passait une cassette des Pretenders. Elle venait de franchir un ralentisseur quand les haut-parleurs s'étaient brusquement tus, en plein milieu de « Middle of the Road », et elle avait ensuite roulé au cœur d'un insoutenable silence. Elle s'était naturellement empressée de faire réparer l'appareil et à présent qu'elle se dirigeait vers l'ouest le long d'Olympic Boulevard la musique – « Still the Same », de Bob Seger – était si forte que ses jambes en vibraient. Elle éprouvait toujours une vague tristesse lorsqu'elle s'engageait dans Lincoln. Elle savait alors qu'il ne lui restait plus qu'une chanson complète à écouter, avant d'atteindre le Gold's Gym.

Elle aimait se rendre au gymnase. Plus exactement, elle aimait s'y être rendue, ce qui nécessitait préalablement d'y aller. Elle appréciait tout particulièrement le petit renflement que les poids et haltères avaient fait apparaître entre ses épaules et ses triceps. Elle savait cependant que tous ses efforts seraient vains, étant donné que l'unique moyen d'embellir véritablement sa silhouette consistait à avoir une alimentation équilibrée. Or, Suzanne ne savait pas s'alimenter convenablement.

Depuis toujours. C'était une tradition dans sa famille. Laitages, viande rouge, sel, sucre, caféine et fritures en tout genre : le régime américain. Elle connaissait les méfaits d'une telle alimentation mais ne pouvait s'en passer très longtemps. Elle parvenait à tenir ses bonnes résolutions jusqu'à approximativement quatre heures et demie de l'après-midi, instant fatidique où elle craquait et mangeait un en-cas composé de choses malsaines, comme du teriyaki ou de la viande des Grisons.

Elle avait horreur de faire la cuisine ou de s'asseoir pour prendre un repas. Peut-être fallait-il attribuer cela au fait que sa mère obligeait autrefois les enfants à rester assis et à « bavarder », après chaque repas. Suzanne estimait que se nourrir était une activité intime à laquelle il aurait fallu se livrer uniquement à l'abri des regards. La nourriture était simplement le carburant du corps. Sa BMW n'allait pas faire un brin de causette avec les autres voitures à chaque plein. Elle sourit tout en passant devant le McDonald's et le Jack in the Box, dont les effluves sodiques familiers parvenaient à ses narines.

Elle arriva au Gold's Gym avec un quart d'heure de retard. Son professeur, Michelle, l'attendait sur le trottoir. Michelle était une blonde musclée originaire des fins fonds de l'Est qui s'était autrefois défoncée à la phéncyclidine et qui trouvait désormais dans les exercices physiques ce que la drogue lui avait autrefois apporté.

– Désolée, fit Suzanne.

Michelle haussa les épaules avec résignation. Suzanne était toujours en retard d'un quart d'heure.

– De quoi allons-nous nous occuper, aujourd'hui ? s'enquit Michelle. Des jambes ?

Le visage de Suzanne se referma. Les exercices de musculation des jambes étaient les plus pénibles de tous.

– Torse et épaules ? implora-t-elle d'une petite voix.

Michelle eut un rire.

– D'accord, mais vous ne pourrez pas éternellement y échapper. Nous passerons aux jambes demain.

Suzanne se sentit soulagée par ce sursis de vingt-quatre heures. Tout en suivant Michelle vers les instruments de torture, elle regarda autour d'elle et reconnut quelques habitués : le grand type avec un bandeau ceignant son front et des hiéroglyphes égyptiens sur les bras ; l'acteur sec et nerveux aux cheveux bruns qui ruisselait constamment de sueur ; et son préféré, le géant noir qui était là du matin au soir, chaque jour, et qui n'adressait jamais la parole à personne. À son comportement, Michelle supposait qu'il avait dû faire de fréquents séjours en prison.

– Voilà votre petit ami, murmura-t-elle.

– J'en suis amoureuse, répondit Suzanne sur un ton rêveur, alors que Michelle l'installait dans l'appareil à développer les épaules.

Elle commençait à se colleter aux poids, lorsqu'elle ajouta :

– Il est si beau. Il ne parle jamais... Il est la quintessence du mystère... le type à colorier en suivant les numéros... Il suffirait de remplir... toutes les cases...

Puis les efforts réclamés par l'exercice la contraignirent à se taire.

– J'aimerais le trouver intéressant, soupira Michelle. Je voudrais pouvoir encore trouver un type digne d'intérêt. Mais l'aiguille est sur V.

– Je vous demande pardon ? parvint à haleter Suzanne.

– V. Vide. Plus rien ne m'intéresse. Je n'ai pas eu un seul coup de foudre depuis des semaines. Encore cinq. Cinq. Quatre. Trois. Deux. Plus qu'un !

– C'est trop lourd, gémit Suzanne.

– Quinze kilos, seulement.

Puis Michelle lui accorda quelques minutes de répit entre chaque série de mouvements, avant de la guider vers l'appareil suivant.

Au fur et à mesure qu'elle poursuivait ses exercices, Suzanne devenait de moins en moins prolixe. Elle était d'ailleurs surprise de les effectuer, d'autant plus que Michelle ne cessait de lui rappeler qu'ils étaient inutiles si l'on ne surveillait pas son alimentation. Et comme elle était incapable de suivre un régime, elle se retrouvait avec des muscles noyés sous la graisse tels des navires engloutis par l'océan. Elle regarda une brune au dos démesuré s'affairer à l'hypertrophier encore et se demanda : « À quoi ça rime ? » Mais les philosophes se colletaient à de telles interrogations depuis l'aube des temps, et il eût été présomptueux d'espérer parvenir à trouver une réponse. Elle se demanda alors si Kierkegaard s'était un jour rendu dans un gymnase.

Finalement, elles atteignirent le dernier appareil, celui que Suzanne haïssait le plus. Il lui fallait en effet s'asseoir en face du reflet que lui renvoyait un miroir, avec un éclairage vertical impitoyable.

– Du nouveau, pour Sal ? s'enquit-elle, dans l'espoir de détacher son esprit de son corps.

Sal était l'ex-petit ami de Michelle et il avait récemment disparu.

– Oh, je ne vous l'ai donc pas dit ? Je n'arrive pas à croire que j'ai pu oublier de vous annoncer la nouvelle !

– Vous allez réparer cet oubli. Alors ?

– Il est en réadaptation, à New York, répondit Michelle avec une satisfaction évidente. Un de ces longs programmes d'un an.

– Un an, fit Suzanne en secouant la tête. Il va devenir fou.

– Il l'est déjà. Rien ne peut rendre plus dingue que de se shooter à la coke à longueur de journée. Encore deux. Un, deux, c'est bon ! Une autre série, puis quelques abdominaux et ce sera fini pour aujourd'hui.

– Eh bien, il s'était entraîné à se piquer aux stéroïdes.

– Ouais, et il osait même me soutenir le contraire. Comme si quelques exercices démodés permettaient d'obtenir un cou de taureau. Et il avait un cou de taureau. On a besoin d'aide extérieure pour parvenir à ce résultat. Prête ?

Suzanne exécuta la dernière série en silence. Elle tentait de river son attention sur un point situé dans les hauteurs de la paroi, afin que ses yeux ne se portent pas sur le miroir. Après huit mouvements, elle décida de renoncer.

– Allez-y ! s'écria Michelle. Vous y êtes presque !

– Non ! hurla Suzanne, qui termina malgré tout la série et laissa tomber les poids.

Puis elle effectua apathiquement quelques abdominaux, après quoi Michelle la raccompagna à sa voiture.

À la porte, elles rencontrèrent Chad Paley, l'arrière des Rams.

– Salut, ma belle, dit-il à Suzanne.

– Chad. Je parie que tu dois le savoir. Qui est ce grand Noir, là-bas ? Celui qui se trouve dans la machine à hypertrophier les épaules ?

Il regarda dans la direction qu'elle venait de désigner et son expression s'assombrit.

– Tiens-toi loin de ce type. Il ne peut rien t'apporter de bon.

– Pourquoi ? demanda Michelle. Qu'est-ce que…

– En premier lieu, il a fait de la prison pour meurtre. Ensuite, c'est un pédé. On peut le voir presque tous les soirs sur Hollywood Boulevard.

– Oh, fit Suzanne, dépitée.

– Reste à l'écart de ce type, lui répéta paternellement Chad.

Il lui donna une petite tape sous le menton et se dirigea vers les cycles. Les filles sortirent sans regarder derrière elles le Noir taciturne qui soulevait des poids avant de se rendre sur Hollywood Boulevard.

– Reste loin de lui, marmonna Suzanne. Chad croyait peut-être que j'avais l'intention de lui fixer un rendez-vous ?

Elles gagnèrent la BMW de Suzanne.

– À demain, dit-elle. Pour les jambes.

Michelle hocha la tête.

– Et surveillez votre régime.

– Je n'y manquerai pas, répondit Suzanne en coupant l'alarme et en s'installant dans la voiture.

– Désolée, je ne vous crois pas.

– C'est à la fois un mensonge et une vérité, répondit Suzanne en mettant le contact. Je le ferai et ne le ferai pas. Le régime zen.

– Et vous finirez par ressembler à un bouddha !

Michelle avait dû hurler pour se faire entendre car l'autoradio beuglait « All She Wants to Do Is Dance » de Don Henley. Suzanne agita la main et démarra.

Elle rentra chez elle pour se laver les cheveux et changer de vêtements. Elle devait déjeuner avec Al Hawkins, un agent artistique qui avait exprimé le souhait de prendre en main sa carrière. C'était son ami Bob Becker qui avait organisé ce rendez-vous, mais il ne s'agissait pas d'une rencontre qu'elle attendait avec impatience.

Elle mit une petite robe bleue à la fois confortable et presque sexy qui empiétait sur les deux catégories dans lesquelles Suzanne cataloguait les éléments de sa garde-robe : « tenue pour moi » et « tenue pour eux ». Il était très difficile de trouver des robes-miracles comme celle-ci, mais elle en avait stocké trois au fil des mois. Celle sur laquelle elle avait jeté son dévolu était légèrement brûlée dans la partie inférieure gauche, mais Suzanne était pratiquement certaine que personne ne le remarquerait.

Elle se maquilla, étudia le bouton visible sur son menton et se sécha les cheveux. À quatre reprises, elle crut entendre la sonnerie du téléphone et arrêta l'appareil, se trompant chaque fois. Puis elle mit des chaussures à talons hauts – ce qui faisait basculer sa tenue vestimentaire dans la catégorie des « tenues pour eux » – et partit pour le restaurant qu'elle avait choisi : le Hamburger Hamlet, sur Beverly Drive.

À approximativement un pâté de maisons du Hamlet, elle se retrouva derrière une énorme Bentley dont le conducteur était occupé à téléphoner. En étudiant son crâne, qui paraissait sortir tout droit de chez un coiffeur, Suzanne eut la brusque certitude qu'il s'agissait de l'individu avec qui elle devait déjeuner. Elle tenta d'entretenir l'espoir qu'elle se trompait mais perdit toute espérance lorsqu'il mit son clignotant pour signaler son intention de virer dans le parking du restaurant. Pouvait-elle continuer jusqu'à la voie express, téléphoner au restaurant et dire à Al Hawkins qu'elle était malade ?

Non. Elle avait déjà annulé et reprogrammé ce déjeuner à trois reprises. Elle devait y aller.

« Oh, il en résultera peut-être quelque chose de positif », se dit-elle avec résignation tout en tendant les clés de sa voiture au portier.

Elle s'imagina en train de fumer sereinement une pipe et de parcourir l'océan du regard, tout en disant : « Eh bien, ouais, c'est sûr, c'était un connard, mais pas un connard comme les autres. J'ai vraiment *appris* quelque chose, ce jour-là au Hamlet. »

À peine venait-elle d'entrer dans le restaurant qu'elle entendit une voix à l'accent new-yorkais aboyer :

– Suzanne ?

Il s'agissait naturellement du capitaine du *SS Bentley*.

– Al Hawkins ?

– En personne, beugla Al tout en lui serrant la main. Pourquoi ne pas gagner notre table ?

Puis il pivota vers une serveuse et hurla :

– Mademoiselle ? Notre table est-elle prête ? Merci.

Al Hawkins conduisit Suzanne vers une paroi, sous un miroir. Il mesurait approximativement un mètre quatre-vingts et avait des cheveux en brosse à la coupe presque militaire, des yeux bruns, un hâle prononcé et de très bonnes dents… ceci n'étant qu'une simple supposition de la part de Suzanne. Des lunettes de soleil étaient juchées au sommet de son crâne, des objets oblongs, épais et noirs, du genre que fabriquerait Ferrari s'il se reconvertissait dans la lunetterie. Il portait un T-shirt bleu à boutons, un jean serré délavé, et des chaussures marron étroites et sans tache. Il évoquait un sergent du Corps du show-business, et Suzanne eut l'impression d'être un deuxième classe ayant la fâcheuse tendance de faire le mur un peu trop souvent. Il tendit à la serveuse deux billets d'un dollar en lui demandant de lui apporter des cigarettes, puis il guida Suzanne vers son siège comme s'il s'agissait d'une invalide.

– Vous préférez vous asseoir face à l'extérieur, n'est-ce pas ? Oui, naturellement.

Il était autarcique... il posait les questions *et* y répondait. Suzanne avait l'impression d'être de trop.

– Vous n'êtes pas blonde, fit-il remarquer en l'étudiant d'un regard scrutateur.

– Non, et je ne l'ai d'ailleurs jamais été.

– Eh bien, il est exact que vous n'avez jamais été blonde dans aucun de vos films, mais... (Il haussa les épaules.) Je connais beaucoup de filles qui, après un certain temps, se... le deviennent.

– S'agit-il d'un phénomène de décoloration spontanée ?

– Non, elles décident de se... Oh, je vois. Vous vouliez plaisanter. (Il sourit.) Nous prenons quelque chose ?

La serveuse apparut avec un calepin et un crayon. Suzanne commanda du fromage blanc et des fruits, Al demanda un cheese-burger au bacon avec une sauce à la russe, des frites et un Diet Coke. Suzanne, qui était en manque de caféine, hésita puis puisa dans ses réserves de volonté et commanda de l'eau minérale. La serveuse s'éloigna et ils se retrouvèrent assis l'un en face de l'autre, silencieux. Suzanne regarda Al allumer sa cigarette comme si elle n'avait encore jamais assisté à un tel spectacle. Elle se demanda si elle était au cœur d'une anecdote dont elle ne pouvait pas encore percevoir l'intérêt pour cause de proximité.

– Vous avez une très belle voiture, déclara-t-elle.

Al rayonna et expulsa la fumée contenue dans ses poumons.

– N'est-ce pas un bijou ? Elle est venue de New York par bateau. Vous ne pouvez vous imaginer à quel point il est compliqué d'expédier un véhicule par voie maritime.

– Il m'est arrivé de faire convoyer ma voiture.

– Eh bien, je n'aimerais pas confier ma Bentley à qui que ce soit.

– Je n'ai jamais conduit une voiture de ce genre. Elles doivent être très douces, ou autre chose de comparable, pour avoir acquis un tel statut de symbole. Ce que je veux dire, c'est qu'elles n'auraient pas une telle réputation sans raison.

Elle prit brusquement conscience d'avoir oublié de quoi elle parlait et jugea préférable de ne rien ajouter, ce qui engendra un lourd silence. Leur table devenait un cimetière pour mots.

Al leva son pouce et déclara :

– Elle roule comme un *rêve*.

– Vraiment ? C'est formidable, dit Suzanne qui ignorait que les rêves pouvaient rouler.

Brusquement, il en vint au vif du sujet.

– Il serait préférable que je vous dise tout de suite que j'apprécie assez peu votre imprésario actuel.

– Excusez-moi ?

Suzanne n'arrivait pas à suivre le fil de sa conversation.

– Quand Bob m'a communiqué votre téléphone, j'ignorais que vous aviez un nouvel imprésario. Je ne pourrais jamais travailler avec Mark Auerbach. Ce type est un vrai connard.

– Vraiment ? fit Suzanne d'une voix neutre.

Elle aurait pu tout aussi bien dire « bossu » ou

« grille-pain », compte tenu de l'impact que sa réponse avait eu sur Al. Il était lancé, désormais, et elle n'avait plus qu'un rôle de simple figurante.

– Je ne travaille avec aucun acteur de l'Empire Agency, précisait Al. J'ai retiré tous mes artistes de cette agence, même Zita Farina. *Elle* va devenir une très grande *star*.

Suzanne hocha la tête. Elle s'interrogeait sur le prix que devait coûter la montre de son interlocuteur, lorsque la serveuse arriva enfin avec leur commande. Suzanne mordit aussitôt dans une banane, tout en prenant mentalement note d'assassiner Bob Becker à la première occasion.

– Vous savez ce que je ferais, pour vous ? demanda Al tout en salant ses frites.

Suzanne secoua la tête, ce qui représentait un gaspillage d'énergie étant donné qu'il ne la regardait pas.

– Je ferais circuler le bruit que vous êtes une de mes clientes et que nous nous intéressons à certains projets, afin de provoquer une réaction. Voir où vous en êtes.

Il entreprit de déchiqueter son cheese-burger à belles dents et poursuivit ses explications avec la bouche pleine.

– J'estime que vous seriez parfaite dans une série, parce que vous jouez intelligemment et que c'est une chose que les téléspectateurs savent apprécier. Nous en préparons actuellement une qui vous conviendrait à merveille.

– Eh bien, envoyez-moi le scénario, dit Suzanne en s'adressant à son fromage blanc. Je ne manquerai pas de le lire.

– Je vous expédierai le script du pilote dès que nous l'aurons reçu. C'est l'histoire d'un homme et de trois femmes. Je vous vois bien dans le rôle de la plus jeune, la rédactrice d'une revue. C'est une femme brillante, drôle, directe, franche et intègre.

– J'aimerais bien tourner une série, répondit sincèrement Suzanne. Le contraire serait stupide. Mais j'estime malgré tout que le cinéma est plus...

– Vous êtes naïve, l'interrompit Al sur un ton catégorique tout en agitant une frite pour couper court à d'éventuelles objections. Si vous pouvez obtenir un bon rôle dans un pilote, acceptez.

« Qui est ce type ? s'interrogea Suzanne. Naïve ou pas, j'aimerais tout de même en savoir un peu plus avant de sauter à pieds joints dans l'univers de la télévision. »

– C'est un tremplin formidable, affirmait Al en mâchonnant une autre énorme bouchée de cheeseburger. Vous vous rappelez les *Jours heureux* ? Cette série a permis à Henry Winkler de tourner six longs métrages. Vous vous rappelez *Welcome Back, Kotter* ? Travolta figurait tout au bas de la distribution, il n'avait décroché qu'un rôle absolument *insignifiant*.

Suzanne décida de ne pas prendre d'imprésario personnel, surtout lorsqu'il s'agissait d'un imprésario *aussi* personnel que celui-là. Même les gens qu'elle connaissait depuis des années ne lui disaient pas qu'elle était « naïve ». Elle se sentait frustrée. Il était évident qu'elle ne désirait rien au point d'accepter les compromissions nécessaires pour l'obtenir. Elle avait des relations bien placées, mais pas là où il l'aurait fallu. Le processus qu'il convenait de suivre pour se hisser vers les sommets lui semblait trop avilissant.

Elle aimait jouer la comédie, c'était exact, mais pas ce qu'il fallait subir pour y être *autorisée* :

les auditions, les enregistrements vidéo, les réunions, les critiques, les refus. Elle était trop vieille, trop jeune, trop jolie, trop petite, pas assez drôle, *trop* drôle... Cela finissait par vous user, au bout d'un certain temps. Ne pas prendre toutes ces affirmations à cœur devenait en soi un véritable travail.

– J'aimerais vous voir faire une apparition en tant que guest star dans *Deux flics à Miami* ou dans le *Cosby Show*, ajoutait Al. Tourner quelques épisodes vraiment super. Ils pourraient bâtir un scénario autour de vous, et ensuite, *snap*... (Il fit claquer ses doigts.) Quarante millions de personnes vous verraient en même temps. Mais, bien plus important encore, *Ils* vous verraient eux aussi !

Il tendit son pouce par-dessus son épaule.

Elle regarda le point qu'il venait de désigner.

– Qui ?

– Les producteurs, voyons.

C'était avec une exaspération évidente qu'il venait d'apporter cette précision.

– Oh.

Al continua de vanter les vertus des séries télévisées et Suzanne se sentit prise de nausées. Dès qu'il fit une pause pour reprendre haleine, elle s'empressa de rétorquer :

– Mais on ne dénombre pratiquement aucune actrice qui soit passée de la télévision au cinéma, Shelley Long exceptée.

– Sally Field ne compte donc pas ? ricana Al. Elle doit tout à *The Flying Nun*.

– J'aurais plutôt pensé à *Norma Rae*.

– *The Flying Nun*, soutint Al. C'est cette série qui l'a rendue célèbre.

Ne souhaitant pas poursuivre le match *Norma Rae* contre *The Flying Nun* jusqu'à la fin du repas, Suzanne se leva et déclara avec un sourire :

– Je me rends aux toilettes pour messieurs.

– Vous êtes du genre plaisantin, à ce que je vois. J'aime ça.

En se dirigeant vers le but qu'elle venait de se fixer, elle passa près des téléphones et de deux femmes qui approchaient de la trentaine. Elles affirmaient qu'elles n'auraient jamais pu vivre à L.A. à cause de la monotonie qu'engendrait un beau temps perpétuel.

– J'adore les saisons, disait l'une.

Lorsque Suzanne ressortit, elles étaient toujours là et parlaient désormais d'une de leurs connaissances.

– J'ai entendu dire qu'elle couche avec Don Johnson, disait la femme qui aimait les saisons.

Lorsqu'elle regagna leur table, Al avait réglé l'addition.

– Je n'ai pas l'intention de vous laisser tomber, dit-il en se levant.

– D'accord, répondit Suzanne, la poitrine serrée. Parfait.

– Demain, je dois aller rendre visite à un de mes clients qui habite en Caroline du Sud, déclara-t-il comme ils gagnaient le parking. Mais je continuerai de vous harceler au sujet de mon pilote.

– Formidable, dit Suzanne en attendant désespérément sa voiture. Je suis impatiente de lire le scénario.

– Je regrette seulement que vous soyez avec ce con d'Auerbach.

Suzanne haussa les épaules, comme la voiture arrivait.

– Eh bien, il ne me reste qu'à vous remercier pour le déjeuner.

– Quel déjeuner ? Vous avez un appétit d'oiseau.

– J'ai un appétit de blonde, le reprit Suzanne.

Elle s'installa derrière le volant et referma la porte, pendant qu'Al se chargeait de donner un pourboire au gardien du parking.

– Encore merci, Al. À bientôt.

– Au revoir, chérie !

Elle le regarda dans le rétroviseur et vit qu'il se curait les dents, tout en remettant en place Al Junior. Elle se l'imagina uniquement vêtu d'un minuscule cache-sexe de cuir, agita à nouveau la main, puis plongea dans une mer de voitures grossie par la marée de l'après-déjeuner.

Elle arriva à l'institut de beauté avec dix minutes de retard et s'excusa en passant devant le comptoir pour gagner le vestiaire et prendre son peignoir rose. Alors qu'elle l'enfilait, une petite femme brune pivota vers elle pour lui demander :

– Susie ?

– Suzanne. Oui, je suis… moi.

– Par ici, s'il vous plaît, demanda la femme avec un fort accent d'Europe de l'Est.

Suzanne la suivit dans une petite pièce. La femme fit la lumière et indiqua d'un geste à Suzanne de s'allonger sur la table.

– Je m'appelle Marina. Qu'est-ce qui était prévu, pour aujourd'hui, un collagène ou un peeling végétal ?

– Heu, un peeling végétal, je crois.

Suzanne eût préféré avoir affaire à son esthéticienne habituelle, mais Jean n'était pas disponible et elle seule était à blâmer : elle avait reporté ce rendez-vous à trois reprises. Marina plaça un bandeau en tissu-éponge sur la tête de Suzanne, afin de protéger ses cheveux du baume démaquillant qu'elle appliqua sur son visage, puis elle essuya le produit avec du coton et approcha un gros projecteur afin d'étudier sa peau.

– À quand remonte votre dernière séance de soins ? s'enquit-elle.

– Au mois dernier, mentit Suzanne.

Elle était venue deux fois à cet institut de beauté, la semaine précédente.

– Un nettoyage s'impose vraiment.

Suzanne crut déceler du mépris dans la voix de Marina.

– Je sais, fit-elle avec découragement.

– Vous avez en outre un gros…

– Je *sais* ! répéta Suzanne. Je sais. S'il grossit encore, je devrai lui ouvrir un poste supplémentaire dans mon budget.

– J'ignore s'il me sera possible de vous en débarrasser, déclara Marina sur un ton dubitatif. Je crains qu'il ne soit un peu trop tôt pour tenter quelque chose.

– Faites votre possible. Je comprends.

– Entendu. Alors, commençons.

Marina écarta la source de clarté aveuglante puis alla se placer derrière Suzanne pour mélanger divers ingrédients dans un petit récipient de porcelaine.

– Vous allez sentir une odeur assez puissante, annonça-t-elle tout en étalant une substance pâteuse sur le visage de Suzanne.

Et c'était vrai. Suzanne n'avait encore jamais rien respiré d'aussi odorant. Marina agita un éventail devant les narines de sa cliente, afin de dissiper l'épouvantable puanteur du masque végétal, et un quart d'heure plus tard la senteur désagréable disparut en emportant avec elle une couche de peau. Marina retira alors le masque et entreprit de cuire le visage de Suzanne à la vapeur, afin de nettoyer ses pores en profondeur.

Si Suzanne avait horreur de cela, elle devait admettre qu'il s'agissait de l'utilité première des soins faciaux. Elle se demanda à quoi eût ressemblé sa peau, si elle ne l'avait jamais confiée à des esthéticiennes. Son épiderme eût été probablement en meilleur état. Elle avait dû réduire à néant sa capacité de le nettoyer, en lui imposant de s'accoutumer à ce processus.

– Je ne vous fais pas mal ? s'enquit Marina avec une indifférence évidente.

– Non, pas vraiment, mentit Suzanne.

– Le pire, c'est le nez et le menton. J'ai pratiquement terminé avec le nez. Tous ses pores étaient obstrués. Utilisez-vous notre produit nettoyant ?

– Oui, mentit encore Suzanne.

– En ce cas, vous devriez l'employer trois fois par jour et utiliser notre brosse spéciale, ordonna Marina sur un ton péremptoire.

– Entendu... Owwww !

– Désolée. Le menton est toujours très sensible, voyez-vous.

Sur ces mots, elle effectua une descente le long du menton de Suzanne, en direction de son cou.

– Non, non. Laissez ça.

– Mais c'est très...

– N'y touchez pas ! Occupez-vous simplement de la partie visible de mon visage et je me chargerai du reste.

– Mais…

– C'est trop douloureux et, surtout, je m'en fiche. Vous avez compris ? Laissez mon cou tranquille !

– Comme vous voudrez, répondit Marina en haussant les épaules.

Les soins s'achevèrent dans un lourd silence, puis Suzanne retira son petit peignoir rose, régla la note, et laissa à Marina un coquet pourboire en raison du sentiment de culpabilité qu'engendrait son antipathie pour cette femme.

Elle décida ensuite de faire laver sa voiture. Elle se sentait toujours mieux quand sa BMW était propre. En outre, prendre de telles décisions lui donnait l'impression de participer activement à sa vie. Pendant qu'elle attendait de récupérer son véhicule, elle appela son répondeur afin d'écouter les messages éventuels. La secrétaire de Mark Auerbach avait téléphoné pour lui fixer un rendez-vous au sujet du nouveau film de Spencer Matheisen, *La Grande Rafle*. L'assistant du Dr Gibbon, son dentiste, avait appelé pour lui demander si elle avait oublié son rendez-vous d'onze heures et quart pour un détartrage. (C'était le cas.) Elle avait également reçu des appels de Kate Rosenman, une productrice qu'elle avait connue aux réunions des AA, et de son frère Thomas qui appelait de Turquie où il tournait un documentaire sur la mise au jour de l'épave de l'Arche de Noé. Quant à son amie Lucy Copeland, elle avait téléphoné de New York, « simplement pour la saluer », tout en étant coincée sous un Scott Hastings endormi… son dernier amant en date.

Lorsqu'elle put s'installer à nouveau dans son véhicule, elle nota avec satisfaction que le pare-brise était d'une rare transparence. Elle allait se sentir bien, à présent. Elle savait qu'elle apprécierait son existence comme si c'était une tierce personne qui la vivait, quelqu'un ayant gagné ce lot à un jeu télévisé. Sa maison, ses amis, sa famille, sa garde-robe, sa voiture... Elle allait jouir de tout cela comme si c'était une nouveauté pour elle. Elle suivit les rues bordées de palmiers du cœur de Beverly Hills tout en écoutant Steely Dan chanter « Don't Take Me Alive ».

Le temps d'arriver chez elle, sa détermination de jouir de l'existence avait été écrasée par le poids de sa tension. Cette dernière était attribuable à la perspective de devoir se rendre à la soirée donnée par son amie Wallis. Elle ouvrit une boîte de Diet Coke, mangea un Tootsie-Roll miniature, appela Lucy et lui laissa un message – Suzanne savait qu'elle serait absente mais tenait à prouver qu'elle ne l'oubliait pas – puis elle alla faire couler son bain.

« Pourquoi ne puis-je ressembler à Nastassia Kinski ? » se demanda Suzanne une heure et demie plus tard, alors qu'elle apportait les dernières retouches à son maquillage. Elle avait lu dans *Vogue* qu'on pratiquait désormais une opération permettant de rendre les lèvres de n'importe quelle femme aussi charnues que celles de Nastassia Kinski. Malheureusement, il était pour cela nécessaire de prélever de l'épiderme dans le vagin et de le transférer sur la bouche. Suzanne ne pouvait s'y résoudre, craignant que cela pût gâcher ses baisers. Cependant, cette possibilité flottait dans son esprit depuis des semaines. Elle étudia son ouvrage et découvrit qu'elle avait si bien dissimulé son bouton qu'il s'était changé en gros point blanc, visible comme un phare sur son visage.

Elle avait tendance à rentrer son menton, pour compenser les saillies de sa peau. Même quand les gens la regardaient droit dans les yeux, elle savait qu'ils se disaient : « La pauvre, elle a un bouton. Sa vie est gâchée. »

Parfois, lorsqu'elle s'étudiait dans un miroir, il lui arrivait de penser : « Ouais, *cette* fille est pas mal. *Elle* est vraiment super. » Puis, dès qu'elle s'éloignait de son reflet, elle ajoutait : « Ce n'est pas comme *moi.* » Elle avait façonné sa personnalité de façon à distraire l'attention de son physique. Lorsqu'elle ouvrait la bouche, sa vivacité d'esprit surprenait d'autant plus qu'elle était assez jolie… un fait qu'elle avait enregistré et classé dans une case lointaine de son cerveau.

Elle s'étudia dans le miroir en pied. Avec sa jupe bleue moulante, son corsage qui s'attachait entre les jambes pour rester bien tendu, et surtout avec ses bas, ses vêtements entraient indéniablement dans la catégorie des « tenues pour eux ». Elle glissa ses pieds dans des chaussures à talons hauts qui renforcèrent cette tendance et rendirent son équilibre précaire, puis elle enfila sa veste noire, saisit son sac bleu, et s'étudia une dernière fois.

Elle soupira. « Je fais plutôt penser à un ballon de basket affublé d'une bouche, pensa-t-elle. Un grain de raisin en colère. Un ballon de deux jours. »

« Tu es parfaite », lui rétorqua une partie plus saine de son esprit, cette minuscule zone de son cerveau qui l'applaudissait depuis les derniers rangs.

« Je suis prête », conclut-elle avant de dire à haute voix :

– Allons « soirer ».

Puis elle gagna sa voiture et mit le contact. « Burning Down the House » jaillit des haut-parleurs alors qu'elle effectuait une marche arrière dans l'allée.

Pour se rendre chez Wallis, elle opta pour le chemin le plus long afin d'avoir un parcours à la fois agréable, délassant et assourdissant. Puis elle découvrit qu'elle changeait de station même lorsqu'elle trouvait un air à son goût et en déduisit qu'elle en était venue à préférer la quête d'une bonne chanson à la chanson elle-même. C'était intéressant. Elle ne cessait de s'étudier dans le rétroviseur, tout en conduisant.

Arrivée à un pâté de maisons de sa destination, elle vit les employés du parking, des hommes basanés en veste rouge et pantalon noir. Suzanne étudia les voitures déjà garées – les Porsche, les Jaguar, les Rolls – et fut brusquement prise de panique. Elle prenait conscience qu'elle aurait dû se faire accompagner, qu'elle aurait dû passer chez le coiffeur, qu'elle aurait dû mettre une robe différente, d'autres boucles d'oreilles, moins de parfum. Elle descendit de son véhicule en tentant de paraître décontractée et le confia à un individu qu'elle ne connaissait ni d'Ève ni d'Adam. En étudiant les lumières sur la pelouse, elle pensa : « Je pourrais encore repartir, faire demi-tour et fuir en hurlant, puis arracher au passage les clés de contact à ce type et... »

Elle s'engagea stoïquement dans la large allée menant à la grande demeure de pierre comme une condamnée à mort s'avançant vers le peloton d'exécution sans cigarette, bandeau ou verre de rhum. Un maître d'hôtel lui ouvrit la porte. Elle resta un instant dans l'entrée, brusquement assaillie par des ondes d'AATSH – Angoisse Attribuable à la Terreur des Soirées Hollywoodiennes – puis elle entra.

Dans un plateau d'argent placé sous un grand miroir se trouvaient de petites enveloppes portant les noms des invités. Suzanne adressa un pâle sourire au maître d'hôtel puis se dirigea docilement vers le plateau. Après avoir retourné avec grâce la plupart des enveloppes, elle trouva finalement la sienne. Naturellement, son nom n'avait pas été écrit correctement. Le maître d'hôtel vint alors lui demander si elle souhaitait boire quelque chose.

– Ça se voit donc ? répondit-elle avant de commander un Diet Coke.

La cloison jouxtant l'escalier était dissimulée par des tableaux, *d'innombrables œuvres d'art*. Le statut de la demeure était apparemment celui de salle d'exposition pour cette collection, et tous les meubles étaient de couleurs neutres de façon à permettre aux visiteurs d'apprécier pleinement les trésors de Wallis. S'il s'agissait en fait de la collection de Milton Klein, quiconque pensait à ce couple pensait avant tout à Wallis. Cette dernière possédait de la personnalité et Milton de l'argent. Elle avait de la classe et Milton les plus grands shows télévisés. En outre, Wallis avait Milton.

Suzanne connaissait ce couple depuis une dizaine d'années et n'avait jamais eu une seule conversation véritable avec Milton. Elle avait par contre eu de longs entretiens téléphoniques avec Wallis, mais ces entretiens étaient toujours interminables. Wallis avait autrefois fait remarquer à Suzanne qu'une de ses oreilles était collée à son crâne et que cette particularité était due aux heures qu'elle passait au téléphone. Elle avait désormais un poste avec amplificateur, mais continuait d'employer l'ancienne méthode consistant à coincer le combiné entre son épaule et sa tête. Wallis aimait répéter qu'elle n'était pas une commère mais *la* commère d'Hollywood, estimant que lorsqu'on souhaitait acquérir une spécialité il convenait de ne pas faire les choses à moitié. Wallis et Milton avaient une fille, ainsi qu'un assortiment d'autres enfants de précédents mariages. Nul représentant de leur progéniture n'était cependant en vue, ce soir-là.

À côté du cabinet de toilette réservé aux invités était exposé un tableau qui paraissait chaque fois familier à Suzanne. Elle supposait qu'il devait s'agir d'une œuvre très célèbre de Picasso ou de Matisse, mais trouvait cette toile affreuse. Elle envisagea de s'inscrire à des cours d'éducation artistique, afin de pouvoir à son tour apprécier les œuvres que les membres de son entourage semblaient tant admirer. Puis elle se demanda pourquoi elle avait arrêté de fumer. Elle aurait pu s'autoriser quelques cigarettes, lors de ce genre de soirées.

Elle descendit les deux marches qui la séparaient du salon, avec ses meubles trop discrets et ses tableaux trop voyants, ses larges baies donnant sur le jardin et la sculpture de Henry Moore représentant une grosse femme nue. Elle entendit un cri aigu et vit Wallis venir vers elle, une vision souriante dans des tons de rouge et de blond.

– Mais c'est le brain-trust en personne ! s'écria Wallis en étreignant Suzanne. Tu es absolument adorable !

Suzanne sut alors avec une certitude absolue que son apparence était encore plus pitoyable qu'elle ne l'avait imaginé.

– Tu fais référence à ma grosse tête en caoutchouc ? murmura-t-elle dans la longue chevelure de Wallis.

– Ta *quoi* en caoutchouc ? s'enquit Wallis tout en la repoussant à bout de bras. De quoi parles-tu ? Viens dire bonjour à Toni et à Harlon.

Suzanne avait fait leur connaissance au cours de soirées précédentes. Toni Barnes venait de remporter l'Oscar du meilleur acteur pour son interprétation du fleuriste assassin dans *Un bouquet de violettes* et Harlon DeVore était à la fois son imprésario et son petit ami. Suzanne estima à nouveau qu'elle aurait dû se remettre à fumer. *Elle* n'obtiendrait jamais un Oscar, et même s'il lui arrivait un jour de décrocher une pareille récompense ce ne serait pas suffisant pour réduire ses tourments. Alors, que pouvait bien importer une cigarette de temps en temps ? Elle félicita Toni et demanda à Harlon s'il avait pensé à elle, simplement pour le contraindre à feindre de se souvenir qui elle était. Puis elle se dirigea vers une coupe contenant un mélange de fruits secs, pour faire une pause et établir une stratégie. Une épouvantable panique l'étreignait, mais elle tentait de donner l'impression qu'il n'y avait rien au monde de plus apaisant que de se tenir à l'écart, seule à côté d'une table où trônaient divers plats d'amuse-gueule appétissants. Quoi de plus naturel que de prélever quelques noix de cajou dans une coupe contenant des fruits secs, au milieu d'une pièce où étaient réunies tant de célébrités de Bel Air ?

Tournant le dos à Suzanne, il y avait Rachel Sarnoff, une directrice de studio séduisante qui, à en croire Wallis, venait de rompre une liaison de courte durée avec Todd Zane, un rocker anglais aussi célèbre pour ses albums que pour son amour immodéré de la cocaïne. Rachel avait fait promettre à Todd de renoncer à la drogue – il le jurait à toutes celles avec qui il sortait – puis elle l'avait surpris complètement défoncé et avait rompu. Suzanne se demandait comment Rachel supportait cette rupture. Elle paraissait en forme mais, Suzanne exceptée, tout le monde semblait toujours en forme, à Hollywood. Cela ne voulait absolument rien dire.

Rachel discutait avec un homme auquel Suzanne avait vaguement été présentée à l'époque où elle se trouvait à New York, un auteur dramatique appelé Tom Sarafian. D'après la conversation que Suzanne tentait désespérément de suivre sans se faire remarquer, elle déduisit qu'il devait s'agir de leur première rencontre.

– Que signifie *Une nuit de chaussures* ? demandait Rachel. Je trouve ce titre incroyablement prétentieux.

– Il l'est, à dessein. À New York, la prétention fait vendre.

– Comment pouvez-vous *supporter* le milieu new-yorkais ? rétorqua sèchement Rachel. Comment parvenez-vous à vivre au milieu de tous ces intellectuels blêmes qui *suent* la drogue par tous leurs pores ?

Suzanne comprit qu'elle ne s'était pas encore remise de sa rupture avec Todd Zane.

À cet instant, Wallis vint vers eux avec sa « dernière découverte ». Milton collectionnait les œuvres d'art et Wallis les artistes. Son ultime trouvaille était une brune magnifique qu'elle désirait présenter à Rachel et à Tom.

– Voici April Lanning, elle vient de Manhattan. Milton a acheté une de ses œuvres, la semaine dernière.

April eut un sourire poli et dit bonjour.

– Tu ne te souviens pas de moi ? demanda Tom.

– Non, fit April. Je le devrais ?

– Il y a quelques étés, aux Hamptons, nous sommes sortis ensemble, lui rappela Tom.

Puis il attendit avec impatience de voir un éclair de reconnaissance briller dans les yeux de la fille.

Cette dernière semblait embarrassée.

– Je crains de ne pas me souvenir.

– Avez-vous couché ensemble ? demanda Rachel à Tom.

– Je crois que nous avons essayé, mais j'étais... (il chercha le mot juste et fit claquer ses doigts lorsqu'il le trouva) ...impuissant ! fit-il joyeusement, comme s'il s'agissait d'un bon mot.

April était visiblement tendue.

– Vraiment ? dit Rachel. En raison de l'alcool, de la drogue, ou d'un problème psychologique ?

– Eh bien, je penche plutôt pour la dernière hypothèse. Ce n'était d'ailleurs pas la première fois.

– Je ne... balbutia April. Aux Hamptons ?

– Ça vous reviendra sans doute un peu plus tard, déclara Wallis. Allons saluer Suzanne.

Elle écarta April de Rachel et de Tom, qui nota la présence de Suzanne et lui adressa un geste de la main. Elle lui retourna son sourire.

Wallis poussa April vers Suzanne et demanda :

– Vous connaissez-vous ? Suzanne Vale, April Lanning.

– Non, répondit Suzanne. (Puis, tout en serrant la main d'April, elle dit à cette dernière :) Mais nous avons par contre une relation commune : un impuissant avec lequel vous avez manqué faire l'amour. (April resta de marbre.) Excusez-moi, je voulais plaisanter. Heureuse de vous rencontrer.

– J'aimerais que tu voies ses œuvres ! s'exclama Wallis avec enthousiasme, tout en serrant le bras d'April. Elle m'a permis de découvrir que j'aimais le photoréalisme.

– Êtes-vous à L.A. depuis longtemps ? s'enquit Suzanne.

– Hein ?

– Je crois qu'April boirait volontiers quelque chose, déclara Wallis. Venez, ma chérie.

Elle guida April vers un des bars.

Puis Suzanne vit son dermatologue entrer dans la pièce et se sentit soulagée. Elle se fraya un chemin au sein des invités, vers le visage barbu et rayonnant de Walter Marks.

– Ma coiffure vous déçoit, n'est-ce pas ? fit-elle en guise de salutations. Et j'ai mis trop de maquillage, non ? Soyez sincère. N'ai-je pas une nuance vaguement orangée ?

– Vous ne buvez pas, il me semble ? fit Walter. Non, naturellement, vous ne buvez pas.

– Et vous non plus, n'est-ce pas ? demanda-t-elle après l'avoir embrassé sur la joue.

– Presque jamais. Je tiens à pouvoir pratiquer une intervention chirurgicale à n'importe quel instant.

– Voilà qui est intéressant. Je souhaite pour ma part pouvoir être opérée à tout moment.

– Qui vous accompagne ?

– Personne. Je dois vous paraître désespérée, non ?

– Diminuée, plutôt. Pas désespérée. Pourquoi vous obstinez-vous à assister à ces soirées si elles vous dépriment à ce point ?

– Je ne sais pas, mais c'est un sujet sur lequel je travaille avec mon analyste.

– À propos, comment se porte Norma ? C'est une femme formidable.

– Absolument. Elle m'a dit de grandes choses, la semaine dernière. Je venais de lui déclarer qu'à mes yeux la plupart des gens devaient confondre célébrité et succès, quand elle m'a rétorqué qu'ils confondaient célébrité, acceptation et… Mais qui cela peut-il bien intéresser ? Pas vous, en tout cas. Qui est-ce ?

Elle avait posé cette question en désignant de la tête le seuil de la pièce, où venait d'apparaître une blonde d'une quarantaine d'années qui portait une robe d'où pendait quelque chose.

– Portia Lamm, répondit Walter. L'agent artistique. Selon vous, quelle peut bien être la nature de ce qui dépasse de son ourlet ?

– Sans doute la cravate du dernier type qui s'est glissé sous ses jupes, répondit Suzanne en se demandant à quoi avait pu penser Portia Lamm lorsqu'elle avait fait l'acquisition d'un tel vêtement. Et qui est le type qui l'accompagne ? Il me semble le connaître.

– C'est cet acteur européen, Vittorio quelque chose.

– Vittorio Amati, murmura Suzanne. Ne jouait-il pas dans *La Mort en robe noire* ?

– Vous confondez avec *La Tête d'épingle*.

– Il a joué dans ce film ?

Elle étudia le bel acteur qui s'entretenait avec Wallis et Milton, pendant que Portia Lamm se chargeait d'aller récupérer leurs petites enveloppes. Walter rappela à Suzanne quel avait été le rôle de Vittorio Amati dans *La Tête d'épingle* puis il entreprit de lui résumer la visite qu'il avait récemment rendue au centre de traitement du psoriasis de la mer Morte.

Tout en écoutant Walter, elle parcourut des yeux la bibliothèque se trouvant derrière lui. Son regard s'arrêta sur un exemplaire du *Livre des records sexuels*. Elle se pencha pour prendre cet ouvrage, qu'elle feuilleta pendant que Walter se chargeait de parfaire son érudition dans le domaine des maladies du cuir chevelu. Brusquement, elle l'interrompit.

– Écoutez ça. La créature qui possède le plus grand nombre d'organes sexuels est un ver. Le ténia a des milliers de pénis. (Elle ne s'était pas sentie aussi joyeuse depuis le début de la soirée.) L'organe sexuel qui ne sert qu'une fois... Saviez-vous que, chez les abeilles, le sexe du mâle qui féconde la reine se brise à l'intérieur de la femelle et qu'il meurt ?

Walter l'étudia avec un mélange d'amusement et de ce qui était peut-être de l'inquiétude.

– Mon comportement est plutôt singulier, ne trouvez-vous pas ? s'enquit Suzanne.

Walter n'eut cependant pas le temps de confirmer ses craintes car Wallis vint leur annoncer que le dîner était servi. À contrecœur, Suzanne renonça à emporter ce livre à table et accompagna Walter vers la salle à manger. Elle espérait que son amie l'avait placée près d'une personne intéressante, ou en tout cas moins exécrable que la plupart des invités.

Elle se retrouva à gauche d'un petit homme verruqueux, en qui elle reconnut le metteur en scène tchèque Gustav Bozena, et à droite de l'invité d'honneur : Fred Weaver, un homme d'affaires dont l'autobiographie s'élevait assez rapidement sur la liste des best-sellers pour attirer l'attention des producteurs hollywoodiens. Il s'agissait d'un sexagénaire émacié, aux cheveux blancs clairsemés et aux yeux bleus, avec un léger coup de soleil et une petite bouche presque féminine. Son visage en lame de couteau semblait avoir été spécialement affuté pour cette soirée.

À gauche de Fred se trouvait Selena Warner, la starlette britannique vieillissante qui tenait le rôle de Dorothee Pierce, la méchante infirmière rousse de *Chestnut Lodge,* un soap-opera ayant pour cadre un asile d'aliénés. Suzanne avait déjà eu l'occasion de voir Selena Warner à de nombreuses soirées, mais comme ce n'était pas un des buts qu'elle s'était fixés dans l'existence elle n'avait jamais fait véritablement sa connaissance. Ce soir-là, cependant, Selena lui sourit... ou, plutôt, elle souriait lorsqu'elle fit pivoter son visage vers Suzanne et lui dit :

– Il me semble que nous nous sommes vues l'autre soir, n'est-ce pas ?

Suzanne marmonna une réponse affirmative, mais Selena avait déjà reporté son attention sur Fred Weaver qui l'interrogeait sur sa profession. Elle lui répondit comme si elle savait tout sur son métier.

– Une fois, Sir John m'a dit...

Et Suzanne pensa : « J'ai attendu toute ma vie d'entendre une anecdote débutant ainsi. » Elle regarda Selena comme s'il s'agissait d'un téléviseur et écouta la suite :

– ... qu'il était lui-même en quelque sorte limité. Il m'a montré ses mains en disant qu'il n'avait jamais travaillé de sa vie, ce qui lui interdisait de tenir des rôles d'ouvrier. Et il a ajouté que pour les mêmes raisons mon registre resterait à jamais cantonné à celui des jolies femmes. Je le soupçonne d'avoir voulu me faire plaisir, mais... Sir John est d'une gentillesse rare.

Faute de pouvoir elle aussi raconter une histoire se rapportant à Sir John Gielgud, Suzanne concentra son attention sur la tâche consistant à ne pas ramasser avec sa cuiller les huîtres qui flottaient dans sa soupe. Des choses absolument répugnantes, à ses yeux. Fred dit quelque chose et Selena inclina la tête tout en se penchant vers lui, l'air entendu. Ses lèvres s'agitaient sur ses dents comme de l'eau en ébullition, et lorsqu'il lui arrivait de comprendre quelque chose elle battait des cils. Son visage était une échelle de Richter de sa compréhension.

Lorsqu'il eut terminé, Selena lui dit :

– Eh bien, vous connaissez les acteurs.

Puis elle tourna son sourire vers Suzanne, qui se sentit flattée d'être considérée par Selena comme une spécialiste de la question. Finalement, la conversation dériva sans transition précise vers le caractère avilissant de l'obligation de jouer la comédie pour pouvoir exprimer sa créativité. Fred répondit qu'il comprenait parfaitement son point de vue. Les acteurs devaient attendre de se trouver devant une caméra ou un public, alors que les peintres, même les mauvais, étaient libres d'utiliser leurs brosses quand ils le souhaitaient. Selena prit un bâton de brillant à lèvres et s'en servit pour engluer le pourtour de sa bouche.

Suzanne reporta son attention sur sa droite et se retrouva engagée à son corps défendant dans une conversation sur l'art cinématographique avec Gustav Bozena, dont l'anglais n'était guère meilleur que le tchèque de Suzanne. Elle tenta de sélectionner des questions intelligentes, mais les trouva toutes simplement prétentieuses. Gustav lui déclara qu'il aimait tout particulièrement John Ford, King Vidor, Fellini. « Je n'arrive pas à le croire, se dit-elle. Je parle de cinéma avec un des plus grands metteurs en scène actuels. » Puis elle s'entendit demander :

– Croyez-vous que le septième art soit un mode d'expression principalement visuel et qu'il conviendrait de privilégier l'image au détriment des dialogues ?

Ce qui l'incita à envisager de s'ouvrir le crâne et de laisser goutter son cerveau sur la nappe. C'était l'unique solution qui s'offrait à elle pour ne pas étouffer dans sa propre vomissure sociale.

– Vous n'avez rien d'une Américaine, dit Gustav. Vous me faites plutôt penser à une Européenne.

– Vraiment ? Vous plaisantez ?

Gustav lui expliqua qu'il venait de Prague et vivait à Paris, et que Suzanne ne ressemblait pas à une Américaine parce qu'elle regardait ses interlocuteurs droit dans les yeux.

– Les Américains ne le font jamais. C'est typiquement européen.

– Vraiment ? fit-elle en continuant de le fixer, comme pour s'assurer qu'il ne se rétracterait pas.

Elle s'entendait déjà raconter à ses amis : « Gustav Bozena m'a dit que j'avais tout d'une Européenne. »

De l'autre côté de la table, un organisateur de concerts rock appelé Chris Hunt – un homme qui rappelait à Suzanne un candidat au Sénat, John Tunney pour être précis – racontait l'histoire de Noel Coward qui s'était rendu en coulisse pour rencontrer les Beatles, après leur concert. Selon la légende, que Suzanne avait lue dans les Mémoires de cet homme, les Beatles étaient déjà repartis et il s'était alors rendu à leur hôtel pour leur exprimer son admiration. Ils n'avaient pas daigné le recevoir, à l'exception de Paul qui s'était montré très maladroit. Coward n'avait pas manqué de noter leur grossièreté dans son journal.

Lorsqu'il eut terminé cette anecdote, la fille assise à coté de lui, Joan Lilly, une Anglaise autrefois célèbre en tant que mannequin, déclara :

– Eh bien, les affirmations de Noel Coward résistent difficilement à l'épreuve du temps.

Elle avait dit cela sur un ton catégorique, comme si elle exprimait une position politique universellement admise et que toute personne ne partageant pas son point de vue ne pouvait être qu'un ringard rétrograde.

– En fin de compte, déclara Chris Hunt avec la nonchalance cavalière qu'évoque le passage d'une voiture roulant lentement, cet incident n'a fait que rendre les Beatles encore plus fascinants.

Suzanne le fixa pour lui demander silencieusement : « Soyez sérieux. Comment pouvez-vous tirer de telles conclusions ? D'ailleurs, comment en sommes-nous arrivés là ? » Si cet homme et Joan Lilly devaient se rencontrer pour la première fois, Suzanne estimait que leur prise de position catégorique sur l'infériorité pathétique de Noel Coward envers les Beatles les unirait désormais jusqu'à la fin de leurs jours. Elle eût aimé commenter l'absurdité de tout cela, mais ne souhaitait pas participer à la conversation. Ces deux individus avaient déshonoré toute prise de position.

Pour une raison inconnue, ils en vinrent à parler de Winston Churchill, qui fut également traîné dans la boue. Un réalisateur de la télévision, dont Suzanne ne comprit pas le nom, affirma que sa célébrité était due au fait que la plupart des plaisanteries de l'époque lui étaient attribuées, parce qu'elles semblaient ainsi avoir plus de sel.

– Vous savez, expliqua-t-il, il est toujours plus drôle de commencer par : « Churchill a dit ».

Il s'avéra que Chris Hunt était également un spécialiste de Churchill, et il débita plusieurs citations. Suzanne se pencha vers Gustav Bozena et lui murmura :

– Il semble avoir consacré de nombreuses heures à la lecture.

Puis elle reporta son attention sur sa gauche.

– Je me demande vraiment pourquoi les téléspectateurs trouvent mon personnage antipathique, disait Selena. Je n'ai tué personne. Charles, mon mari, a déjà commis trois *meurtres,* au cours des épisodes précédents.

– Eh bien, je crois que les téléspectateurs n'aiment pas Dorothee ou, plus exactement, que cette femme les fascine parce qu'elle est la personnification de la fausseté, déclara Fred.

– Oh ? fit Selena. Voilà qui est extrêmement intéressant. Cela ne m'était jamais venu à l'esprit.

« Je dois graver l'instant présent dans mon esprit, se dit Suzanne. Je me trouve dans une demeure somptueuse de Bel Air. Nous sommes assis sous des Picasso, devant des assiettes contenant une soupe d'huîtres répugnante, et nous discutons du personnage de Dorothee *avec* Dorothee. »

Elle venait de parcourir du regard les trésors contenus dans cette pièce et de prendre conscience qu'elle ne possédait rien. Elle prit l'engagement de se le remémorer, la prochaine fois qu'on l'inviterait.

Elle porta les yeux sur Joan, qui semblait écouter un lointain concert de musique classique, puis elle étudia Chris. Elle le compara à un enfant âgé... quelqu'un qui aurait dû troquer son attaché-case contre un sac à dos, mais un sac à dos très « chic ».

Elle prit aussi conscience qu'il était son type d'homme et qu'elle finissait toujours par se retrouver avec des individus dans son genre. Ses amants avaient immanquablement cet air d'éternel étudiant en sciences. Elle se voyait presque leur téléphoner pour dire : « Tu as oublié ton becher et ta boîte de Petri chez moi. Veux-tu que je te les rapporte à la fac, demain ? » À présent, le vieil enfant racontait une plaisanterie.

– Selon vous, combien de surréalistes sont nécessaires pour visser une ampoule électrique ? demanda-t-il.

Il regarda autour de lui, sourcils levés et bouche ouverte. Après une brève pause, il répondit :

– Cheval.

Il y eut une autre pause, puis des rires.

– Quel esprit, commenta plusieurs fois Selena Warner.

Suzanne pivota vers Gustav Bozena.

– Amusant, dit-elle une seule fois.

Le metteur en scène l'approuva d'un hochement de tête modérément enthousiaste.

Elle envisagea de lui expliquer la plaisanterie, puis prit conscience de la difficulté de cette tâche et jugea préférable de s'en abstenir. Puis Fred demanda si quelqu'un connaissait des histoires de maquereaux. C'était le cas de Suzanne, mais elle le garda pour elle.

Fred Weaver était rayonnant.

– Deux maquereaux se rencontrent dans une rue.

Le premier dit : « Alors, ça va ? » et l'autre répond : « Pas mal, mais en ce moment je nage entre deux eaux. »

Il arbora un large sourire et attendit les réactions.

– Oh ! s'exclama Selena. Comme c'est amusant !

Tous eurent des rires chaleureux à retardement. Gustav semblait désorienté.

– Qu'est-ce qu'un maquereau ? demanda-t-il à Suzanne.

Elle hésita.

– Un poisson.

Il hocha la tête et regarda droit devant lui, l'air absent, visiblement occupé à chercher l'élément amusant de cette histoire à la lumière de cette explication. Mais Fred en racontait déjà une autre.

– Un maquereau entre dans un bureau de tabac et hurle à la buraliste : « Je voudrais une boîte d'allumettes ! » La femme le regarde et crie : « Pas si fort, je ne suis pas sourde ! Avec ou sans filtre ? »

Tous s'esclaffèrent, y compris Gustav qui se pencha vers Suzanne pour lui dire :

– Un poisson qui va acheter des allumettes ! Le célèbre *nonsense* anglo-saxon.

Le dessert arriva, des petits gâteaux qui baignaient dans une sauce à la framboise. Tous émirent des « Mmmmm » appréciateurs alors qu'ils mâchonnaient les pâtisseries, déglutissaient, et faisaient tinter leurs fourchettes contre la porcelaine. Suzanne commença par la sauce puis disséqua le gâteau afin d'étudier ses entrailles : une sorte de crème pralinée. Brusquement, des éclats de rire s'élevèrent de la table voisine. Suzanne vit Wallis se lever avec Brian Whitlock, un metteur en scène new-yorkais qu'elle guida vers leur table.

– Je suis certaine que vous connaissez tous Brian, fit-elle.

– Naturellement, répondit Selena Warner en hochant vigoureusement la tête.

Les autres émirent des borborygmes affirmatifs, indiquant ainsi qu'ils n'avaient jamais rencontré cet homme.

– Eh bien, je tiens absolument à ce que Brian raconte son histoire merveilleuse à tout le monde, expliqua Wallis. Je n'ai jamais rien entendu d'aussi extraordinaire.

Brian paraissait gêné.

– Il serait préférable que je me contente de la raconter. (Il tira une chaise et s'installa entre Selena et Fred.) Cela s'est passé la semaine dernière. J'étais invité à un concert, à Londres. Il s'agissait d'un de ces spectacles donnés au profit d'une œuvre humanitaire où tous étaient venus : Bowie, Sting, Elton John. Il ne manquait personne. Il y avait également le prince et la princesse de Galles. Je dois vous dire que j'étais très ému à la pensée de rencontrer la princesse.

» Ensuite, nous nous rendons à une réception, et je me retrouve à quelques pas d'elle. Conscient qu'elle doit m'entendre, je raconte quelques histoires drôles et je constate qu'elle me prête attention. Elle rit et je pense aussitôt : "Elle me trouve spirituel. Ça colle, entre nous." Je fais donc en sorte de lui être présenté, et la personne qui procède à cette formalité lui dit : "Je vous présente Brian Whitlock, qui a assuré la mise en scène de *The Punishing Blow*." Et la voilà qui répond : *"Vraiment ?"* J'apprends qu'elle a vu mon film.

» Je suis naturellement aux anges. Elle m'interroge sur le tournage, et je la fais rire – elle est pleine d'esprit –, quand brusquement j'entends crier : "Brian !" Sans en faire cas, je poursuis ma discussion avec la princesse de Galles, et voilà que j'entends à nouveau : *"Brian !"* Je regarde et je vois une Orientale affublée de lunettes de soleil ridicules qui vient vers moi. J'ignore de qui il s'agit mais il est évident qu'*elle* me connaît, et elle vient se placer entre la princesse et moi pour me dire : "Je m'appelle Yashimoto, je travaille dans le bureau qui se trouve juste en face du vôtre, à New York. Combien de temps comptez-vous rester à Londres ?"

» Je me penche vers la princesse pour déclarer à mi-voix : "J'ignore qui est cette personne", quand cette Yashimoto ajoute : "Je suis venue faire la promotion de ce spectacle, et demain je me rendrai à Lisbonne. Connaissez-vous le Portugal ?" La princesse s'éloigne, et Yashimoto précise : "Je n'arrive pas à croire que vous êtes ici, c'est une coïncidence extraordinaire !" Et je lui demande : "Savez-vous seulement avec qui je parlais ?" et elle répond : "Oh, je ne suis pas de ces gens qui se laissent intimider par n'importe qui."

Tous rirent, même Suzanne.

– Est-ce bien vrai ? demanda Chris Hunt.

– Voyons, répondit Selena pour le compte de Brian. Ce n'est pas le genre d'histoire qu'on pourrait inventer.

– Mais connaissiez-vous cette fille ? s'enquit Joan Lilly.

– Il est probable qu'elle travaille effectivement dans le bureau qui est situé en face du mien, dans le Brill Building.

Brian haussa les épaules. Comme tous semblaient avoir trouvé un sujet à même de les distraire, Suzanne décida d'en profiter pour faire une pause-toilettes. Il lui serait bientôt possible de rentrer chez elle. Sous peu, la cloche sonnerait la fin du cours de mondanités et elle pourrait partir en courant, les cheveux au vent, enfin libre…

Elle présenta ses excuses à Gustav et à toutes les autres personnes proches puis s'éloigna dans la vaste demeure. Découvrant qu'il n'y avait personne dans le petit vestibule, elle gagna le cabinet de toilette et s'y enferma. Le lavabo était en marbre rose et les parois tapissées d'un tissu assorti. Suzanne baissa l'abattant de la cuvette et s'y assit.

Elle entendit des pas dans le vestibule. Deux voix. Deux femmes, dont elle n'était séparée que par une porte. Elles semblaient s'être isolées pour faire l'historique de la soirée.

– As-tu remarqué, pour Selena Warner ? dit l'une. Elle a pris un sacré coup de vieux.

– Et ce taré qu'elle a trouvé pour mari ? dit l'autre.

– Enfin, tu sais ce qu'on dit. Les actrices qui travaillent pour la télé ne peuvent pas faire les difficiles.

Suzanne éprouvait désormais des difficultés à respirer. Le volume des voix décrut brusquement. Pourquoi ne pouvait-elle plus les entendre ? Elle colla l'oreille au battant.

– Je suis sincèrement désolée pour elle, disait l'une.

« De qui parlent-elles ? se demanda Suzanne. De moi ? »

– Voici déjà quelque temps qu'elle ne travaille plus et qu'elle vit seule, dit l'autre.

« Oui, c'est bien de *moi* qu'il s'agit ! pensa-t-elle. Ô mon Dieu, elles parlent de moi. Comment vais-je faire pour sortir d'ici ? »

– Pourquoi ne trouve-t-elle plus de travail ? C'est pourtant une actrice relativement valable, et elle doit avoir des relations.

Suzanne était au comble de l'humiliation. Sa respiration était hachée et rapide, comme celle d'une enfant malade.

– Tu ne le sais donc pas ? fit l'une des voix. Elle a pris beaucoup de poids.

« Tout le monde le sait ! Tout le monde en parle ! »

– Vraiment ?

– Oh, oui, quinze ou vingt kilos.

– Est-ce possible ?

« Oh ! pensa Suzanne. Qui ? Quinze ou vingt kilos. Oh ! »

Elle était à l'agonie. Qu'elle ne fît pas l'objet de cette conversation ne changeait rien à l'affaire. Cela revenait au même, compte tenu de ce qu'elle éprouvait. Elle devait rentrer chez elle. Elle tira la chasse d'eau et sortit. Ces deux voix appartenaient à des quadragénaires séduisantes qu'elle ne connaissait pas. Elle leur sourit et les salua de la tête au passage, en essayant de paraître très décontractée.

Elle envisagea de s'esquiver sans saluer personne, mais biffa cette possibilité en songeant à l'interprétation que certaines personnes ne manqueraient pas de donner à un tel départ. Elle regagna la salle à manger, où Wallis présentait Brian à une autre table. À présent, la plupart des convives gagnaient le salon en emportant cafés et digestifs. Suzanne attendit, et lorsque Brian reprit son anecdote elle parvint à capter le regard de leur hôtesse.

Wallis vint vers elle.

– Je ne me lasse pas d'écouter Brian raconter son histoire, déclara-t-elle. *Imagine un peu,* quelqu'un qui ose interrompre une conversation avec un membre de la famille royale d'Angleterre.

– Je faisais un voyage sous acide, quand on m'a présentée à la princesse Margaret, rétorqua Suzanne. Écoute, Wallis, je dois rentrer. La soirée a été formidable et le gâteau était excellent.

Wallis eut une moue.

– Si tôt ? Phil Esterbrook interprétera peut-être une de ses chansons. Tu es sûre de ne pas pouvoir rester ?

– Non, vraiment. (Suzanne laissa Wallis l'embrasser alors qu'elle se dirigeait vers la porte.) Je fais de la rétention d'eau pour deux personnes, et je dois leur rendre ce qui leur appartient avant minuit.

Lorsqu'elle enfila sa chemise de nuit et se glissa dans son lit, elle n'avait pas conscience que c'était dans l'intention d'y effectuer un très long séjour. Le dimanche après-midi, cependant, elle s'y était définitivement installée, avec des boîtes de soda vides s'empilant sur la table de chevet et la lente brûlure du tube cathodique qui marquait au fer rouge ses yeux vides.

– Hemingway avait besoin de prendre du repos, lui affirma sa mère par téléphone. De même que Paul Muni. Alfred Lunt se contentait quant à lui de se réfugier dans son jardin et de laisser sa femme répondre au téléphone.

Suzanne était toujours heureuse d'entendre sa mère la comparer à des célébrités comme Paul Muni ou Alfred Lunt. Elle s'enfonça plus profondément sous ses couvertures.

– Tu es comme moi, Suzanne, lui affirma sa mère. Il t'arrive seulement de te sentir surmenée. Il n'y a rien d'anormal à rester couchée quelques jours. Tu es une personnalité sensible, qui s'interroge constamment.

Suzanne se demanda à partir de quel moment elle avait cessé d'être une simple personne pour devenir une personnalité. Lorsque Norma lui avait fait la même réflexion, elle s'était rendu compte qu'elle s'en doutait depuis longtemps. N'avait-elle pas écrit dans son journal intime, à l'âge de vingt et un ans seulement : *Je fais le récit d'une existence que je vis avec peu d'empressement* ? Bercée par la voix de sa mère, elle se surprit à se remémorer la voix encore plus maternelle de son analyste, lors de leur dernière séance.

– Je crois que vous êtes fondamentalement une personne timide, effrayée, avait dit Norma en haussant les sourcils pour voir plus clair en elle. Vous semblez très ouverte, mais cela fait partie de votre besoin de tout contrôler. Vous voulez faire savoir à votre entourage que vous avez conscience de ce que vous êtes. Un peu comme si une obèse entrait dans une pièce en annonçant à la cantonade qu'elle est énorme.

Suzanne était restée allongée, rougissante de bonheur.

– C'est merveilleux, avait-elle dit en portant sur Norma un regard admiratif.

– Vous vous sentez excitée parce que vous disposez à présent d'une nouvelle vérité à révéler à vos connaissances. Cela va vous permettre de compléter votre petit numéro de franchise, qui n'a d'autre but que d'inciter vos proches à croire que vous n'essayez pas de fuir la réalité.

Suzanne avait eu des frissons. Norma venait de la cerner. Alors même qu'elle entendait ces nouvelles vérités sur son compte, elle les stockait dans la partie de son esprit où elle entreposait toutes les informations qui pourraient lui servir à se décrire à de nouvelles connaissances, ou à de vieux amis… mais sous un jour différent. Se décrire était pour elle un moyen d'exister. C'était ce qu'elle pouvait faire de mieux, en ce domaine, même si elle ratait toujours la cible. Elle avait secoué la tête et demandé :

– Alors, que me conseillez-vous de faire ?

– Rien. Que pourriez-vous essayer ? On ne peut lutter contre sa nature.

– C'est tout ? Je suis donc condamnée à perpétuité à feindre d'exister ?

– Je ne nie pas que nous avons encore beaucoup de travail devant nous. Naturellement, vous resterez toujours ainsi dans une certaine mesure. Vous vous êtes façonné une personnalité extrêmement compliquée, qu'il serait pratiquement impossible de remodeler totalement. Tel n'est pas le but recherché, d'ailleurs. Je veux simplement vous permettre de *ressentir* quelque chose, pendant les pauses qui se produisent entre vos séances de bavardage et de méditation. Il faut que vous parveniez à orienter votre vie, plutôt que de vous contenter de la suivre.

Suzanne revint au présent et entendit sa mère citer Jane Powell.

– ...et Shirley MacLaine, qui a pris plusieurs années sabbatiques. Écoute, ma chérie. Veux-tu que j'envoie Mary te préparer quelque chose ? Elle s'ennuie quand je ne suis pas en ville. Elle reste assise à la maison, à regarder la télé et à s'empiffrer de Fritos. Elle pourrait faire un saut chez toi pour te préparer un sandwich au bacon, ou des crêpes au poulet. On se sent toujours mieux avec l'estomac plein…

Elles décidèrent que Mary viendrait lui préparer un repas et effectuer un peu de ménage. Suzanne raccrocha, soupira et se tourna vers le téléviseur. Elle chercha la télécommande dans la literie, la trouva sous une pile d'oreillers et se mit à zapper, en quête de réconfort.

À son arrivée, Mary ramassa toutes les boîtes de soda vides qui encombraient la chambre. Suzanne aimait beaucoup Mary. Cette femme veillait sur elle depuis qu'elle avait six ans.

– Comment étais-je quand j'étais petite, Mary ?

– Une fillette adorable, répondit Mary en remontant les oreillers derrière la tête de Suzanne. Tu as toujours été une gentille petite fille. Bon, que veux-tu pour ton déjeuner ?

Suzanne passa commande d'un sandwich au bacon et d'un gâteau au chocolat. Mary gagna la cuisine et Suzanne bascula sur le côté. Elle se demandait pendant combien de temps elle resterait dans son lit et si elle s'éveillerait un matin – le *lendemain* peut-être –, pour rebondir dans sa vie avec ses forces recouvrées et ses peurs dissipées. Pour l'instant elle se sentait seulement épuisée et paralysée.

Elle aspirait tant à connaître la tranquillité ! Elle eût aimé devenir une de ces personnes qui allaient faire une promenade en fin d'après-midi pour écouter les oiseaux et les criquets et sentir respirer le monde. Au lieu de sortir, elle vivait dans sa tête, comme une folle enfermée dans une tour, et elle entendait le vent hurler dans ses cheveux en attendant qu'un Prince Charmant vînt enfin la libérer de ce qui la consumait. Elle disposait cependant de nombreuses preuves lui démontrant qu'elle menait une existence enviable. Son problème venait du fait qu'elle était dans l'incapacité de s'identifier à sa vie.

Elle souffrait d'une sorte de cancer de la perception.

Trouver le sommeil lui était à nouveau difficile, tant ses pensées tourbillonnaient et se bousculaient. Aussi loin que remontaient ses souvenirs, il ne lui avait jamais été aisé de s'endormir. Enfant, elle subissait la sieste obligatoire comme une peine de prison. Elle restait allongée dans son lit et étudiait les motifs de la tapisserie, s'interrogeant sur ce qui se serait produit si le ciel avait cessé d'exister. Il était probable que l'univers s'étendrait à l'infini, se répandant sur toute chose. Elle comparait en effet le firmament à un chapeau posé sur le monde, un couvercle qui empêchait son contenu de déborder.

Allongée dans son lit, Suzanne regardait désormais la télévision et attendait son sandwich au bacon, tout en poursuivant ses méditations sur l'infini.

Le mercredi, elle se sentait quelque peu défraîchie. Elle s'entrevit accidentellement dans le miroir de la salle de bains et crut voir un mollusque géant posé au sommet de son cou. « Est-ce un symptôme de l'anorexie ? se demanda-t-elle. Est-on anorexique lorsqu'on croit que sa tête est un calmar amputé de ses tentacules ? »

Elle se sentait bouffie. Le fait de se rendre régulièrement au gymnase lui avait permis de noter une métamorphose de son corps, mais elle redevenait à présent flasque et informe.

– Caspar le poulpe, fit-elle à haute voix.

Suzanne se reconnut à sa voix. Elle ne se sentait proche de son être que lorsqu'elle parlait. Elle devait son existence au son. Voir son reflet l'avait surprise parce qu'elle ne s'identifiait pas à son corps. Elle ne correspondait pas à son aspect mais à ce qu'évoquaient ses paroles. C'était la raison pour laquelle Suzanne se sentait toujours désemparée devant la penderie. Que devait-elle mettre ? Vêtir une voix n'était pas une tâche aisée.

Elle gagna sa garde-robe, cette boîte de Pandore pleine de possibilités, et eut une réaction instinctive. « Je n'ai rien à me mettre. » C'était cependant faux. Elle disposait d'un grand nombre de vêtements, même si ces derniers n'entraient pas dans la bonne catégorie. Mais elle savait qu'elle dénicherait un jour la tenue dans laquelle il lui serait possible de donner un sens à sa vie. Pas à toute sa vie, sans doute, pensa-t-elle en regagnant son lit, mais au moins aux épisodes qu'on vivait habillé.

Vers midi, Lucy l'appela de New York. Son amie s'y était rendue quinze jours plus tôt pour retrouver l'homme marié avec lequel elle avait actuellement une liaison. Lucy s'était maintes fois donné la peine de lui expliquer pourquoi elle préférait les hommes mariés aux célibataires : « Avec eux, il n'est pas nécessaire de se livrer corps et âme. »

– Je l'ai rencontré pendant le tournage de ce téléfilm, *Du sang sur la neige,* expliqua Lucy. Tu sais, cette histoire de meurtre dans une station de sports d'hiver. Il était l'assassin et il me poursuivait, et j'ai trouvé cela très romantique. Ce que je veux dire, c'est qu'il n'était pas un tueur comme les autres. Il parvenait à rendre son personnage sympathique. Nous tournions dans l'Idaho, et le fait d'être en déplacement semble s'accompagner d'un visa pour la débauche.

– Tu es une dévoreuse de stars, répondit Suzanne.

– Les célébrités m'attirent, je dois l'admettre. Mais je ne suis pas une dévoreuse de stars, disons plutôt une dévoreuse de *talent*. Et ce type en a à revendre. Son registre est plutôt limité, j'en conviens, mais les spécialistes sont presque toujours plus intéressants que les généralistes.

– Scott Hastings. Il s'agit d'un pseudonyme, n'est-ce pas ?

– Non. En fait, son prénom est Robert. Robert Scott Hastings.

– Bob Hastings. Ce nom irait à merveille à un militaire de carrière, un *colonel*. Je ne m'étonne plus qu'il en ait changé. Et sa femme, elle est avec vous ?

– Ouais. Ils ont loué une maison dans le Connecticut, mais Robert passe la plupart de son temps en ville pour les répétitions de sa pièce.

– Un autre homme marié, soupira Suzanne. Je dois t'avouer que je n'ai guère apprécié le dernier.

– Earl ? Vraiment ? Il ne t'a pas plu ? Je croyais que tu le trouvais à ton goût.

– C'est ce que je t'ai dit. Je n'avais pas le choix, étant donné que tu étais folle de lui. En fait, l'amour que tu lui portais était largement suffisant pour nous deux. Que s'est-il passé, avec lui ?

– Il a commencé à prendre ses distances. Il s'est montré plus indépendant que je l'aurais souhaité. Pour que je puisse m'intéresser à un homme, il est indispensable qu'il ne soit pas trop fiable. Quoi qu'il en soit, il a poussé sa conception de la liberté au point d'avoir une liaison avec Isabel Hasbar.

– L'actrice anglaise ? La sœur de Reginald Fleemer Hasbar ?

– Oui. L'épreuve a été pénible, mais d'une certaine façon intéressante. J'avais l'impression que c'était un élément indispensable du processus et…

Attends, j'ai un autre appel… C'est lui, je dois répondre.

– Salue le colonel de ma part.

Mais Lucy avait déjà raccroché. Suzanne changea de chaîne et vit des jeunes gens occupés à faire l'amour. La fille ouvrit les yeux et regarda par-dessus l'épaule du garçon juste à temps pour voir un homme les empaler tous les deux avec un pieu.

Suzanne tourna la tête et parcourut du regard l'horizon de sa chambre. Sa maison la rendait folle depuis quelque temps. C'était toujours ainsi quand elle se retrouvait sans amant. Tout d'abord, les rideaux laissaient filtrer la clarté matinale et il lui fallait alors entasser des oreillers sur sa tête. Mais elle estimait également qu'elle avait un trop grand nombre d'oreillers, et qu'ils manquaient de moelleux. Un des tableaux, au-dessus du lit, avait un accroc dans sa toile.

Il y avait encore les deux taches orange de soda sur la moquette blanche. Le boîtier du détecteur de fumée était cassé. Il restait trop de fils électriques qu'elle n'était pas parvenue à dissimuler et un grand panier plein de cassettes trônait près de la chaîne hi-fi. Il y avait tout simplement trop d'objets dans cette pièce. Des choses qui envahissaient tout, telles des tumeurs malignes.

Elle reporta les yeux sur l'écran du téléviseur et le scruta, semblant y chercher un signe. Un signe de vie. Deux hommes se battaient. L'un d'eux passa à travers une baie vitrée et elle reconnut les traits ensanglantés de Graham Davies, le premier de sa série de trois amants acteurs. Graham avait été le plus gentil du lot… en fait, il avait été son seul amant gentil, parce que Suzanne était une de ces femmes malchanceuses pour qui les hommes n'avaient de l'intérêt que s'ils étaient de véritables salauds. Elle avait assimilé la leçon, depuis. Elle trouvait les indésirables désirables. Elle recherchait les hommes les plus infects, puis maugréait comme s'ils lui avaient été attribués par le gouvernement. Mais au moins avait-elle alors l'impression de vivre, même si c'était un cauchemar.

Elle zappa. Deux femmes en tenue de cheval discutaient sur une colline. Suzanne en connaissait une. Elle avait pris de la cocaïne avec elle, à Londres, lors d'un concert de David Bowie. Elle se souvenait que la fille portait une robe très transparente, ce soir-là. Elle avait été également présente quand Suzanne était sortie pour la première fois avec son deuxième acteur. La télévision était pleine de souvenirs, c'était un journal intime visuel. Si elle la regardait assez longtemps, elle verrait peut-être toute sa vie défiler lentement devant ses yeux. La fille qu'elle connaissait entreprit de se masturber à l'intérieur d'un autocar.

Elle reprit la télécommande et vit Ronald Reagan descendre d'un hélicoptère et saluer la foule, puis mettre sa main en cornet contre son oreille et hausser les épaules, pendant qu'un chien tirait sa femme au loin, au bout de sa laisse. Suzanne eut une révélation et comprit pourquoi il l'avait épousée. Mme Reagan était anguleuse. Avec sa tête pointue et ses traits en lame de rasoir, elle l'achevait sans qu'il eût à saigner jusqu'à la fin du grand film. Elle lui apportait l'énergie lui faisant défaut.

Il souriait et agitait toujours la main. Il est le goutte-à-goutte de la Maison-Blanche, se dit-elle. Docteur Reagan, au chevet d'une nation mourante. Suzanne zappa et un autre acteur, qu'elle ne put cette fois reconnaître, apparut sur l'écran et expliqua que les metteurs en scène n'existaient pas. Il était extrêmement convaincant, mais c'était un travail d'acteur. On pouvait parfois s'y tromper. Certains comédiens mettaient cet accent de conviction dans leur voix alors qu'ils se trouvaient dans le cadre de la vie réelle, et ils finissaient par croire ce qu'ils racontaient. Elle passa sur MTV en effectuant un détour par la 11, où débutait un film : *The Tattered Dress*. Elle regarda un clip de Bryan Adams et se demanda quelle eût été sa vie avec un tel homme. Finalement, elle revint à la fille du début. Ce film laissait à désirer, mais elle se sentait plus détendue en présence de quelqu'un qu'elle connaissait, même si c'était de façon superficielle. La fille en question expliquait à présent dans quelles circonstances elle avait fait l'amour avec son oncle.

Suzanne regarda la table de chevet sur laquelle se trouvaient un sachet de chips, quelques biscuits diététiques, une boîte de gaufrettes à la vanille, deux verres vides et un troisième à moitié plein de jus d'orange vieux de deux jours, une boîte entamée de Diet Coke éventé et un pot de beurre de cacahouettes. Elle y plongea deux doigts.

Le téléphone sonna. Elle attendit les trois sonneries de confirmation puis décrocha et demanda sur un ton à la gaieté presque convaincante :

– Allô ?

– Allô, chérie ? fit une voix au timbre familier. C'est Doris.

– Quel Doris ? Mon oncle ou ma mère ? Étant donné que vous vous appelez tous Doris, dans cette famille, on a tendance à s'y perdre…

– Comment te sens-tu ? l'interrompit sa mère. Je viens d'exposer ton cas au Dr Feldman et il pense à une allergie alimentaire. Ne serait-ce pas merveilleux ? Tu n'aurais qu'à supprimer les aliments auxquels tu es allergique pour pouvoir te lever. Que manges-tu exactement ?

– Des choses qui conduisent inévitablement à une mise hors circuit.

– Ne plaisante pas avec ça, ma chérie. Souviens-toi de *mes* allergies. Avant que je ne découvre que les coquillages étaient en cause, mes lèvres enflaient et ma langue gonflait comme un ballon. Ils devaient alors m'administrer des stéroïdes ou d'autres trucs de ce genre. Il est possible que ta fatigue soit due à ton alimentation.

– Existe-t-il un plat qui rende apathique et angoissée ? s'enquit dubitativement Suzanne.

– Tu sous-estimes les effets des allergies alimentaires, ma fille. J'ai dit au Dr Feldman que tu lui téléphonerais.

– Voyez-vous ça ! Dire que je me rends régulièrement chez ma psychanalyste depuis tant d'années et que tous mes ennuis viennent peut-être du thon en boîte !

Le dimanche en fin d'après-midi, son neuvième jour passé au lit, Suzanne regardait un vieux film en noir et blanc avec Joseph Cotten et Ginger Rogers quand le téléphone sonna. Elle décrocha à la première sonnerie.

– J'écoute, dit-elle.

– Et si j'étais un type ? demanda Lucy. Je m'imaginerais que tu es désespérée.

– Je le suis. Es-tu de retour ? Je croyais que tu devais passer tout l'été à New York, auprès du colonel Bob.

– En été, cette ville est invivable. Et, de toute façon, il est retourné auprès de sa femme.

– Tu en souffres beaucoup ? s'enquit Suzanne avec compassion.

– Non, pas trop encore, mais je bénéficie toujours d'un sursis émotionnel. Je suis rentrée chez moi et me suis couchée. Quand l'impact m'atteindra, je serai déjà installée, comme pour une mauvaise grippe.

– Je compte pour ma part battre un record du monde, fit Suzanne. Je n'ai pas quitté mon lit depuis plus d'une semaine. Je compare ma vie à celle d'un coton-tige solitaire oublié au fond d'une armoire de toilette.

– À qui ai-je l'honneur de parler ? Sylvia Plath ?

– Sylvia Papp, la femme de Joe. Pourquoi ne pas venir te morfondre avec moi ?

– Je vais faire ma déprime. Je serais incapable de conduire.

– J'envoie quelqu'un te chercher.

Une heure plus tard, une limousine noire quitta Outpost pour s'arrêter dans l'allée de la maison de Suzanne. Lucy, qui se trouvait en chemise de nuit, entra dans la demeure par le garage, se dirigea vers la grande chambre et grimpa aussitôt dans le lit.

– Il est possible que les acteurs sachent jouer la comédie, mais la plupart d'entre eux ignorent les règles les plus élémentaires du savoir-vivre.

– Alors ? demanda Suzanne. L'impact a été dévastateur ?

– Il est encore un peu tôt pour se prononcer. Je ne sais pas si le fait d'être plaquée par un comédien pourrait avoir un effet *dévastateur*, mais je me sens d'autant plus humiliée qu'il n'est pas un grand acteur. Cet homme est plus à sa place à la télévision qu'au cinéma, et c'est moins reluisant que d'être plaquée par une véritable vedette. Quand Andrew Keyes m'a quittée, par exemple, eh bien... c'était *Andrew Keyes* et j'avais une anecdote à raconter à mes amies.

– Tu n'as pas couché qu'avec des acteurs, il me semble, fit remarquer Suzanne tout en offrant un bol de vieux pop-corn à son amie. Je crois me souvenir que tu es également sortie avec un notaire.

– Bill Taft. Ouais. Un type *assommant*. Il me parlait toujours de trucs sans intérêt, comme de raser des kilomètres carrés de forêts au Canada. Voilà les sujets de conversation qu'il trouvait pour me *distraire*. Il m'est arrivé de souhaiter tomber raide morte dans ma salade au cours de certains dîners passés en sa compagnie.

Suzanne se pencha pour récupérer la télécommande et changer de chaîne. Son amie Amy Baxter apparut sur l'écran, dans un épisode de la série *Chérie, c'est moi !*.

– Et que penses-tu de la liaison entre Amy et son directeur artistique ? demanda-t-elle.

– Ça ne durera pas. Amy a déployé toute son énergie pour le prendre dans ses filets, et à présent qu'elle est parvenue à ses fins elle restera probablement quelque temps avec lui, mais uniquement parce qu'il serait gênant de le plaquer tout de suite. Connais-tu quelqu'un qui semble s'ennuyer autant qu'elle ?

– Ce n'est pas de l'ennui, c'est Amy... Ce type est *formidable*. Intelligent, beau garçon, gentil mais pas trop, juste ce qu'il faut. En outre, il est riche, il a des relations, et il fait preuve d'un rare bon goût sur le plan vestimentaire. Ce n'est pas comme si elle l'avait gagné à une tombola. Il est super, mais tu connais Amy. Elle cherche toujours *mieux*. Si un gars encore plus exceptionnel débarque à Hollywood, elle le voudra. Amy doit en permanence garder approximativement trente pour cent de son être en réserve dans cette éventualité.

– Tu te souviens de Sam Einsenberg ? fit Lucy en riant. Elle a traversé sa vie comme la foudre.

– Tu sais quel type il lui faudrait ? Todd Zane. Elle devrait essayer. Ce serait terrible.

– As-tu couché avec lui ?

– Todd Zane ? Non. Et toi ?

– Ouais. Il est formidable. À le croire, on lui aurait dit qu'il faisait des pipes comme une fille.

– Vraiment ? Et qu'est-ce que ça signifie ? Qu'il est valable ?

– Je suppose.

Lucy fourra du pop-corn dans sa bouche, avant d'ajouter :

– Je pense parfois que je suis un peu trop portée sur les hommes.

– Pourrais-tu aller me chercher un Coke ? lui demanda Suzanne d'une petite voix. Je n'ose pas passer devant le miroir. Mes cheveux sont si poisseux qu'ils me font penser à des spaghetti.

Lucy gagna la cuisine et en revint avec deux boîtes de Diet Coke.

– La dernière fois que j'ai fait l'amour avec Scott Hastings – excuse-moi, avec le *colonel* Hastings –, nos ébats ont duré trois heures.

– Tu aimes ce sexe-cauchemar qui n'en finit jamais, dit Suzanne. Tu assimiles un homme à un sac de picotin. Tu le colles sur ta bouche et tu te livres à lui comme... comme je m'abandonnais autrefois à la drogue.

– Il m'arrive de penser que je souhaite en fait

trouver un type infect et réussir à le rendre tendre avec moi. Ou encore un brave type qui soit un peu salaud sur les bords. Mais la plupart d'entre eux deviennent gentils presque tout de suite, ou restent trop longtemps de vraies ordures.

– Je crois que je ne suis pas faite pour vivre avec un homme. Et ce n'est pas une pensée en l'air. Je ne pourrais pas rester avec le même type toute mon existence. Je ne parvenais déjà pas à les supporter quand j'avais l'âge idéal pour ce genre de choses. Réfléchis un peu : quelle chiffe molle pathétique accepterait de ramper dans le cloaque de ma personnalité et de s'installer dans mes meubles ? (Elle ouvrit son Coke et en aspira une goutte, semblant sucer le venin d'une morsure dans l'aluminium.) Je me crois sur le point d'accepter le fait que je resterai vieille fille et que je finirai mes jours devant un téléviseur. Voilà la dernière chose que je verrai, avant de mourir. (Elle désigna l'écran, puis eut un rire.) Rob Lowe, dans *St. Elmo Fire*. Je serai dans un hôpital et ils martèleront ma poitrine dans l'espoir de remettre mon cœur en marche, et moi je regarderai le petit écran et verrai ce film. C'est mon destin, il est écrit.

– Je sais quant à moi que je deviendrai une de ces vieilles folles qui s'installent sur leur balcon pour cracher sur les passants et leur crier : « Va te faire couper les cheveux ! » Je le sais, et ça ne m'effraie pas outre mesure. J'aimerais simplement suivre cette pente fatale avec le plus de dignité et de sérénité possible.

Sur MTV, ils passaient le dernier clip d'une jolie chanteuse dont l'imprésario faisait de la figuration dans plusieurs scènes. Suzanne avait connu cet homme au lycée. Sa cousine lui avait fait une fellation, un soir, mais c'était avant qu'elle ne découvre Jésus et que ce dernier ne la dissuade de rendre ce genre de services aux garçons.

– Est-ce que tu te souviens quand tu te préparais à sauter à la corde ? Deux filles la faisaient tourner et il fallait attendre exactement le bon moment pour entrer. Eh bien, c'est ce que je ressens à longueur de temps.

– J'ai encore l'espoir de finir par mûrir.

– Mûrir ? Quelle maturité peut-on encore acquérir après trente ans ?

– C'est peut-être hormonal.

– Ou d'origine allergique. Ma mère peut avoir raison. Le thon en boîte, vous dis-je.

– Il est encore possible que nous fassions une dépression nerveuse. Une dépression nerveuse contrôlée.

– Je ne sais pas. Je ne me sens pas tellement nerveuse, ni déprimée. Je définirais plutôt cela comme une baisse de pression, un besoin de tranquillité. Une pause-dodo. Voilà ce que c'est : une pause-dodo nerveuse. Et pas si nerveuse que ça, tout bien pesé.

– J'ai comme l'impression d'avoir compris la leçon. Je l'espère, en tout cas. J'ai pu connaître une rédemption. Il est possible que Scott Hastings ait été mon rédempteur et qu'à l'avenir je me sentirai à l'aise dans mon existence comme un poisson dans l'eau tiède.

– C'est une chose fréquente dans les films. Un événement vient bouleverser la vie du personnage principal et ce choc brutal fait dévier le cours de son existence. Mais la situation est bien différente dans le monde réel. On reçoit un choc, mais rien ne change et on se demande : « Alors, et cet impact ? » Cela se produit fréquemment, mais reste sans effet.

– Il est possible que nos vies en soient influencées, et que nous ne puissions pas nous en rendre compte parce que nous sommes les principaux intéressés. Il se peut que nous vivions actuellement la fin d'une période de notre existence et le début d'une autre, mais que nous ne le sachions pas encore.

– Une décision s'impose, déclara Suzanne sur un ton brusquement grave. Nous ne quitterons ce lit qu'après avoir établi des projets pour la deuxième moitié de nos vies. Il s'agit d'une sorte d'interlude.

– Il risque d'être long, compte tenu du merdier que nous avons semé. Nous avons déjà la trentaine et nous sommes-nous seulement fixé un but à atteindre ? Je n'en ai pas l'impression.

– Nous pourrions puiser de l'inspiration à la télé. C'est une source de principes moraux et d'idéaux en tout genre.

– Vraiment ? J'ai souvent regardé la télé, mais je ne m'en étais jamais rendu compte. Il est cependant possible que je n'aie pas su le reconnaître.

– Tu ne devais pas regarder les bonnes chaînes.

– Alors, c'est entendu. Nous allons rester dans ton lit et regarder la télévision, les *bonnes* chaînes, pour y puiser les valeurs qui seront à l'avenir les nôtres. Voilà un projet vraiment valable.

Suzanne soupira.

– Nous n'avons pas de vies. C'est bien Freud qui a dit que pour savoir si les gens sont ou non sains d'esprit il suffit de déterminer si leur folie influe sur leur vie amoureuse ou professionnelle ? Voilà les deux domaines révélateurs. Cependant, nous n'avons ni amour ni travail.

– Faut-il en déduire que nous sommes folles ?

– Il est indubitable que nous… avons un problème. Nous sommes défectueuses. Quelque chose est tombé en panne à l'intérieur de notre crâne et une réparation s'impose. Il existe peut-être une façon de considérer notre situation sans devoir nous affliger d'être sans travail, ou d'être condamnées à rester à jamais vieilles filles. Si c'est le cas, nous devrions nous renseigner.

– La nuit dernière, j'ai rêvé que j'étais dans une voiture sans phares ni freins, dit Lucy. Je roulais à tombeau ouvert au cœur de l'obscurité.

– Ce qui signifie ?

– Je n'ai pas besoin d'aller consulter ta Norma pour le déduire, répondit Lucy qui ne s'était jamais rendue chez un psychanalyste. Je suis incontrôlable. Je sais au moins cela sur mon compte. Et quand je deviens incontrôlable, je me raccroche à ce qui me semble stable, autrement dit aux hommes mariés. Et comme ma fonction consiste à les rendre instables, j'essaie de les ébranler… En parlant de Norma, ça se passe comment avec elle ?

– Elle voudrait que je dirige ma vie, au lieu de me contenter d'aller où elle me mène. Mais Norma est absente depuis quinze jours. Comme je suis en manque de psy, j'ai pensé à m'allonger et me psychanalyser moi même. Je n'ai pas besoin de conseils. Oh, j'aime bien te parler, mais je n'ai pas l'impression que tu aies quoi que ce soit de pertinent à me dire.

– Merci. C'est vraiment aimable de ta part. Eh, j'ai entendu dire que Jack Burroughs tourne *Ziz ! II*. Où en sont tes relations avec lui ?

– Elles n'ont pratiquement jamais existé. C'était seulement une théorie que nous avons partagée quelque temps. S'il s'était agi d'une liaison véritable, nous ne l'aurions apprécié ni l'un ni l'autre. C'est pourquoi nous avons fait en sorte que nos rapports restent superficiels. Nous nous sommes contentés de parler de ce qui n'existait pas.

– Qui a mis un terme à cet échange de vues ?

– Moi. Je me suis brusquement interrompue en plein milieu d'une phrase. Je venais d'estimer que le moment était venu d'en finir. Tu sais, j'ai toujours pensé qu'il fallait s'efforcer d'établir des liens durables, mais il existe différentes catégories de travaux : la restauration et le *gros œuvre*.

– Tous les hommes sont formidables tant qu'on ne les connaît pas vraiment. Ce qui est fantastique, c'est ce qu'on croit qu'ils pourraient devenir.

– As-tu couché avec Jack ?

– Non. Nous avons folâtré un peu, un soir, mais quelqu'un nous a dérangés et nous en sommes restés là. Nous étions tous les deux vraiment défoncés.

– Intéressant. Tu n'as jamais couché avec Jack Burroughs et je n'ai pour ma part jamais couché avec Todd Zane. Nous sommes deux exceptions.

– Crois-tu que nous soyons les seules dans ce cas ? Crois-tu qu'il y a dans ce pays une autre fille qui n'a jamais fait l'amour avec Jack ou avec Todd ?

– Probablement, et je parie que nous la rencontrerons un de ces jours. L'ennui, c'est que nous ne saurons même pas quel est notre point commun.

– Je voudrais te poser une question. Tu ne nous trouves pas un peu pathétiques, ainsi couchées dans un lit en face d'un téléviseur ?

– Si. Mais j'estime que lorsqu'on décide quelque chose, il ne faut pas le faire à moitié. Les gens n'osent plus être pathétiques, de nos jours.

– Il serait peut-être préférable de ne parler de

cela à personne avant d'avoir la certitude que le pathétisme est la meilleure des solutions.

– Nous devrions en profiter pour explorer à fond tout ce qu'offre l'inaction. Les gens qui ne font pas grand-chose sont légion, mais je ne connais personne qui ait le cran de ne faire *absolument* rien. Nous sommes les pionnières du néant absolu, les nouvelles femmes, les prototypes de la Femme de cette fin de siècle, sans rien ni personne. Considère un peu la situation sous cet angle. Nous avons consacré des années à tenter de rafistoler nos vies, à coucher avec n'importe qui, et à nous démener au maximum des possibilités de nos systèmes nerveux, et voilà que nous nous retrouvons seules et sans emploi. Dès l'instant où c'est pour en arriver là, je trouve qu'il est superflu de se fatiguer. Nous devons nous efforcer de réprimer tous les stimuli et de nous laisser guider par notre instinct. En raison du fait que nous vivons à Hollywood, nous n'avons pas mis ce dernier à contribution depuis longtemps. Nous avons calqué nos réactions sur celles de notre entourage. Nous avons vu comment réagissaient les autres et les avons imités, pour les battre sur leur propre terrain.

Elle soupira.

– Bla, bla, bla. J'espère seulement qu'aucune mouche du tiers monde n'est entrée dans cette pièce. Si quelqu'un appartenant à une autre culture – je parle de tout ce qui n'est pas spécifiquement hollywoodien – pouvait entendre cette conversation, nos propos confirmeraient les pires de ses soupçons.

– J'ai parfois l'impression d'être une enfant gâtée, déclara Lucy. Il me semble que je suis quelque chose qu'on a laissé trop longtemps au soleil. Mais je trouve notre acte d'hibernation encourageant. Alors, quelle sorte de revanche pourrais-je prendre sur ce salopard de Scott Hastings, à ton avis ?

– Je crains que ce ne soit pas très indiqué pour favoriser l'élévation de la conscience.

– Ça me soulagerait, cependant. Je reconnais que c'est probablement très mal, mais mon karma est déjà fortement déficitaire. Autrement, pourquoi aurais-je été condamnée à vivre dans la peau d'une actrice qui n'aime que des hommes qu'elle laisse indifférents et qui passe son temps à attendre vainement d'obtenir un rôle ? Bon sang, je voudrais me venger de ce salopard ! Je me demande seulement si je me sentirais vraiment mieux ensuite. En outre, tu ne dois pas avoir un karma exceptionnel, toi non plus... puisque tu te retrouves avec moi. Allons, on fait quitte ou double avec le mauvais karma.

– Tu es folle ! s'exclama Suzanne en riant.

– Je veux lui téléphoner pour lui ordonner de ne jamais me relancer.

– J'ai déjà essayé ce truc. Ne le vois-tu pas ? Nous sommes assez intelligentes pour trouver des justifications à nos actes les plus stupides. Des arguments comme : « Étant donné que je suis en colère contre lui et que je n'ai pas eu l'occasion de le lui dire, il en découle que je contiens ma rage et fais une dépression. Pour me sentir bien à nouveau, il suffit que je me défoule en lui téléphonant. » Nous croyons qu'en donnant un semblant de bon sens à nos actes, nous sommes autorisées à agir de façon ridicule.

– Tu as peut-être raison. J'ai parfois envie de fredonner *La Marseillaise* pour accompagner tes paroles. Mais je me sens angoissée parce qu'il est célèbre, que sa notoriété devrait logiquement continuer de grandir, et que j'aurai alors raté quelque chose.

– Tu plaisantes, j'espère ? Tu confonds célébrité et succès. Ce type est un homme fini. Il incarne toujours des assassins gentils et un peu fêlés, et quand on se met trop longtemps dans la peau de certains personnages, ces derniers finissent par déteindre sur la personnalité. Tu l'as échappée belle. En outre, c'est un demeuré. Il refuse d'admettre que ses interlocuteurs peuvent avoir raison. Il n'est pas du genre à dire : « Oh, évidemment, voilà qui est intéressant, vous m'avez donné à réfléchir. » Non, c'est un gars borné qui se contente de demander : « Quelle est votre opinion, au fait ? » Je te garantis que si tu lui téléphones, la conversation sera désagréable, et que lorsque tu raccrocheras le combiné tu auras fortement l'impression d'être une conne.

– D'accord, d'accord. Nous nous en tiendrons à notre premier projet. Ne rien faire. L'Opération retour aux sources.

– Nous serons comme ces Indiennes qui vont s'isoler dans la forêt pour avoir leurs bébés, sauf que nous n'avons ni forêt ni bébés à notre disposition, et que nous ne sommes pas des Indiennes. Mais, ces détails secondaires exceptés, il faut convenir que la ressemblance est frappante.

Elles dormirent dans des chambres différentes, étant donné qu'elles étaient toutes deux accoutumées à occuper seules des lits démesurés. Au matin, Suzanne s'éveilla deux heures plus tôt qu'elle ne l'eût souhaité et chercha une position plus confortable dans son lit jusqu'au moment où Lucy apparut sur le seuil et lui demanda :

– Pourrais-tu me dire s'il n'y avait pas d'air dans ma chambre ou si j'ai tout respiré ? (Elle entra et ajouta :) Es-tu en pleine forme ?

– Comme toujours, répondit Suzanne. Je déborde d'énergie, c'est seulement la jauge de mon moral qui est sur zéro.

– Écoute, j'ai longuement réfléchi à la situation. (Lucy vint s'asseoir sur le lit. Elle portait un pyjama de Suzanne qui la gênait aux entournures.) Si nous restons cloîtrées dans cette maison, ce sera un aveu de défaite. J'estime que si nous voulons prendre un nouveau départ, il faudrait au contraire lui insuffler une certaine énergie.

– J'aimerais que ce soit plus facile. Pourquoi ne pas aller nous installer dans un centre universitaire, donner des cours d'art dramatique, et faire l'objet de l'adoration de nos élèves ?

Lucy ne releva pas ses paroles.

– Tu t'es accordé une gestation de neuf jours. Je sais que ce ne sont pas les neuf mois réglementaires, mais le moment est venu d'abattre ces murailles d'apathie. Allons dévaliser les magasins. Il faut nous équiper pour affronter la deuxième partie de notre existence. J'ai déjà demandé un taxi. Je vais passer chez moi pour me changer.

Suzanne eut l'impression que son lit commençait à être crasseux.

– Je dois admettre que ma stratégie était plus défensive qu'offensive.

Elle s'assit. Le taxi demandé par Lucy s'arrêta devant la maison et deux coups d'avertisseur se firent entendre.

– Eh bien, c'est d'accord, ajouta-t-elle. Mais à condition que tu attendes que je me sois lavé la tête. J'ai horreur d'être seule quand le souffle brûlant du sèche-cheveux traverse en gémissant mon crâne vide.

– Je vais aller dire au chauffeur de nous attendre, fit Lucy.

Deux heures plus tard elles roulaient dans Beverly Hills à bord de la Honda de Lucy. Suzanne devait admettre qu'elle se sentait mieux, hors de chez elle. Tout en séchant ses cheveux, elle avait laissé un nouveau message pour son répondeur : « Je suis sortie, afin de ne pas avoir à répondre », et cet éclair de créativité lui avait rendu un peu d'espoir.

– Mon moral remonte lentement, comme un petit avion alourdi par un fret trop important.

Elle portait sa tenue d'assaut des magasins : une tunique en cotonnade bleue fendue sur les côtés, un pantalon noir et une ceinture bleue. Suzanne ne mettait que des vêtements bleus et noirs. Elle définissait son style par le terme « contusionné ».

Lucy portait une tunique crème et un pantalon corsaire noir. Elle s'était en outre munie d'un sac qui tenait parfaitement sous son bras et avait tressé ses cheveux en nattes. Ceux de Suzanne étaient maintenus en arrière par une barrette.

– Je n'arrive pas à comprendre comment tu parviens à te faire ces nattes, avoua Suzanne. Tu donnes l'impression d'être esclave de ton apparence.

– Tu es stupide. Tu es jolie et tu refuses d'admettre que tu essaies de te mettre en valeur. Tu veux sembler belle naturellement.

– Je ne peux m'empêcher d'avoir horreur de boutonner des vêtements et d'enfiler des bas. Je trouve le processus trop long et fastidieux. Je rentre dans ma penderie et j'ai brusquement l'impression d'être devenue un géant qui n'a à sa disposition qu'une garde-robe de fillette et qui pense : « Comment vais-je pouvoir mettre ça ? » Je me demande alors chez qui je me trouve.

– Il y a combien de temps que tu te rends chez ta psychanalyste ?

– Nous n'avons pas encore abordé le problème des courses et des vêtements. Norma ne me donne aucun conseil vestimentaire.

– Elle le devrait. C'est tout de même plus important que le reste.

Suzanne resta un instant silencieuse.

– Je crois choisir ma tenue en fonction des désirs de mon esprit. Pourquoi faudrait-il qu'une jupe plaise à mes jambes, d'ailleurs ? Je n'ai pas l'impression que mon moi réside dans mes cuisses ou mes mollets. J'assimile le choix de mes vêtements à une décision gouvernementale, c'est une chose qui ne dépend pas de moi. Mais je raconte n'importe quoi, ne fais pas attention. Je suis comme ça.

– C'est une façon adroite d'éluder la vérité. (Lucy quitta Santa Monica Boulevard pour prendre Rodeo Drive.) Tu es tout simplement paresseuse, ajouta-t-elle en garant la voiture. Mais le passé est le passé, et nous devons désormais penser à l'avenir et aux magasins qui nous attendent, brillants de mille feux.

Elles entrèrent dans la Bottega Veneta. Suzanne aimait l'odeur du cuir, et elle pensa un instant acheter des sacs à main de toutes les couleurs. Elle envisagea également d'organiser un jour une vente aux enchères pour se débarrasser de tout ce qu'elle n'utilisait jamais, autrement dit la plupart des choses qu'elle possédait.

Elle regarda Lucy étudier des châles et pensa que

son amie avait fière allure. Elle savait comment s'habiller pour paraître plus mince. Elle était une experte pour se mettre en valeur. Son port de tête était irréprochable et elle ne le modifiait pas en fonction des éventuelles imperfections de son visage. Même ses ongles étaient parfaits, alors que Suzanne semblait toujours avoir coupé les siens en prévision de l'obtention d'un poste de dactylo, puis avoir changé d'avis et décidé de les laisser repousser.

Elle se promenait et regardait les sacs à main en priant le ciel pour qu'aucune vendeuse ne vînt lui demander si elle pouvait lui être utile. Si une telle chose avait été possible, il eût fallu faire des offres de services bien des années plus tôt, estimait-elle. Suzanne était assez célèbre pour être reconnue, mais elle se sentait malgré tout obligée d'impressionner les vendeurs en effectuant des achats déraisonnables.

Lucy, par contre, était économe. Tout en la regardant marchander avec une vendeuse le prix d'un châle, Suzanne tenta de décider de la couleur du sac à main. Elle en prit un noir et carré, aux lignes symétriques, et une vendeuse trop parfumée se matérialisa aussitôt près d'elle pour lui murmurer :

– N'est-il pas ravissant ?

Suzanne sursauta.

– Oh, oui. Oui.

– Vous devriez vous regarder dans le miroir. Il est assorti à tout.

– J'ai déjà un sac noir, fit remarquer Suzanne.

– On ne possède jamais assez de sacs aussi élégants et uniques, rétorqua la vendeuse. Celui-ci éclipsera probablement tous ceux que vous avez.

Regardez-le. Il est absolument *parfait* pour une personne de votre taille.

– Il est effectivement très mignon. Combien vaut-il ?

– Un prix très, très raisonnable, fit la femme en prenant le sac des mains de Suzanne pour l'ouvrir et regarder l'étiquette se trouvant à l'intérieur.

Puis elle eut un sourire identique à celui des femmes de Stepford.

Suzanne fut brusquement prise de panique en comprenant qu'elle allait effectuer un autre achat inutile, puis elle surmonta rapidement son indécision. Elle voulait profiter de l'instant présent et ne pas penser aux reproches qu'elle s'adresserait ensuite.

– Je le prends, dit-elle.

Lucy vint les rejoindre, avec un châle sur les épaules.

– Qu'en penses-tu ? s'enquit-elle avant de remarquer le sac. Oh, aurais-tu l'intention de l'acheter ? N'as-tu pas déjà exactement le même ?

– Si, mais…

– Qu'allais-tu faire ? Qu'allais-tu faire ? Combien coûte-t-il, au fait ?

– Je ne sais pas. C'est…

– Combien ? répéta Lucy avant de se tourner vers la vendeuse. Excusez-moi, mais je suis son amie et je dois parfois intervenir. Elle fait de l'*emplettite* aiguë, une maladie à l'issue presque toujours fatale.

Elle reprit le sac des mains de la vendeuse et l'ouvrit.

– Quatre cent cinquante dollars ! Quatre cent cinquante dollars, alors que tu as exactement le même à la maison ! Ne crois-tu pas que tu ferais mieux d'économiser cet argent, pauvre écervelée ? Notre conseiller financier ne nous repète-t-il pas constamment de ne pas jeter notre argent par les fenêtres ?

– Si.

– Pourquoi ne pas t'accorder un délai de réflexion, ma chérie ? Attends un peu, et si dans une semaine ce sac apparaît toujours dans tes rêves comme un diamant scintillant, alors nous reviendrons. D'accord ?

– Entendu, mais ne prends pas ces airs condescendants avec moi.

– Je ne suis pas condescendante, seulement moins stupide que toi. Viens.

Elle retira son châle et le posa sur le comptoir, à côté du sac noir.

– Merci beaucoup, dit-elle à la vendeuse. Je suis sincèrement désolée que mon amie se mette à délirer dès qu'il est question de faire des achats. Nous avons fait une pause-shopping, déclara-t-elle à Suzanne dès qu'elles furent sorties du magasin. À présent, la pause s'achève et nous pourrions peut-être aller manger quelque chose.

Elles se rendirent au Magic Pan. Suzanne aimait cet établissement où on utilisait de nombreux édulcorants artificiels. Ils servaient des crêpes fourrées de toutes sortes de choses, mais des choses qu'elle pouvait assimiler à de la nourriture. Elle commanda une crêpe aux pommes et à la cannelle avec de la glace et un Diet Coke. Lucy demanda un soufflé aux épinards et un thé glacé, avant d'allumer une cigarette.

Suzanne se sentait déprimée par son absence d'achats. Elle regarda la cigarette de Lucy avec envie.

– Je regrette d'avoir arrêté de fumer, déclara-t-elle. Je n'aurais jamais dû renoncer à tous les petits plaisirs de l'existence. À présent, le seul moyen de vivre dangereusement est pour moi de me garer en stationnement interdit.

– C'est une bonne chose que tu aies tiré un trait sur tout le reste. Le problème, c'est que tu ne sais rien faire avec modération.

– J'adore ces additifs. Si je m'écoutais, je leur demanderais d'ajouter *plus* de glutamate.

Lucy souffla un nuage de fumée.

– Ne penses-tu pas que nous nous sentirions déjà mieux si nous trouvions du travail ?

– Je ne sais pas. Je ne crois pas que nous puissions un jour être vraiment heureuses. Il existe sans doute des personnes à même de nager dans le bonheur, mais je doute qu'elles y parviennent. Le temps d'atteindre une situation où il leur serait possible de jouir de la vie, elles se sont résignées à croire cela irréalisable. Que ferais-tu si tu te retrouvais brusquement en position de te détendre ? L'ambition indispensable pour arriver à ce stade tue certaines de nos capacités, nous marque au fer rouge. Le fait de participer constamment à une épreuve de popularité – essayer de séduire des personnes dont on se fiche complètement – détruit nos possibilités de nous détendre.

– Je vois ce que tu veux dire. Un jour, je suis allée me présenter pour un rôle, à New York, et en entrant j'ai pensé : « Souviens-toi de ces vêtements que tu as vus dans les boutiques, en te demandant qui pouvait bien les acheter. Eh bien, ils sont là. C'est la femme chargée du casting qui les porte. *Voilà* la personne sur qui tu dois faire impression. »

– Je connais une histoire intéressante, dit Suzanne. Un acteur de mes amis se présente pour une audition et le metteur en scène lui déclare : « Vous êtes engagé. Vous êtes parfait. Nous signerons dès mon retour de New York, où je dois me rendre pour auditionner d'autres acteurs. » Naturellement, mon ami demande : « Pourquoi allez-vous à New York, si j'ai le rôle ? » Et le type lui répond : « Ne vous inquiétez pas. C'est une simple formalité. »

» Comme il fallait s'y attendre, le metteur en scène lui a téléphoné de New York pour lui annoncer qu'un autre acteur avait obtenu le rôle. "Je suis désolé, mais j'ai décidé de refuser ce rôle", a dit mon ami. L'autre a répondu : "Vous ne comprenez pas. Vous ne pouvez pas le refuser, puisqu'il a été donné à un autre acteur." Et mon ami de conclure : "Non, c'est vous qui ne comprenez pas. Si vous ne voulez pas de moi, je ne veux pas de ce rôle."

» C'est un peu ma réaction dans la plupart des domaines, poursuivit-elle. Si je n'obtiens pas un contrat, ce travail ne m'intéresse pas. Si on ne veut pas de moi pour héroïne, je n'ai pas envie d'être cette héroïne. Ma volonté se soumet à celle des autres personnes, et je m'en félicite. Je n'aimerais pas penser que si j'avais fait ou dit autre chose, porté une robe différente, été plus mystérieuse ou plus franche, j'aurais pu obtenir ce qui m'est passé sous le nez.

Elle se tut comme la serveuse apportait leurs boissons, puis ajouta :

– Rappelle-moi une chose. Pourquoi avons-nous voulu devenir actrices ?

– Je n'ai jamais souhaité faire ce métier, répondit Lucy. J'étais chanteuse à mes débuts. Un jour, on m'a proposé un rôle, ça m'a paru passionnant, et... Je ne sais pas, les possibilités me semblaient infinies.

– Les possibilités ne peuvent être infinies.

– Elles le sont, cependant. Il existe tant de façons de devenir célèbre. On peut, par exemple, tirer sur le pape et obtenir ensuite son pardon.

– Ce qui serait ennuyeux, par contre, c'est de tirer sur un pape qui reste en rogne contre vous.

Lucy rit et but une gorgée de thé.

– Au fait, je lui ai téléphoné, ce matin.

– Au pape ?

– Au colonel.

– C'est bien ce que je craignais. Tu n'es qu'une idiote.

– D'accord, je l'admets. Je lui ai laissé le message suivant : « Salut, c'est moi, la fille du mess de Philadelphie. » N'est-ce pas drôle ? Si je suis une idiote, je suis au moins une idiote spirituelle. (Elle tira une dernière bouffée sur sa cigarette, puis l'éteignit.) Que vais-je faire ? Je sais que je continuerai de penser à lui tant que je ne lui aurai pas trouvé un remplaçant. Il est impératif que j'aie un homme dans ma tête. Il la leste et cela me permet de me tenir plus droite.

Lucy alluma une autre cigarette.

– Oh, tu ne pourras jamais deviner qui j'ai rencontré, à New York. Jane Peters.

– Était-elle avec Roland Parks ?

– Non, avec leur enfant.

Suzanne soupira.

– Une femme de toute beauté, qui a épousé un des hommes les plus riches de la profession et avec qui elle a eu un gosse ravissant… Elle a une vie de rêve, et elle tient à le faire savoir. Elle se pavane comme si ses vêtements étaient doublés avec l'hélium de la vie.

– Parle-moi d'elle, fit Lucy. Je l'ai rencontrée chez Bendel et elle ne cessait de répéter que leur union était à la fois si merveilleuse et solide qu'ils n'avaient aucun effort à faire pour que ça marche. Elle le disait sans cesse. Elle m'a même déclaré : « Je n'aurais jamais cru qu'un tel bonheur pouvait exister. Si l'on m'avait annoncé quand j'étais jeune que je serais un jour heureuse à ce point, j'aurais ri. *J'aurais éclaté de rire.* » Je te cite textuellement ses paroles.

– Je ne sais pas, répondit Suzanne. Il s'agit peut-être d'une sorte de joie que je n'ai jamais éprouvée, un état dans lequel on se contente de se démener en communiquant à tout le monde un compte rendu en direct de sa joie illimitée. Je ne sais pas. Il est encore possible qu'elle soit simplement soulagée de constater que le mariage est moins pénible qu'elle ne l'avait craint.

– Par ailleurs, on pourrait difficilement s'attendre à la voir se promener avec une mine de dix pieds de long et en grommelant : « C'est un cauchemar. Je préférerais encore être pauvre, vivre dans un taudis minable, et ne plus jamais tourner un seul film. »

– Elle aurait intérêt à faire éditer une brochure où seraient rassemblées ses plus riches heures, tant professionnelles que personnelles. Tu sais, des photos d'elle et de son mari regardant la télé enlacés sur un divan, riant au cours d'un déjeuner au Dôme en compagnie de leurs imprésarios, ou encore dans leur jet personnel alors qu'ils se rendent sur leur île hawaiienne privée. Chaque fois qu'elle rencontrerait une personne un peu moins favorisée par le destin, elle n'aurait qu'à lui remettre un de ces dépliants.

– Tu devrais lui en parler, dit Lucy en riant.

– C'est pratiquement chose faite. Un jour qu'elle effectuait son petit numéro habituel, je lui ai répondu que je ne manquerais pas de lui communiquer mon adresse afin qu'elle puisse m'adresser sa brochure. Il est absolument impossible d'avoir une véritable *conversation* avec elle. Lorsque Jane Peters déclare : « Nous venons de faire l'acquisition d'une charmante propriété dans le sud de la France », quelle est la réplique appropriée ? « Au fait, vous ai-je dit que Cary Grant vient de demander ma main ? » Quand une femme déclare qu'elle se sent mal dans sa peau, il est possible de lui répondre : « Ouais, j'ai connu ça, autrefois », ou encore : « Je ne me sens pas très bien, moi non plus. » On sait de quoi on parle. Mais si elle a épousé un milliardaire et déclare qu'ils connaissent un bonheur absolu – pas simplement qu'ils passent du bon temps mais qu'ils connaissent un *bonheur absolu* – que peut-on répondre ? « Je sens que mon petit déjeuner me travaille » ? *Quelle est la réplique ?* Je me suis pour ma part contentée d'avouer : « Je ne vois vraiment pas de quoi vous voulez parler. »

– Tu dois cependant admettre que dès l'instant où l'on est disposée à se vendre, il est préférable que ce soit au plus offrant. J'ai parfois l'impression de n'avoir rien compris et de m'adjuger pour la plus petite mise. (Lucy but une gorgée de thé.) On m'a peut-être laissé tomber quand j'étais enfant.

– C'est toi qui laisses tout tomber, fit remarquer Suzanne. Je n'arrive pas à comprendre. Tu te rends totalement disponible et tu ne te raccroches à rien. Tu te livres corps et âme aux hommes que tu rencontres. Ils devraient entrer dans ta vie en raison de ce que tu es, et non à cause de ce que tu feins d'être pour les attirer.

– Nous devrions ouvrir une boutique de cadeaux.

– Quelle est cette histoire de boutique ? Quel jour sommes-nous ? Serait-ce la Fête du coq-à-l'âne ?

La serveuse arriva, apportant le premier repas de Suzanne depuis le sandwich au bacon que Mary lui avait préparé.

– Fut un temps, je croyais qu'il suffisait de manger très lentement pour ne pas prendre de poids, dit-elle en laissant sa fourchette en suspension au-dessus de sa crêpe. Tu sais, quand on engloutit tout à la fois, on a l'impression de s'être empiffrée, mais si on mastique des bouchées minuscules... Oh, laissons tomber.

Elle se mit à manger, très vite.

Lucy éclata de rire.

– Tu manques toi aussi de suite dans les idées, fit-elle remarquer.

Elles terminèrent leur repas en moins de dix minutes puis décidèrent de regagner la maison de Suzanne et de faire des projets pour la soirée. Il s'avéra qu'elles étaient à court d'inspiration.

– Voyons, c'est tout de même moins dramatique que si nous avions un week-end devant nous, déclara Lucy en s'arrêtant dans l'allée.

Un colis avait été déposé devant la porte. L'expéditeur était l'imprésario de Suzanne et il devait sans doute s'agir d'un scénario. Lucy la prit par le bras et lui dit :

– Tu vois, ce jour est le premier de tous ceux qui te restent à vivre.

Elles gagnèrent la cuisine, et Suzanne prit un Diet Coke dans le réfrigérateur pendant que Lucy téléphonait au service de secrétariat qui prenait les messages lui étant destinés.

– Que dois-je faire ? demanda-t-elle en raccrochant. Que dois-je faire ? Barry a téléphoné. Ils voudraient que je remplace quelqu'un au pied levé, dans le *Richard Collins Show* de ce soir ! Dois-je y aller ?

– Ça dépend. En as-tu envie ?

– Oui, si tu m'accompagnes. Je dois admettre que j'éprouve depuis quelque temps le besoin pressant de passer à la télévision. Ça devrait être amusant. Si nous pouvons étudier toutes les règles du jeu, avant l'émission, alors je n'aurais rien à objecter à une petite apparition... Ce type est assez drôle.

– On m'a toujours affirmé que Richard Collins fait rire aux dépens de ses invités, rétorqua Suzanne. Il pense avant tout à se mettre en valeur et ne laisse aux autres que les miettes.

– Ouais. Mais sais-tu qui doit également participer à l'émission ?

– Nous y voilà, rit Suzanne. Non, qui est l'autre invité ?

– Larry Walker.

– Le peintre ?

– Ouais, l'heure de programmation est tardive et il reçoit des tas d'artistes non conformistes. J'ai toujours désiré rencontrer Larry Walker. J'adore ce qu'il fait. Portia Lamm a une de ses toiles. Tu l'as vue ? Celle avec le clair de lune qui se reflète sur ce hot dog interminable. Voilà ce que j'appelle de l'art spontané.

– Ce serait un excellent nom pour un parfum. Et la coiffure et le maquillage ?

– Ils m'ont affirmé qu'ils s'en chargeraient au studio. Allons, tu n'avais rien prévu pour ce soir.

– J'ai bien un rendez-vous en suspens avec mon

lit, mais je crois avoir épuisé toutes ses possibilités. Entendu, je t'accompagne.

– J'ai un trac fou. J'ai peur de perdre les pédales et de parler de Bob.

– Du colonel ?

– Oui, je crains de parler du colonel Bob. Je suis tellement spontanée. Si Collins me tourne en ridicule, je risque de tout raconter simplement pour me justifier.

– Es-tu certaine de vouloir y aller ? Pourquoi ne pas appeler ton imprésario et lui demander conseil ? Téléphone à Barry.

– Tu as un tel sens pratique. Voilà ce que t'a apporté ce si long séjour dans ton lit : une très forte dose de pragmatisme. On pourrait presque croire que tu as réellement tes trente ans.

– Formidable. Va lui téléphoner.

– Une minute… je voudrais être certaine d'avoir bien compris. Me suggérerais-tu de contacter Barry ?

– Téléphone-lui.

Pendant que Lucy joignait son imprésario, Suzanne se rendit dans sa chambre pour écouter son répondeur. Il y avait trois messages.

– Oh, très amusant. Suzanne, ici Mark. Ça y est, nous avons reçu le scénario de ce téléfilm. Je le trouve pas mal, et l'auteur lui a joint une note. Il semble te connaître. Il s'agit quoi qu'il en soit d'un sujet qui doit t'être familier. Ça s'appelle *Réadaptation !* et le tournage débutera dans une clinique fin octobre. Je te l'expédie et tu devrais le recevoir dans l'après-midi. L'auteur pourrait… Il m'a demandé ton numéro de téléphone, mais je ne le lui ai pas communiqué. Il prétend te connaître… Quoi qu'il en soit, son script est bon, bien qu'un peu trop mélodramatique peut-être, et ils pensent à toi pour le rôle de Katie. Deux acteurs ont déjà été retenus : Joe sera joué par Bernard Stevens… tu sais, celui qui faisait le capitaine dans cette version noire de *Gilligan's Island* qui a fait un tabac l'année dernière, et le rôle de Sam sera tenu par un certain Kurt Hampton. C'est un débutant qui a fait une apparition dans un téléfilm appelé *Loin d'ici*. Il y aura surtout des gens de la télé. L'heure de programmation prévue est valable et c'est un projet solide. Les réalisateurs ont en outre laissé entendre que si l'audimat est bon, ils feront une suite. J'aimerais savoir ce que tu en penses. Rappelle-moi au plus tôt. Salut. 859-4236.

– Suzanne, eh, c'est Sid. Écoute, tu te souviens d'Alex Daniels. Ce paumé qui a quitté la clinique et fait une overdose environ une semaine après mon départ ? Il m'a téléphoné et insisté pour avoir ton téléphone. J'espère que tu ne seras pas fâchée, mais il m'a dit qu'il travaillait à Hollywood et j'ai pensé… Je voulais seulement te dire qu'il va probablement appeler, et que je regrette. Il est possible de me joindre à mon bureau, le 724-3996. Je serais vraiment désolé si tu m'en voulais, mais appelle-moi de toute façon.

– Ne pas avoir à… ? Comment pouvez-vous… ? Oh, oh, je vois, une plaisanterie. Heu, Suzanne, je ne sais pas si vous vous souvenez de moi. C'est Alex. Nous étions dans cette clinique de réadaptation. Alex Daniels. Ça vous revient ? Quoi qu'il en soit, j'ai une grande nouvelle à vous annoncer. Je constate que vous n'avez pas perdu votre sens de l'humour. Allez-vous toujours aux réunions, au fait ? Je vous ai cherchée, mais en vain. Il faut dire que je ne me rends qu'aux soirées pour ex-cocaïnomanes... Vous vous souvenez de moi, au fait? Je vous appelle parce que... J'ai eu votre téléphone par... J'espère que cela ne vous ennuiera pas, mais Sid me l'a donné. Enfin, est-ce que vous vous souvenez que je vous ai parlé d'un scénario que je comptais écrire? Eh bien, c'est fait, et j'ai trouvé preneur. J'ai travaillé là-dessus pendant un an. Il s'agit de ma troisième version, et c'est un projet solide. J'attendais simplement d'avoir une certitude avant de vous contacter. J'espère que cela ne vous ennuiera pas, mais je me suis permis de parler de vous pour vendre mon scénario... Seigneur, je constate que je m'éternise, désolé... J'ai utilisé votre nom et vous m'avez conseillé de tenir un journal, ce qui m'a beaucoup aidé. Quoi qu'il en soit, je me suis librement inspiré de vous pour créer un des personnages... Enfin, pas tellement librement. C'est une actrice, elle s'appelle Katie... J'espère que vous ne m'en voulez pas. Vous devriez même vous sentir flattée, parce que notre rencontre a eu beaucoup d'importance pour moi, un sacré impact sur ma vie... Quoi qu'il en soit, votre imprésario m'a dit que vous recevriez le script aujourd'hui, et c'est pourquoi je me permets de vous téléphoner. Les responsables de la chaîne aimeraient bien que vous acceptiez ce rôle, même s'ils ont avancé les noms d'autres actrices qui seraient selon eux des valeurs plus sûres pour la télé. Mais je sais que vous seriez l'interprète idéale pour ce rôle, parce que je l'ai écrit pour vous et... je ne sais pas, j'espère que vous aimerez. Si vous avez des questions à me poser, vous pourrez me joindre en contactant ma secrétaire à mon bureau des studios, ou à mon nouvel appartement de Century City... La situation sera plutôt embarrassante, si vous m'avez oublié. Oh, mon téléphone ! C'est le 870-6324 ou le 965-0372. Désolé d'avoir occupé une telle longueur de bande. Je suis le type... Je vous ai poussée sur une balançoire. Bye.

Lucy entra dans la chambre.

– Barry m'a dit...

– Un moment ! Je tiens absolument à te faire entendre ça ! l'interrompit Suzanne.

– Nous devons y aller. Il faut être là-bas à cinq heures et demie. Ils envoient une voiture.

– Entendu, nous y serons. Mais écoute ça d'abord.

Elle rembobina la bande.

– Tu te souviens que j'ai effectué un séjour dans une clinique de désintoxication ?

– *Si je m'en souviens ?* Non. Tu aurais donc été en clinique ? Hmm, à la réflexion il me semble que tu m'en as effectivement touché deux mots, il y a quelque temps, mais je...

– Ferme-la une seconde, tu veux ? T'ai-je parlé de ce type... Celui qui a tout laissé tomber et s'est rendu dans un hôtel de la vallée où il a littéralement explosé, avant de revenir parmi nous. Alex ? T'ai-je parlé d'Alex ?

– Je me rappelle certaines anecdotes se rapportant à un Noir que tu appelais le disc-jockey de l'enfer. Et je me souviens de ce gros type que nous avons rencontré dans un restaurant italien, l'autre soir. Qui est Alex ?

– D'accord, d'accord. Je t'ai parlé de lui. Tu as oublié, ta vie est trop intense. Écoute ceci.

Elle fit repasser le message.

– C'est un débile profond, déclara Lucy lorsque le répondeur s'arrêta. Je me souviens à présent t'avoir entendue parler de lui.

– Je dois préciser qu'il semble s'être amélioré. Tu ne pourrais pas *imaginer* à quel point il était paumé, à l'époque. (Elle prit le paquet.) Nous lirons ça dans la voiture.

– Qui d'autre doit participer à cette émission ? demanda Suzanne alors que la limousine envoyée par la chaîne de télévision prenait vers le nord sur la Hollywood Freeway, en direction de Burbank.

– Larry Walker et quelqu'un d'autre, je ne sais pas qui. Je ne devrais pas être si tendue, non ? Il ne s'agit pas d'une émission aussi importante que celle de Carson.

Suzanne sortit le scénario de *Réadaptation !* de son sac et ouvrit une page au hasard.

– Sam : « Tu as vu le nouveau ? », lut-elle. Joe : « J'ai l'impression qu'il est toujours défoncé. » Sam : « Il prétend connaître Manson. » Joe : « Merde ! On serait plus en sécurité à se défoncer hors d'ici plutôt... »

– Est-ce que je te semble nerveuse ? demanda Lucy. Je regrette d'avoir accepté.

– Ah, voilà une des scènes où apparaît Katie, lui répondit Suzanne en feuilletant le script. Elle est assise sur un grand divan à fleurs et se dispute avec quelqu'un... son *père*. « Je n'ose pas te dire ce que je ressens ! Avoir des émotions, c'est faire preuve de faiblesse, et il m'est interdit de manifester de la faiblesse, n'est-ce pas ? » Il me semble avoir déjà entendu ça quelque part ! Oui, c'était dans ce film de propagande contre la drogue qu'ils nous passaient sans cesse, *Accrochés à l'hameçon*. « Tu me traites de haut parce que j'ai des sentiments. Tu te sens tellement supérieur à tes propres émotions. » Il devait s'être muni d'un magnétophone. Je me demande si c'est *légal* !

– Ne parlons pas de ça pour l'instant, d'accord ? rétorqua Lucy. Parlons plutôt de Larry Walker et dis-moi si je suis bien. Tu ne trouves pas ce rouge à lèvres un peu trop foncé, pour la télé ?

– Fais voir ? Non, je ne pense pas. Mais tu devrais l'essuyer un peu. Il est bien trop brillant. Les projecteurs vont se refléter sur lui et les téléspectateurs ne pourront pas voir ton visage.

– Toutes les femmes qui passent à la télé ont les lèvres brillantes. Je n'aime pas l'effet produit, mais comme elles continuent d'en mettre, j'ai estimé que je devais en faire autant. C'est peut-être une sorte de talisman.

– Le célèbre rouge à lèvres porte-bonheur. C'est brillant.

– Je suis vraiment heureuse que tu m'aies accompagnée. Tu es une vraie copine. Tu trouveras peut-être Larry Walker à ton goût.

– C'est un artiste, et les artistes… Il est possible que je généralise, mais les gens qui souffrent pour leur art me rendent nerveuse.

– Tu pourrais le trouver mignon. Garde l'esprit ouvert, sauf si j'ai le coup de foudre pour lui. S'il me plaît, laisse le champ libre à tous tes préjugés, compris ? Ferme ton esprit comme si c'était une huître. Mais d'autres personnes vont également participer à cette émission, Larry Walker ne sera peut-être pas le seul type intéressant.

– Le rêve de ma vie n'est pas de rencontrer un homme à l'occasion d'un talk show, précisa Suzanne.

– Qu'as-tu à reprocher à ces émissions ? Ce sont à mes yeux des clubs de rencontre pour célébrités.

Où crois-tu que j'aie fait la connaissance d'Andrew Keyes ? Lors d'un talk show. J'étais à Chicago pour assurer la promotion de *Terres torrides*.

– C'est vrai ? Je l'ignorais. Je croyais que tu l'avais rencontré à une soirée. C'est d'ailleurs la raison pour laquelle je me suis ensuite rendue à tant d'invitations. J'espérais y trouver *mon* Andrew Keyes.

– Tu es drôle, tu sais ? Tu ferais un tabac dans une de ces émissions.

– C'est bien ce qui m'effraie. J'ai peur d'être trop spirituelle et de devenir la Joanne Worley de ma génération.

– Je pense que tu devrais vider ton esprit de toutes ces pensées qui te condamnent à l'inaction. C'est pour cette raison que tu restes couchée à longueur de temps, depuis que tu as malheureusement tourné ce film où ils t'ont donné un cachet disproportionné à ton talent et que tu peux te permettre de ne rien faire.

– J'avoue ne pas comprendre les raisons d'une telle agressivité.

– Je ne t'adresse pas des reproches. Je te dis simplement que tu devrais participer de temps en temps à un talk show. Parce que tu possèdes beaucoup d'esprit.

– Tu voudrais que tout le monde sache que je suis spirituelle ? Ou découvre que j'ai cessé de l'être ?

– Non, garde cela pour toi, comme un secret infamant, afin que seules toi et ta literie le sachent. Oh, j'allais oublier la télécommande de ton téléviseur !

– Cette dernière me trouve absolument tordante. Je vais te confier une chose que je n'avais pas l'intention de te dire : je la fascine à tel point qu'elle m'a invitée à sortir, l'autre soir.

– D'accord, fit Lucy en allumant une énième cigarette. Alors, de quoi devrais-je parler ? Aide-moi.

– Je n'ai qu'un seul conseil à te donner : veille à ne pas paraître prétentieuse. Quand tu paniques, tu as tendance à utiliser ton érudition comme un bouclier.

– Est-ce vrai ? C'est dingue. Tu plaisantes. Tu le penses vraiment ? Ça y est, je me sens brusquement mal.

– Ne le prends pas en mauvaise part. J'estime qu'il y a bien pire. Nous avons tous nos défauts. Dans les moments de tension, tu te contentes de citer William Somerset Maugham. D'autres se mettent à transpirer.

– Faut-il que je parle d'*Aucun survivant* ? Le film ne doit sortir qu'en novembre, mais je pourrais raconter comment on travaille avec Rolf Edward, et préciser qu'il ne s'agit pas d'un remake de *Freedom Train,* contrairement à ce que croient la plupart des gens. Quoi d'autre ?

– Pourquoi ne pas répéter ce que tu m'as dit sur les clubs de rencontres pour gens célèbres ? suggéra Suzanne. Explique pourquoi tu as accepté de passer dans cette émission.

– Crois-tu que je pourrais le faire sans passer pour une coureuse invétérée ?

– Ouais, je le pense. Mais, surtout, ne fais pas de rentre-dedans à ce type quand vous êtes à l'antenne, d'accord ?

– Tu me prends pour qui, une conne ? Je ne vais pas lui faire mon numéro de charme devant les caméras. Je n'ai d'ailleurs pas l'intention de faire du charme, mais de laisser aux mâles le soin de *me* séduire.

– Pourquoi ai-je l'impression de posséder plus de

sens pratique que toi ? Je suis complètement nulle quand il est question de gérer ma vie, mais dès que je me mêle de la tienne je ne sais plus où donner de la tête. Je passe mon temps à faire du rangement dans le merdier que tu sèmes sur ton passage.

– Cela doit t'être salutaire. Je te permets de te sentir stable, alors que tu ne l'es pas.

– Voilà qui est révélateur de la nature de nos rapports. Qui aurait pu se douter que nous ferions tant de découvertes sur la route d'un studio de Burbank où tu dois participer à un talk show ? Cette émission a-t-elle une audience importante, au fait ?

– Non, et c'est d'ailleurs pourquoi j'ai accepté d'y faire une apparition. Si je savais que des gens me regardent, j'en serais malade. Pour *Terres torrides*, j'ai dû participer à des émissions matinales. Comme on m'avait avertie que personne ne me verrait, je me suis surpassée.

– J'ai suivi l'une d'elles, tu t'en souviens ? Tu étais effectivement formidable, très détendue. J'avais l'impression de voir Edgar l'ordinateur.

– Quand j'ai parlé de creuser un tunnel pour sortir du show-business ?

– C'était très drôle. Pourquoi ne pas remettre ça ?

– Impossible. Ce serait du réchauffé.

– Qui a vu cette émission ? Elle passait le matin.

– Impossible. Si je suis stressée, je n'aurai qu'à tourner mon poids en dérision.

– J'ai trouvé. Dis-leur que tu fais de la rétention d'eau pour Whitney Houston.

– Je ne te suis pas.

– Eh bien, il est évident que Whitney Houston n'a pas ce genre de problème et qu'il serait nécessaire que quelqu'un se dévoue pour elle...

– Seigneur, c'est super ! Je peux te l'emprunter ?

– Je t'en prie. Tu pourras toujours compter sur moi pour trouver des trucs humiliants.

– Ô mon Dieu ! Ô mon Dieu, nous arrivons au studio. J'aimerais que tu puisses rester avec moi. Tu ferais la ventriloque et je me contenterais d'ouvrir la bouche.

– Pourriez-vous nous déposer au vestiaire B, là-bas sur la gauche ? demanda Suzanne au conducteur.

– C'est décidé, je vais te laisser prendre en main la suite des opérations, dit Lucy. Les battements de mon cœur m'assourdissent.

Suzanne prit un Diet Coke à un distributeur automatique pendant que Lucy se faisait coiffer et maquiller. Il s'avéra que Larry Walker ne participerait pas à l'émission – l'invité qui s'était décommandé et que Lucy devait remplacer n'était autre que lui –, mais lorsqu'elle sortit du maquillage, l'angoisse engendrée par la perspective de passer bientôt à l'antenne était si grande qu'elle en informa Suzanne sans apporter à sa déclaration la moindre touche d'ironie. La musique du générique du *Richard Collins Show* leur parvenait déjà du bout du couloir.

– Je suis comment ? demanda Lucy.

– Parfaite, affirma Suzanne. Tu sembles en pleine forme.

– Tu ne me mentirais pas, j'espère ? Tu me regarderas et me diras comment j'ai été, d'accord ? Et pas de mensonges.

– Tu peux compter sur moi. Regarde ce type, là-bas. Il n'est pas mal. Je parle de celui avec la chemise grise. Tu devrais aller lui dire deux mots.

– Impossible. Je suis déjà dans tous mes états à

cause de cette émission, et si j'ajoute un homme à ma panique... impossible.

Suzanne sourit.

– Oh, tes priorités me paraissent plutôt embrouillées.

– Ne te moque pas de moi. Tu auras tout le reste de la nuit pour le faire, mais pas maintenant. C'est le genre de truc qui sape ma conviction de savoir qui je suis.

– D'accord, d'accord. Alors, qui doit passer en premier sur la sellette ?

– Moi. Ensuite, il y aura l'écrivain et pour finir Emily Frye. Tu sais, cette actrice qui a obtenu ce rôle qui nous est passé sous le nez à toutes les deux.

– Tu parles de *Priorité absolue* ?

– Oui, c'est la fille qui a fait ce film.

– Tu plaisantes ? Enfin, il ne te reste qu'à essayer de faire de ton mieux.

– Oh, parfait. La pression n'y est pas. C'est bon. Je suis prête, ma vieille.

Un homme de grande taille vint vers elles.

– Lucy, c'est à vous.

– Je t'attendrai dans la pièce verte, dit Suzanne.

– Ce serait préférable. Tu n'as pas intérêt à t'éclipser en douce.

Suzanne gagna la salle d'attente verte. Plusieurs personnes s'y trouvaient déjà, dont un homme assez séduisant qui semblait venir de New York. Il portait une veste de cuir vert avec des pièces aux coudes, une chemise à carreaux et une cravate, un jean et des Hush Puppies. Ses cheveux étaient bruns et il portait des lunettes. Suzanne lui trouva un air studieux, pas stable mais presque. Elle lui adressa un petit signe de tête au passage et alla s'asseoir sur un petit canapé pour porter les yeux sur le téléviseur installé dans un angle.

La pièce n'avait rien d'agréable. Il y avait une grosse lampe dans un autre angle, trois sièges et un tapis élimé. Une femme en robe constellée de perles buvait du café sur le troisième canapé. Elle portait des chaussures vernies avec des nœuds couleur pêche. Une jeune fille qui devait être le fruit de ses entrailles gardait son sac. Elle avait un sweater rose et des cheveux blonds qui tombaient dans son dos. Suzanne lança un regard à l'homme vêtu de cuir vert et supposa qu'il devait s'agir de l'auteur dramatique. Il portait un uniforme d'écrivain.

Suzanne reporta le regard sur l'écran, où Richard Collins poursuivait son monologue de présentation. L'auteur présumé se leva pour aller chercher du café. À son retour, il s'assit près de Suzanne.

– Vous ne seriez pas cette actrice qui jouait dans *La Septième Maison de thé* ? demanda-t-il. Suzanne Vale ?

Elle fut à la fois surprise et embarrassée.

– Si, répondit-elle comme si la question avait été une accusation.

– Un très bon film.

– Vraiment ? Eh bien, merci. Vous êtes un amateur de ce genre d'histoires ?

– Eh bien, non, pas vraiment. Mais j'ai aimé malgré tout. J'ai tout particulièrement apprécié le travail réalisé et admiré les performances des acteurs. Passez-vous dans l'émission de ce soir ?

– Non, répondit Suzanne, reconnaissante qu'il eût pris la direction de la conversation. J'accompagne mon amie Lucy. Elle devrait passer dans une minute.

– J'ai eu l'occasion de lire une de vos interviews et vous ai trouvée très spirituelle. Je ne me souviens plus dans quel magazine.

– *Omni*, probablement. Et vous, qui êtes-vous ?

– Oh, excusez-moi. Jesse Templeman.

– L'auteur ?

– Vous connaissez mon œuvre ? fit-il, visiblement surpris.

– Non, mais je savais qu'un écrivain devait participer à l'émission. Qu'avez-vous écrit ?

– Eh bien... un seul roman, en fait. *Les Voraces*.

– Vraiment ? Comme vous faites sa promotion, je suppose que vous en êtes fier.

– Je le suis. Je lui ai consacré pas mal de temps. Le plus difficile consiste à trouver un éditeur.

– Vous vivez à New York ?

– J'y vivais, mais on vient d'acheter mon histoire pour en faire un film et je me suis installé ici pour écrire l'adaptation. J'ai refusé de laisser ce soin à un tiers. Je ne sais pas si je resterai à Los Angeles, lorsque j'aurai terminé. Eh, n'est-ce pas votre amie ?

Il venait de désigner le téléviseur d'un mouvement de tête.

– Ô mon Dieu !

Lucy devait être à l'antenne depuis déjà un bon moment, et Suzanne lui avait promis d'ouvrir de grands yeux pour lui faire ensuite un compte rendu fidèle de sa prestation.

– Ils ne pourraient pas mettre le son ? Personne ne pourrait mettre le son ?

Jesse se pencha et augmenta le volume. Richard Collins riait très fort. Lucy dit :

– Je suis trop vieille pour appartenir à la Meute des galopins et trop jeune pour participer aux activités d'un club du troisième âge. Je suis en pleine crise d'identité.

Richard Collins rit encore plus fort.

– Je la trouve très drôle, déclara Jesse.

– Oui. Elle était pourtant très nerveuse, répondit Suzanne.

– J'ai le trac, moi aussi. Je trouve ridicule de me prêter à ce genre de choses, mais mes éditeurs... vous savez ce que c'est. Vivez-vous ici ?

– Oui.

– Eh bien... nous pourrions peut-être... je ne voudrais pas vous sembler présomptueux, mais nous pourrions peut-être déjeuner ensemble, un de ces jours. Ou sortir. Que faites-vous, pour vous changer les idées ?

– Je garde toujours les mêmes. C'est une sorte de but que je me suis fixé.

– Je vois.

– Mais une de mes activités qu'on pourrait assimiler à de la relaxation, c'est me promener en voiture en écoutant de la musique assourdissante.

– Eh bien, nous pourrions peut-être faire une longue promenade assourdissante en voiture, un de ces jours.

Suzanne regarda à nouveau l'écran et constata que Lucy ne s'y trouvait plus.

– Ô mon Dieu ! Je dois retrouver mon amie. Elle va m'étriper.

Elle griffonna son numéro de téléphone sur le rabat de l'enveloppe dans laquelle le scénario de *Réadaptation !* lui était parvenu, déchira le bout de papier, et le remit à Jesse.

– Mon téléphone, fit-elle. Bonne chance, pour l'émission.

– Merci. Je vous appellerai un de ces jours.

Suzanne croisa en trombe l'homme de grande taille qui venait chercher Jesse et vit Lucy courir vers elle.

– Tu as entendu ce que j'ai dit sur mon père ? demanda cette dernière, au bord de l'hystérie. Il va me tuer. Il ne m'adressera plus jamais la parole.

– Mais non, ma chérie, c'était parfait, affirma Suzanne sur un ton rassurant. Tu as été très drôle, au sujet de la Meute des galopins…

– Je n'ai pas du rouge à lèvres sur les dents, au moins ?

– Mais non, rassure-toi. Qu'as-tu raconté, au sujet de ton père ?

– Je croyais t'avoir entendue dire que j'avais été parfaite ? Tu étais sur la bonne chaîne, au moins ?

– Tu as été absolument formidable. J'ai tout suivi, sauf cela. J'ai tourné la tête pendant une fraction de seconde…

– Pour regarder quoi ?

– Je parlais avec un type. L'auteur.

Comment m'a-t-il trouvée ?

– Très bien.

– Mais tu n'as pas entendu ma réflexion sur mon père ? Eh bien, tu sais ce que j'ai dit ? Qu'il était une baleine géante et que je n'étais pas certaine qu'il soit vraiment l'auteur de mes jours. Je l'ai appelé mon père présumé.

– Et après ? Il doit bien posséder un certain sens de l'humour, non ?

– Mon père ? Ce *cauchemar* conservateur ?

– Et après, est-ce que tu comptes sur son héritage pour réaliser certains projets qui te tiennent à cœur ?

– On ne plaisante pas avec ces choses-là, lui reprocha Lucy. Oh, d'accord, sois drôle. Le spectacle est fini, tu es libre de te moquer de moi à ta guise. Alors, je n'ai pas donné l'impression d'être une obsédée sexuelle, quand j'ai déclaré que je venais aux talk shows pour rencontrer des hommes ?

– Tu n'as pas dit que c'était pour leur faire des pipes, au moins ?

– Je constate que tu n'as pas suivi l'émission. Tu étais bien trop occupée à folâtrer dans la salle d'attente.

– Je ne folâtrais pas... je discutais avec cet homme... Comme *tu* me l'avais conseillé, d'ailleurs.

– Je ne t'ai jamais dit de faire du gringue à qui que ce soit pendant que je passerais à l'antenne.

– Oh, je devrais donc minuter mes conversations en fonction de tes activités professionnelles, à présent ? Laisse-moi te dire une seule chose : tu as été formidable et j'ai donné mon numéro de téléphone à ce type. Nous avons toutes les deux remporté une victoire et c'est pourquoi j'estime qu'on devrait aller fêter cela dignement avec quelques frites et des beignets.

Elles sortirent de l'immeuble et montèrent dans la limousine.

– Comment s'appelle-t-il ? demanda Lucy en s'asseyant.

Et Suzanne lui parla de Jesse tout au long du trajet jusqu'à Hollywood, tout en se répétant sans cesse : « Il ne me téléphonera jamais. »

« Et que ferai-je, s'il me contacte malgré tout et qu'il s'avère que cet homme est un assassin ? »

L'ACCIDENT DE RENDEZ-VOUS

Suzanne rêvait qu'elle était suspendue à l'extérieur d'une voiture roulant à vive allure. Ses mains agrippaient désespérément la portière et ses cheveux volaient derrière elle. Elle descendait une rue en flottant dans les airs. C'était terrifiant, mais plus la vitesse augmentait, plus cette expérience devenait enivrante, et la terreur qui l'emplissait fut progressivement remplacée par un fourrage crémeux de *Wheeeeee !*. Puis elle s'éveilla en sursaut, le cœur battant la chamade. Elle avait l'étrange impression d'avoir véritablement crié *« Wheeeeee ! »*, mais elle constata alors que Jesse continuait de dormir profondément près d'elle et sut qu'elle n'avait pas hurlé.

S'il avait conservé son appartement, ils vivaient ensemble depuis près d'un an et elle était toujours un peu surprise de le découvrir près d'elle à son réveil. Elle aimait l'étudier, lorsqu'il dormait – il semblait en quelque sorte vulnérable, sans la protection de ses lunettes –, mais elle ne pouvait se livrer à cette activité que les week-ends. Pendant la semaine, Jesse se levait à sept heures pour écrire. « Regarde-le, se dit-elle. C'est exactement le genre de personne qu'on n'hésiterait pas à aborder dans un aéroport pour lui demander de surveiller ses bagages. »

Il suscitait toujours sa curiosité, et elle avait conscience de tenir à lui. Lors de sa dernière séance d'analyse avec Norma, elle avait assimilé Jesse à un soldat confédéré blessé, alors qu'elle était pour sa part une douce Yankee qui l'avait découvert gisant sur sa pelouse… mais cette comparaison la laissait perplexe. Elle ne tenait pas son discernement en haute estime. Pendant des années, son bon sens l'avait incitée à prendre des drogues. Aucun élément nouveau ne lui permettait d'affirmer que sa logique s'était miraculeusement améliorée au cours des deux années qui venaient de s'écouler.

Que représentait cet homme pour elle ? Il disait que le ciel était « bucolique », et elle lui demandait alors ce que signifiait ce terme. Il déclarait qu'il aimait Steely Dan et la couleur noire. Eh bien, elle aussi. Il buvait du café noir, avec parfois un nuage de crème. Quel était le sens caché de tout cela ? Elle avait l'impression de participer à une chasse au trésor et de chercher des indices qui lui permettraient de découvrir l'identité véritable de son compagnon et ce qu'il voulait d'elle. Elle ignorait cependant si elle lui ferait part de ses conclusions, en cas de réussite.

Jesse était-il un brave homme ? se demanda-t-elle. C'était probablement le cas, car il lui arrivait de le trouver assommant.

– Pour que vous ayez l'impression de vivre, vous avez besoin de vous trouver dans un contexte dramatique, lui avait dit Norma. Mais le but recherché est de vieillir *auprès* d'un homme, et non *à cause* de lui. Vous devez essayer d'imaginer qu'il s'agit d'un nouveau rôle et vous comporter comme une personne à même d'*apprécier* la tranquillité qui accompagne des rapports plus pondérés. Il est impératif que vous agissiez comme une femme normale, pour découvrir si une telle attitude n'engendre pas finalement en vous une impression de normalité.

« Normalité, pensa-t-elle. Je ne crois pas que les gens puissent devenir plus normaux que nous. Nous sommes les prototypes d'une nouvelle série d'êtres humains chargés de paver le chemin des années quatre-vingt-dix. » Elle prit conscience que sa liaison avec Jesse devenait sérieuse. Sérieuse. Elle ne pouvait supporter ce mot.

– Pour m'amuser, je me suis placée dans une situation sérieuse, avait-elle dit à Lucy.

– Tu as repris la voie de la normalité en passant par le Cambodge, avait répondu Lucy. Afin de pouvoir mieux l'apprécier. C'est comme si tu avais postulé pour une vie déréglée et que tu en aies reçu une bien rangée par erreur.

Lucy trouvait Jesse à son goût. Elle estimait que les membres de l'entourage de Suzanne prendraient cette dernière plus au sérieux, s'ils savaient qu'elle vivait avec un « écrivain ». Pendant un certain temps, elle avait même envisagé de chercher un membre de cette profession pour son usage personnel mais, ainsi qu'elle l'avait dit à Suzanne, « un écrivain pas trop célèbre, comme John Irving ou Philip Roth ».

Finalement, Lucy avait rencontré Lowell Stephenson. La sortie d'*Aucun survivant* avait attiré sur elle l'attention des médias et, lorsqu'elle avait saisi Noël comme prétexte pour aller voir son père à Seattle, afin de se faire pardonner ce qu'elle avait dit sur son compte au cours du talk show, Lowell, le responsable de New Age Studios, avait reconnu

Lucy dans l'avion et engagé la conversation. Ils se voyaient régulièrement, depuis.

Parfois, ils sortaient ensemble tous les quatre. À une occasion, Lowell avait même fait la cuisine.

– Voilà exactement comme je les aime, avait murmuré Lucy à Suzanne, pendant que Lowell apportait les dernières touches à sa sauce de salade. Un homme qui gagne la croûte et la prépare.

– Comment se peut-il que nous ayons fini par former des couples ? s'était enquis Suzanne alors qu'elles regardaient Lowell apprendre à Jesse comment faire sauter des crevettes.

– Considère cela comme une expérience, lui avait suggéré Lucy.

– L'un de nous a-t-il un cancer ? demanda Suzanne à Jesse.

C'était leur quatrième rendez-vous.

Ils se trouvaient chez elle et discutaient depuis huit heures d'affilée.

– Excuse-moi ?

– Je m'interrogeais, tout simplement. Nous sommes restés si longtemps ensemble que c'est un peu comme si tu avais bénéficié d'une permission de douze heures, ou que nous révisions pour un examen, ou encore...

– Un cancer... répéta Jesse en secouant la tête. Ce n'est certainement pas l'analogie que j'aurais choisie.

Après leur cinquième rendez-vous, il cessa de lui donner le moindre signe de vie pendant six jours et Suzanne finit par oublier à quoi il ressemblait.

– De la fumée dans une pièce, voilà ce qu'il est, dit-elle à Lucy. Un peu de fumée en suspension dans une pièce.

Elle commençait à le considérer comme un homme qu'elle aimait et qu'elle avait à jamais perdu.

– Que se passe-t-il ? lui demanda Michelle.

– J'ai eu un accident de rendez-vous, répondit-elle sur un ton dramatique. Un terrible accident de rendez-vous.

Et cela devint sa réplique préférée.

– Demandez-moi ce qui m'arrive, disait-elle à toutes les personnes qu'elle rencontrait.

Puis il lui téléphona, et elle en resta sidérée.

– Je ne pensais pas avoir à nouveau de tes nouvelles, lui avoua-t-elle.

– Pourquoi ? Je t'avais dit que je devais me rendre à New York et que je reviendrais lundi... aujourd'hui.

Cela lui était sorti de l'esprit, mais en raison de cet oubli Jesse était devenu pour elle plus net, plus réel. Ils venaient de vivre une crise – plus imaginaire que réelle, d'ailleurs – et étaient parvenus à la surmonter. Ils avaient tous deux survécu à cet accident de parcours et, à l'occasion de leur sixième rendez-vous, ils firent l'amour de façon cauchemardesque et interminable.

Suzanne appela cela du « Grand Sexe Kabuki ».

– Intéressant, pas vrai ? fit remarquer Jesse pendant une pause, avant d'ajouter : Cela peut paraître bizarre, mais je craignais de t'effrayer en faisant entrer les sentiments en ligne de compte.

Suzanne le remercia et se demanda si elle devait lui déclarer qu'elle trouvait elle aussi tout cela fort intéressant.

Elle se contenta de répondre :

– J'ai téléphoné à quelqu'un, l'autre jour, et son répondeur m'a communiqué le numéro de son téléphone de voiture. J'ai laissé mon numéro et précisé que si je n'étais pas chez moi on pourrait probablement me joindre sur ma tondeuse à gazon.

– Téléphoner à quelqu'un dans sa voiture est pour moi une sorte d'aveu de défaite, rétorqua Jesse en réprimant un bâillement.

– Veux-tu rester ? demanda-t-elle, la gorge serrée.

– Je dois partir. J'ai pour principe d'écrire chaque matin, mais...

– D'accord, l'interrompit-elle. D'accord.

– J'aimerais bien rester, pourtant, avoua-t-il en se blottissant affectueusement contre son épaule. Tu es si calme, si paisible.

– Je suis une sorte de rocher inébranlable.

– Tu m'as ôté les mots de la bouche. (Il la fit se tourner vers lui, en laissant sa tête reposer sur son épaule.) Qu'est-ce qui t'arrive ?

– Rien.

– Quoi, plus précisément ?

Il y eut un temps de silence, puis Suzanne répondit doucement :

– Tu me quittes.

– Je ne te quitte pas. Je vais écrire. Je dois...

– C'est d'accord. Je m'en remettrai. Je m'en remets déjà, regarde.

Elle resta un instant silencieuse, puis ajouta :

– Posée sur ta poitrine, ma main ressemble à un coquillage de chair échoué sur une plage velue.

– As-tu un réveille-matin ? s'enquit Jesse avec lassitude.

Elle avait déjà eu des liaisons avec des hommes. Ou, plutôt, des hommes avaient eu des liaisons avec elle. Tôt ou tard, elle était toujours retournée vers la drogue, et il n'existait que deux attitudes possibles face à un drogué : l'imiter ou lui faire des sermons. Ou encore les deux. De toute façon, les rapports du couple devenaient alors centrés sur la drogue et ce n'était plus qu'une question de temps pour que cette dernière finisse par prendre plus d'importance que le reste.

Jesse avait pris deux fois de la coke et trouvé cela décevant. Il lui arrivait de fumer de l'herbe, mais jamais en présence de Suzanne. Sa seule autre relation avec un non-drogué – ou tout au moins avec quelqu'un qui restait abstinent devant elle – avait été sa non-liaison avec Jack Burroughs. Suzanne avait récement entendu dire que Jack reprenait de la free-base pour célébrer l'immense succès remporté par *Ziz ! II*. Mais ce n'était *peut-être* qu'une rumeur sans fondements.

Elle était horrifiée par les sentiments qu'elle sentait croître en elle. Elle tentait de repousser ses accès de tendresse, de les ravaler comme des nausées. Lorsqu'elle commença finalement à dire des semblants de choses gentilles à Jesse, elle les accompagna de mimiques qui eussent mieux convenu pour avaler un sirop pectoral. C'était la punition qui allait de pair avec la récompense.

Elle lui expliqua que le mot de cinq lettres commençant par un « A » l'horripilait... qu'elle avait toujours l'impression de se retrouver soumise à une sorte d'obligation morale, lorsqu'elle l'entendait.

– Pourquoi dites-vous cela ? s'enquit Norma, lors d'une de leurs séances. Un jour, vous *souhaiterez* peut-être qu'il vous dise ce mot abhorré.

Et, à la grande surprise de Suzanne, ce jour était venu. Elle commençait à observer la bouche de Jesse, se demandant ce qu'elle ressentirait s'il prononçait les trois mots sentimentaux fatidiques. Une nuit, alors qu'ils s'embrassaient, il la regarda droit dans les yeux, l'expression presque triste. Après un très court instant, il se racla la gorge et détourna timidement les yeux.

– Non, rassure-toi, je n'allais pas te dire « Je t'aime », fit-il. J'ai conscience d'avoir pu t'en donner l'impression, mais n'aie pas peur.

– Il est intelligent, dit Lucy. Tu lui as expliqué que tu paniquais à l'idée d'entendre ces grands discours romantiques, et maintenant... (Elle haussa les épaules.) Eh, *tu* pourrais prendre les devants. Il est évident que tu l'aimes, ou tout au moins qu'il t'inspire des sentiments apparentés.

– Tu crois que je devrais lui dire que je l'aime ?

– Tu n'es pas obligée de l'exprimer à haute voix. Tu n'aurais qu'à lui écrire un mot.

– Pour qu'il le montre à ses amis, et qu'ils se moquent de moi ?

Il y avait eu une période assez pénible, un peu plus tôt. Elle venait de comprendre qu'elle lui inspirait de profonds sentiments et tout ce qu'il faisait l'irritait, tout ce qu'il faisait en plus de l'aimer.

Le Géant au Cerveau dormant régnait en maître. Jesse tenait la tête bien trop droite, marchait comme un voleur, ne cessait de réordonner sa chevelure et passait son temps à mâcher du chewing-gum. Son intelligence manquait de virilité ; il n'était après tout pas si malin que cela ; et pourquoi possédait-il un esprit supérieur ? Qui était cet homme, en fin de compte? Pourquoi était-il libre lorsqu'elle l'avait rencontré? Qui se cachait derrière tout ceci? Les Russes? C'était cela. Les Russes avaient dû former Jesse pour qu'il devienne un type irrésistible et puisse infiltrer Hollywood par l'entremise de Suzanne Vale. Mais elle voyait clair dans leur jeu. La prenaient-ils pour une demeurée? Une séparation momentanée s'imposait peut-être? Elle aurait dû rencontrer d'autres personnes. Il devait probablement exister quelque part un homme encore plus intéressant que lui.

De telles pensées ne cessaient de tourbillonner à l'intérieur de son crâne, et elle se contentait de serrer les dents en attendant que ça passe, tout en tentant d'empêcher le mépris d'apparaître dans ses yeux. Elle refusait de laisser le Géant au Cerveau dormant remporter la victoire. Jesse était un type bien. Il ne méritait pas l'horreur qui se tapissait en elle. Elle tint bon et, après quelque temps, ces pensées firent des apparitions de moins en moins fréquentes.

Dans les rues, elle éprouvait le désir d'aborder les couples pour leur demander quelle était la nature de leurs rapports. Elle estimait que de tels renseignements pourraient l'aider à se faire une opinion plus précise sur ce qui existait entre elle et Jesse. Elle passa tout un jeudi après-midi à la librairie Bodhi Tree et y fit deux découvertes : premièrement, il faudrait communiquer librement avec son partenaire et deuxièmement la viande rouge est mauvaise pour tout, y compris pour les rapports entre deux personnes.

Elle y trouva en outre un livre traitant de la tendance de l'humanité à émigrer toujours plus à l'ouest. Suzanne en conclut qu'un jour, sans doute juste après sa mort, tous les intellectuels débarqueraient à Los Angeles. Elle les imagina arrivant pour ses funérailles, en se disant désolés d'être en retard parce qu'ils avaient une révélation primordiale à lui communiquer, pour qu'elle pût l'emporter dans l'au-delà. Elle estimait cependant que pour l'instant les intellectuels n'avaient pas dû dépasser New York et que seuls les obsédés sexuels étaient arrivés jusqu'à L.A.

Un après-midi, Jesse déclara tout en repoussant une mèche de cheveux du front de Suzanne :

– Je crois que nos techniques rendent nos baisers totalement compatibles.

– Tu as une bouche très tendre, fit-elle pensivement remarquer. En connais-tu la raison ?

– C'est sans doute parce que je mâche beaucoup de chewing-gum.

Chose étrange, le Géant au Cerveau dormant s'abstint de tout commentaire.

– J'aime tout, en toi, fit-il en caressant ses cheveux. Voilà qui doit t'inquiéter.

– Non, répondit-elle avec un doux sourire. Car je sais que tu mens.

Il était trop gentil. Il devait lui cacher quelque chose.

– Cessez de vous tourmenter à son sujet, lui dit Norma. Il est parfait. C'est *vous* qui avez un problème. Vous ne savez pas quoi faire quand tout va bien. Vous cherchez ce qui ne va pas. Attention, toute union est fragile.

– J'ai l'impression d'entendre parler un de ces autocollants qu'on voit sur certains emballages.

– Cessez d'être maussade.

– Le serais-je ?

– Vous êtes triste parce que vous avez perdu votre jouet favori, l'homme qui explose en mille morceaux. Vous vous retrouvez avec un compagnon gentil et doux, et vous voudriez le voir exploser.

– Je ne…

– Vos relations avec cet homme sont absolument normales. Vous pensez le contraire, mais c'est un autre problème.

– J'ai cessé de me demander s'il n'était pas un assassin en cavale.

– C'est déjà un progrès.

– J'ai compris qu'il devait faire partie de la brigade des stups.

Jesse se comportait comme le compagnon idéal auquel Suzanne avait toujours rêvé : chaque matin, il lisait le journal. Tout le journal. Qu'elle n'en fasse jamais autant le laissait perplexe.

– C'est une occupation strictement masculine, lui répondit-elle, en guise d'explication.

– Je ne pense pas que les quotidiens soient réservés à un sexe en particulier.

– Alors, lis-moi des articles. Les potins, par exemple.

Il le faisait parfois, lui racontant ce qui se passait dans son monde. Et elle le visitait avec lui.

Elle repoussa le plus longtemps possible sa lecture du roman de Jesse, et Lucy se porta finalement volontaire. Lorsqu'elle l'eut terminé, sa réaction fut enthousiaste.

– C'est vraiment bon. Lis-le à ton tour et aime-le, dit-elle à Suzanne. C'est l'histoire d'une bande d'obsédés… un de ses sujets favoris.

– Est-ce distrayant ?

– Distrayant ? Oui, c'est spirituel, drôle, tout ça.

On pourrait même en faire un bon film. Je devrais te demander de coucher une fois de plus avec lui pour tenter de m'obtenir le rôle de Leslie.

Aussi lut-elle son roman et fut-elle soulagée de découvrir qu'elle le trouvait elle aussi valable. Même le Géant au Cerveau dormant sembla l'aimer, deux passages érotiques exceptés.

Sur le plan professionnel, sa situation se stabilisait. Elle avait obtenu trois contrats l'année précédente : un rôle secondaire dans un film baptisé *Mood Swing,* un autre plus important dans une pièce à l'affiche d'un théâtre de Los Angeles, *Je t'achèterai un Cherimoya,* et celui d'une des vedettes d'un téléfilm bidon dans la distribution duquel figurait également l'ex-amant de Lucy, Scott Hastings. (Aucun d'eux ne laissa jamais entendre qu'ils la connaissaient.) Suzanne avait désormais l'impression que le show-business n'était pas toute sa vie, mais un simple *élément* de cette dernière. Depuis peu, il lui arrivait même de regretter de ne pas avoir étudié la psychologie criminelle.

Elle avait rencontré récemment Alex, aux funérailles de Wanda. Suzanne était avec Jesse et Alex avec Amy Baxter, la vedette du feuilleton humoristique *Chérie, c'est moi !*. C'était en outre l'actrice qui avait tenu le rôle de Katie dans *Réadaptation !*. Selon les rumeurs, Amy était tombée amoureuse d'Alex pendant le tournage et avait aussitôt plaqué son ami de l'époque pour aller vivre avec lui. Amy se tenait parmi les proches de Wanda et pleurait. Suzanne se demanda si elle avait seulement rencontré un jour la défunte. Stan et Julie étaient également présents, avec Carl (qui avait quitté la clinique et s'occupait désormais d'autres drogués dans un centre de réadaptation), Carol (qui était enceinte), et Sid (qui suivait un régime). Une petite scène bien étrange.

Ensuite, alors que tous regagnaient leurs voitures, Suzanne et Alex s'écartèrent un moment. Elle le félicita pour son travail et ses nominations pour ces Oscars de la télévision que sont les Emmy.

– Écoutez, déclara Alex avec gravité. Je les ai *implorés* de vous prendre, pour le rôle de Katie, mais… (Il haussa les épaules.) Ils ont rétorqué que votre taux de popularité télévisuel était bas.

– N'y pensez plus. Amy a été *parfaite*. Les critiques sont restés très en dessous de la vérité.

Alex regarda Amy qui se remaquillait tout en discutant avec Jesse.

– Ne l'avez-vous pas trouvée formidable dans la scène de la balançoire ?

– Oh, si, absolument, approuva Suzanne.

Carl et Sid vinrent les rejoindre.

– Vous sentez-vous d'humeur à vous joindre à nous ? demanda Carl.

– Si Jesse me laisse tomber, l'un de vous pourra-t-il me raccompagner chez moi ?

– Évidemment, répondit Sid.

– Je ne peux pas rester, déclara Alex. Je dois me rendre à un autre rendez-vous, avec Amy… une réunion d'affaires chez Trader Vic's pour parler de *Après la réadaptation !*.

– Ne te tracasse pas pour ça, mon vieux, intervint Carl. Moi aussi, je gagne ma vie grâce à mon ex-statut de camé.

Suzanne et Jesse suivirent la voiture de Carl hors du cimetière. Sur un autocollant collé à la lunette arrière, ils purent lire « LES EX-TOXICOS SONT LES PLUS BEAUX ». Suzanne regarda derrière eux et vit Alex dans le parking. Il s'entretenait avec le mari de Carol, Rob, un homme qui venait de signer un contrat de production avec Lowell Stephenson.

– Il est sans doute en train d'essayer de lui vendre un projet : l'histoire d'un mannequin qui fait une overdose à Hollywood, dit-elle.

– La clé du succès pour Amy, commenta Jesse.

Elle ne pouvait se remémorer aucune des paroles qu'il lui avait dites, au cours de leur première rencontre. Elle se demandait si et quand ses propos lui reviendraient à l'esprit, et quel serait alors le verdict du Géant au Cerveau dormant. Puis, en l'espace d'une semaine, elle se souvint de trois de ses phrases. Des bribes de propos récupérées au hasard, mais c'était un début. Il y avait eu :

– J'ai eu un entretien avec mon ami Roy, vendredi... Je vous ai parlé de lui, n'est-ce pas ?

Puis :

– Je fais chaque jour du jogging sur quelques kilomètres.

Et encore autre chose se rapportant à des merguez, mais elle ne se rappelait plus la phrase exacte. Elle faisait également des progrès dans le souvenir de son aspect. Elle revoyait brusquement son visage, pendant qu'il attendait que le feu passe au vert ou qu'il se trouvait assis dans la baignoire.

Parfois, elle était horrifiée par la vision de ses pieds, par les reflets que renvoyaient ses lunettes lorsque la lumière les atteignait selon un certain angle, par ce qu'elle éprouvait quand il employait un mot dont elle ignorait la signification. Mais ensuite elle humait sa douce fragrance masculine, ou il lui lisait un article sur des émeutes en Afrique du Sud, ou elle l'observait penché sur sa machine à écrire pour apporter une correction à un texte, et elle pensait alors : « Il est à moi. Je le *possède*. » Parfois, dans une veine plus saine, elle éprouvait une impression d'appartenance, un sentiment à l'eau de rose qui la gênait et l'exaltait à la fois. Elle assimilait cela à la question qu'elle se posait toujours devant les œuvres de Norman Rockwell : « Qu'est-ce qui cloche dans ce tableau, bon sang ? »

Elle avait oublié à quel moment il s'était mis à l'appeler Gail mais savait que cela s'était produit peu après son installation chez elle. Elle lui donnait pour sa part un tas de noms, qui allaient de Joseph à Monsieur, et il était sous-entendu qu'elle lui trouvait tant d'appellations parce qu'il représentait un grand nombre de choses, à ses yeux.

Parfois, elle engageait la conversation pour discuter avec lui de la notion de bonheur.

– Te souviens-tu du passage d'*Ethan Frome* où ils se promènent en traîneau sous le clair de lune ? Quand leurs rires s'élèvent au cœur de cette étendue de neige miroitante ? Voilà ce qu'est le bonheur, pour moi.

Elle regarda le sol.

Jesse retira ses lunettes et se frotta les yeux.

– Plus que tout, dit-il, c'est probablement l'absence de douleur ou d'angoisse. (Il la lorgna pardessus son bureau.) Qu'en dit Lucy ? Lui as-tu posé la question ?

– Pour elle, c'est un pénis gros comme une corbeille à papiers, ce qui n'exclut pas l'absence de douleur sauf pour celles qui trouvent une cystite agréable.

– Ce qui est apparemment son cas. Nous avons en tout cas appris une chose : Lowell a un pénis gros comme une corbeille à papiers.

– Comment diable notre conversation a-t-elle dégénéré à ce point ?

– Le point de départ était le bonheur, dit-il en remettant ses lunettes puis en croisant les mains devant lui. As-tu mangé quelque chose, aujourd'hui ?

– Je crois.

– Tu serais probablement d'humeur moins morose avec quelque chose dans l'estomac.

– Possible.

– Veux-tu que je te prépare une tartine au beurre de cacahouettes ?

Suzanne sourit. Peut-être n'était-ce que la faim.

Un matin, sur le trajet du gymnase, elle ressentit une brusque panique. « Je vais mourir, se dit-elle. Je vais être tuée dans un accident de voiture. » Ses mains serrèrent le volant et elle leva le pied tant qu'elle ne se retrouva pas à la vitesse autorisée.

Suzanne était persuadée qu'elle ne tarderait guère à mourir, à présent qu'elle vivait une existence à la fois normale et agréable. Elle avait autrefois mis délibérément ses jours en danger et craignait désormais pour sa vie parce qu'elle avait une raison d'y tenir. L'haleine brûlante de l'ironie avait caressé sa nuque pendant des années. À présent, elle la respirait, elle en emplissait ses poumons. La menace saturait le ciel et se rapprochait comme une dépression atmosphérique.

Elle alla prédire sa mort à Lucy. Si elle devait véritablement connaître une fin prématurée, elle tenait à ce qu'une de ses proches sût qu'elle s'en était doutée. Elle refusait d'être assimilée à ces imbéciles qui se laissaient surprendre par la mort. Elle pouvait déjà entendre Lucy dire à leurs connaissances : « Elle me l'avait annoncé... elle le savait. Quelle femme extraordinaire ! »

En le regardant à travers les abysses qui les séparaient, elle eut l'impression de ne pas se trouver à sa place tout en ayant conscience d'avoir toujours ressenti cela. Mais elle avait auparavant attribué ce phénomène à sa conviction de ne pas être dans son élément et savait désormais que seule sa personnalité était en cause.

Elle se leva précautionneusement afin de ne pas déranger Jesse. Il bougea et ouvrit les yeux.

– Ai-je dit quelque chose ? demanda-t-il en dormant toujours à demi.

Tu me fais suffoquer, murmura-t-elle avec amour.

En chemin vers la salle de bains, elle eut une idée. Elle préparerait à Jesse quelques gaufres. Des gaufres, des petits pains, du bacon et... ce serait largement suffisant. Si, du jus d'orange et du café ! Du café avec de la cannelle.

Cependant, cette décision était peut-être téméraire. Son impensable maladresse avait la fâcheuse habitude de relever sa vilaine tête, chaque fois qu'elle préparait des gaufres. Malgré les risques encourus, elle tenait à avoir une attention particulière pour Jesse. Elle venait de le réveiller après l'avoir étudié une demi-heure durant, et lui préparer quelques gaufres semblait être la moindre des choses. Elle adressa un sourire à son reflet, enthousiasmée par cette décision audacieuse.

Vingt minutes plus tard, sur le chemin de l'hôpital, Jesse lui demanda :

– Mais pourquoi ? Je ne suis même pas un amateur de gaufres.

– Regarde, fit Suzanne, stoïque. Une ampoule commence à apparaître.

Elle leva sa main gauche pour lui montrer la cicatrice qui traversait ses jointures, là où le gaufrier avait atterri.

Il secoua la tête et tapota le crâne de Suzanne.

– N'est-ce pas la salle des urgences où... tu commences à être connue ?

– Si, fit-elle en accompagnant sa réponse d'un pâle sourire. Je devrais prendre un abonnement.

– Ils pourraient au moins te faire une remise de fidélité. (Puis il prit vers le sud, sur La Cienega.) C'était pour quoi, déjà, la dernière fois ? La morsure du chien ?

– La morsure du chien, confirma-t-elle gaiement. Si l'on ne compte pas le jour où j'ai dû y conduire Lucy pour qu'ils lui retirent son stérilet.

Elle lui tendit sa main.

– Ça fait mal, déclara-t-elle avec une certaine surprise.

– Tu es une petite fille courageuse.

– Une âme, le reprit-elle. Une âme courageuse. (Elle soupira.) Voilà ma récompense pour avoir essayé de devenir la moitié cuisinière de notre couple.

– Il ne faut pas désespérer, Gail. Tu es parvenue à faire quelquefois des friands et des spaghetti sans te mutiler.

Elle resta un instant silencieuse, puis demanda humblement :

– N'est-ce pas ce soir que tu as prévu de sortir avec tes copains ?

– Tu veux savoir si je vais te laisser seule avec ta blessure ? Non, Gail, je demeurerai à ton chevet.

– Oh, chouette ! déclara-t-elle posément, comme il seyait à une femme ayant beaucoup mûri.

ÉPILOGUE

CHER DOCTEUR BLAU

Naturellement, que je me souviens de vous. Vous seul auriez pu m'envoyer un animal en peluche exactement semblable à celui que vous m'avez offert après avoir procédé au lavage de mon estomac, mais en vingt fois plus gros. Quand vous m'avez donné son petit frère, il y a trois ans, j'ai tout d'abord cru qu'il s'agissait d'un pouce fantaisiste. À présent que je dispose de sa version gigantesque, il m'est naturellement possible de constater qu'il s'agit d'un dauphin. C'est formidable. Avant vous, personne n'avait pensé à m'offrir un dauphin rose géant. Comment avez-vous deviné que j'en désirais un depuis ma plus tendre enfance ? Vous devez penser que je manque de savoir-vivre, étant donné que je n'ai pas répondu plus tôt à votre lettre, mais je viens d'emménager dans une nouvelle maison, je répète une pièce, mon grand-père est mort, et je manque effectivement de savoir-vivre.

Je ne sais pas trop par quoi commencer pour répondre à votre question se rapportant à « ce que j'ai fait au cours des deux ans et demis qui viennent de s'écouler ». Je dirai simplement que je n'ai plus touché à la drogue depuis notre dernière rencontre et que – cela n'a rien de personnel, croyez-le bien – je ne souhaite pas vous revoir près de moi avec un tuyau à la main (sauf si la scène se déroule près d'un massif de fleurs, dans un jardin).

Il me semble parfois que ma vie s'est achevée et que je suis toujours là. À d'autres occasions, je me sens si calme que je jurerais pouvoir entendre l'air se déplacer doucement autour de la Terre. Je mange toujours n'importe quoi et je ne prends pas suffisamment d'exercice. Pour couronner le tout, j'ai fumé une cigarette, la semaine dernière. Mais il me semble que si je devais renoncer à tout ce que je place entre moi et mes émotions, je finirais par me recroqueviller au cœur de mon être et me mettrais à hurler à la lune comme un vieux chien solitaire.

Je ne suis malheureusement pas « disponible pour un rendez-vous », comme vous me l'avez demandé de façon si originale. Je vis désormais avec quelqu'un, depuis un an. Il est probable que ce genre d'existence me convient. Une des habitudes dont j'ai le plus de difficulté à me débarrasser, c'est de ne pas prendre les bonnes choses du mauvais côté. Si j'étais libre, cependant, je serais heureuse d'accepter votre invitation car je n'ai pas oublié que vous avez déclaré me trouver « intéressante » même après que j'ai vomi sur vos chaussures. Je vous en resterai à jamais infiniment reconnaissante.

Pour une simple brûlure, j'ai fait ce que j'appelle mon retour triomphant dans la salle des urgences du Cedars Sinaï, voici quelque temps.

Votre groupe psychodramatique me paraît certes intéressant, mais je pense m'en tenir pour l'instant aux méthodes conventionnelles. Je ne crois toujours pas éprouver ce que doivent, selon moi, connaître les autres. J'ignore si c'est un problème de perception ou de confort personnel. Quoi qu'il en soit, je m'en sors en luttant ; en combattant ma nature, pourrait-on dire. Et, bon sang, c'est une sacrée nature ! Parfois, cependant, je prends ma voiture et vais me promener en écoutant de la musique assourdissante, et j'éprouve alors quelque chose de très fort et de très beau... un sentiment aussi puissant que la musique. En de tels instants, j'ai l'impression que seule mon enveloppe charnelle m'empêche d'être partout à la fois. Si ces quelques mots ne peuvent tout révéler de mes activités, ils devraient vous permettre d'appréhender ce que je ressens lorsque je les effectue.

Encore merci pour votre dauphin et votre lettre. J'espère que vous allez bien et que vous vous trouvez toujours du bon côté du tuyau. Mais il faut que je signe, si je ne veux pas arriver en retard chez mon analyste. J'ai désormais le ferme espoir de parvenir à un résultat d'ici quelques décennies.

Mes meilleurs vœux pour la nouvelle année.

Suzanne

P.-S. Vous rappelez-vous si cette nuit-là, dans la salle des urgences, je n'aurais pas rendu quelque chose que j'aurais dû garder ? Un petit rien qui aurait dû rester en moi ? J'ai vraiment l'impression d'avoir perdu quelque chose.

Mais ce n'est pas une nouveauté.

REMERCIEMENTS

Il n'existe pas de mots pour exprimer de façon adéquate ma gratitude à mon ami et éditeur Paul Slansky, mais si ces mots existaient il faudrait qu'ils soient polysyllabiques et que je les hurle de bonheur et de joie depuis les hauteurs d'une montagne russe.

Je voudrais également remercier les personnes suivantes pour leur soutien et leur inspiration :

Gloria Crayton, Mary Douglas French, Ilene (elle sait pourquoi) Waterstone, Buck Henry, Melissa Mathison, Mike Nichols, Maxene et Ray Reynolds, Constance Freiberg, May Quigley, Richard Dreyfuss, Beverly D'Angelo, Bill Reynolds, Beatriz Foster, Amy Edmondson, Charles Wessler, Blair Sabol, Chana Ben-Dov, Arnold Klein, Cindy Lee Zucker, Al Lowman, Patricia Soliman, Richard Hamlett, Brian Frielino, John Burnham, Jim Wade, Edwin Jack, Donald Roller Wilson, Bill Wilson, et Harper, Sean, Linda, J.D., Simpson, Albert, Roger, Begley, Grip, Lennie, Arlo, Harrison, Henry, Lester, Mo, Evelyn, Maggie, Penny, Ted, Moses, Carolyn, Evi, Thom, Nikki, Shimkus, M.G., Reigo, Bleeaz, Mira, LaVallee, Henley, Erika, Renee, Hyjean, David, Howard, Tom, Lynne, Drew, Toni, Carol, Leon, Kipper, Philip, les anciens élèves du New Beginnings Rehabilitation Program de Century City, et Joan Hackett.

Littérature

extrait du catalogue

Cette collection est d'abord marquée par sa diversité : classiques, grands romans contemporains ou même des livres d'auteurs réputés plus difficiles, comme Borges, Soupault. En fait, c'est tout le roman qui est proposé ici, Henri Troyat, Bernard Clavel, Guy des Cars, Frison-Roche, Djian mais aussi des écrivains étrangers tels que Colleen McCullough ou Konsalik.

Les classiques tels que Stendhal, Maupassant, Flaubert, Zola, Balzac, etc. sont publiés en texte intégral au prix le plus bas de toute l'édition. Chaque volume est complété par un cahier photos illustrant la biographie de l'auteur.

ADLER Philippe	***C'est peut-être ça l'amour*** *2284/3**
	Bonjour la galère ! *1868/2**
	Les amies de ma femme *2439/3**
	Graine de tendresse *2911/2**
AMADOU Jean	***Heureux les convaincus*** *2110/3**
AMADOU J. et KANTOF A.	***La belle anglaise*** *2684/4**
AMADOU, COLLARO & ROUCAS	***Le Bêbête show*** *2824/5* & 2825/5* Illustré*
AMIEL Joseph	***Les droits du sang*** *2966/8**
ANDREWS Virginia C.	*Fleurs captives :*
(voir aussi p. 26)	***-Fleurs captives*** *1165/4**
	-Pétales au vent *1237/4**
	-Bouquet d'épines *1350/4**
	-Les racines du passé *1818/4**
	-Le jardin des ombres *2526/4**
	-Les enfants des collines *2727/5**
	L'ange de la nuit *2870/5**
	Cœurs maudits *2971/5**
ANGER Henri	***La mille et unième rue*** *2564/4**
APOLLINAIRE Guillaume	***Les onze mille verges*** *704/1**
	Les exploits d'un jeune don Juan *875/1**
ARCHER Jeffrey	***Le pouvoir et la gloire*** *2109/7**
ARSAN Emmanuelle	***Les débuts dans la vie*** *2867/3**
ARTUR José	***Parlons de moi, y a que ça qui m'intéresse*** *2542/4**
ATWOOD Margaret	***La servante écarlate*** *2781/4**
AURIOL H. et NEVEU C.	***Une histoire d'hommes / Paris-Dakar*** *2423/4**
AVRIL Nicole	***Monsieur de Lyon*** *1049/3**
	La disgrâce *1344/3**
	Jeanne *1879/3**
	L'été de la Saint-Valentin *2038/2**
	La première alliance *2168/3**
	Sur la peau du Diable *2707/4**
	Dans les jardins de mon père *3000/3* (Juin 91)*
AZNAVOUR-GARVARENTZ	***Petit frère*** *2358/3**
BACH Richard	***Jonathan Livingston le goéland*** *1562/1* Illustré*
	Illusions / Le Messie récalcitrant *2111/2**
	Un pont sur l'infini *2270/4**
BAILLY Othilie	***L'enfant dans le placard*** *3029/2* (Juin 91)*
BALLARD J.G. *(voir aussi en S-F)*	***Le jour de la création*** *2792/4**
BALZAC Honoré de	***Le père Goriot*** *1988/2**
BANCQUART Marie-Claire	***Photos de famille*** *3015/3* (Mai 91)*
BARRET André	***La Cocagne*** *2682/6**
BATS Joël	***Gardien de ma vie*** *2238/3* Illustré*
BAUDELAIRE Charles	***Les Fleurs du mal*** *1939/2**

BÉARN Myriam et Gaston de	*Gaston Phébus*
	1 - Le lion des Pyrénées 2772/6*
	2 - Les créneaux de feu 2773/6*
	3 - Landry des Bandouliers 2774/5*
BÉART Guy	**L'espérance folle** 2695/5*
BEAULIEU PRESLEY Priscilla	**Elvis et moi** 2157/4* Illustré
BECKER Stephen	**Le bandit chinois** 2624/5*
BELLEMARE Pierre	**Les dossiers extraordinaires** 2820/4* & 2821/4*
	Les dossiers d'Interpol 2844/4* & 2845/4*
BELLETTO René	**Le revenant** 2841/5*
	Sur la terre comme au ciel 2943/5*
BELLONCI Maria	**Renaissance privée** 2637/6* Inédit
BENZONI Juliette	**Un aussi long chemin** 1872/4*
	Le Gerfaut des Brumes :
	-Le Gerfaut 2206/6*
	-Un collier pour le diable 2207/6*
	-Le trésor 2208/5*
	-Haute-Savane 2209/5*
BERBEROVA Nina	**Le laquais et la putain** 2850/2*
	Astachev à Paris 2941/2*
BERG Jean de	**L'image** 1686/1*
BERTRAND Jacques A.	**Tristesse de la Balance...** 2711/1*
BEYALA Calixthe	**C'est le soleil qui m'a brûlée** 2512/2*
	Tu t'appeleras Tanga 2807/3*
BISIAUX M. et JAJOLET C.	**Chat plume (60 écrivains...)** 2545/5*
	Chat huppé (60 personnalités...) 2646/6*
BLAKE Michael	**Dances with wolves** 2958/4*
BLIER Bertrand	**Les valseuses** 543/5*
BORY Jean-Louis	**Mon village à l'heure allemande** 81/4*
BOULET Marc	**Dans la peau d'un Chinois** 2789/5* Illustré
BRADFORD Sarah	**Grace** 2002/4*
BRUNELIN André	**Gabin** 2680/5* & 2681/5* Illustré
BURON Nicole de	**Vas-y maman** 1031/2*
	Les saintes chéries 248/3*
	Dix-jours-de-rêve 1481/3*
	Qui c'est, ce garçon ? 2043/3*
	C'est quoi, ce petit boulot ? 2880/4*
CARDELLA Lara	**Je voulais des pantalons** 2968/2*
CARRERE Emmanuel	**Bravoure** 2729/4*
CARS Guy des	**La brute** 47/3*
	Le château de la juive 97/4*
	La tricheuse 125/3*
	L'impure 173/4*
	La corruptrice 229/3*
	La demoiselle d'Opéra 246/3*
	Les filles de joie 265/3*
	La dame du cirque 295/2*
	Cette étrange tendresse 303/3*
	La cathédrale de haine 322/4*
	L'officier sans nom 331/3*
	Les sept femmes 347/4*
	La maudite 361/3*
	L'habitude d'amour 376/3*

	La révoltée 492/4*
	Amour de ma vie 516/3*
	Le faussaire 548/4*
	La vipère 615/4*
	L'entremetteuse 639/4*
	Une certaine dame 696/5*
	L'insolence de sa beauté 736/3*
	L'amour s'en va-t-en guerre 765/3*
	Le donneur 809/3*
	J'ose 858/2*
	La justicière 1163/2*
	La vie secrète de Dorothée Gindt 1236/2*
	La femme qui en savait trop 1293/3*
	Le château du clown 1357/4*
	La femme sans frontières 1518/3*
	Le boulevard des illusions 1710/3*
	La coupable 1880/3*
	L'envoûteuse 2016/5*
	Le faiseur de morts 2063/3*
	La vengeresse 2253/3*
	Sang d'Afrique 2291/5*
	Le crime de Mathilde 2375/4*
	La voleuse 2660/4*
	Le grand monde 2840/8*
	La mère porteuse 2885/4*
CARS Jean des	*Sleeping Story* 832/4*
	Elisabeth d'Autriche ou la fatalité 1692/4*
	La princesse Mathilde 2827/6*
CASSAR Jacques	*Dossier Camille Claudel* 2615/5*
CATO Nancy	*L'Australienne* 1969/4* & 1970/4*
	Les étoiles du Pacifique 2183/4* & 2184/4*
	Lady F. 2603/4*
CESBRON Gilbert	*Chiens perdus sans collier* 6/2*
	C'est Mozart qu'on assassine 379/3*
CHABAN-DELMAS Jacques	*La dame d'Aquitaine* 2409/2*
CHAILLOT N. et VILLIERS F.	*Manika une vie plus tard* 3010/2* (Mai 91)
CHEDID Andrée	*La maison sans racines* 2065/2*
	Le sixième jour 2529/3*
	Le sommeil délivré 2636/3*
	L'autre 2730/3*
	Les marches de sable 2886/3*
	L'enfant multiple 2970/3*
CHOW CHING LIE	*Le palanquin des larmes* 859/4*
	Concerto du fleuve Jaune 1202/3*
CHRIS Long	*Johnny* 2380/4* Illustré
CLANCIER Georges-Emmanuel	*Le pain noir* 651/3*
	La fabrique du roi 652/3*
CLAUDE Catherine	*Le magot de Josepha* 2865/2*
CLAUDE Hervé	*L'enfant à l'oreille cassée* 2753/2*
	Le désespoir des singes 2788/3*
CLAVEL Bernard	*Le tonnerre de Dieu* 290/1*
	Le voyage du père 300/1*
	L'Espagnol 309/4*
	Malataverne 324/1*
	L'hercule sur la place 333/3*
	Le tambour du bief 457/2*
	Le massacre des innocents 474/2*

CLAVEL (suite)	**L'espion aux yeux verts** 499/**3***
	La grande patience :
	1-La maison des autres 522/**4***
	2-Celui qui voulait voir la mer 523/**4***
	3-Le cœur des vivants 524/**4***
	4-Les fruits de l'hiver 525/**4***
	Le Seigneur du Fleuve 590/**3***
	Pirates du Rhône 658/**2***
	Le silence des armes 742/**3***
	Tiennot 1099/**2***
	Les colonnes du ciel :
	1-La saison des loups 1235/**3***
	2-La lumière du lac 1306/**4***
	3-La femme de guerre 1356/**3***
	4-Marie Bon Pain 1422/**3***
	5-Compagnons du Nouveau-Monde 1503/**3***
	Terres de mémoire 1729/**2***
	Qui êtes-vous ? 1895/**2***
	Le Royaume du Nord :
	-Harricana 2153/**4***
	-L'Or de la terre 2328/**4***
	-Miséréré 2540/**4***
	-Amarok 2764/**3***
	-L'angélus du soir 2982/**3*** (Avril 91)
CLERC Christine	**L'Arpeggione** 2513/**3***
CLOSTERMANN Pierre	**Le Grand Cirque** 2710/**5***
COCTEAU Jean	**Orphée** 2172/**2***
COLETTE	**Le blé en herbe** 2/**1***
COLLARD Cyril	**Les nuits fauves** 2993/**3*** (Avril 91)
COLLINS Jackie	**Les dessous de Hollywood** 2234/**4*** & 2235/**4***
COLOMBANI M.-F.	**Donne-moi la main, on traverse** 2881/**3***
COMPANEEZ Nina	**La grande cabriole** 2696/**4***
CONROY Pat	**Le Prince des marées** 2641/**5*** & 2642/**5***
COOPER Fenimore J.	**Le dernier des Mohicans** 2990/**5*** (Avril 91)
CORMAN Avery	**Kramer contre Kramer** 1044/**3***
	50 bougies et tout recommence 2754/**3***
COUSTEAU Commandant	**Nos amies les baleines** 2853/**7*** Illustré
	Les dauphins et la liberté 2854/**7*** Illustré
	Trésors engloutis 2967/**7*** Illustré (Mars 91)
	Les requins 3031/**7*** Illustré (Juin 91)
CUNY Jean-Pierre	**L'aventure des plantes** 2659/**4***
DAUDET Alphonse	**Tartarin de Tarascon** 34/**1***
	Lettres de mon moulin 844/**1***
DAVENAT Colette	**Daisy Rose** 2597/**6***
	Le soleil d'Amérique 2726/**6***
DERSHOWITZ Alan M.	**Le mystère von Bulow** 2962/**5***
DHOTEL André	**Le pays où l'on n'arrive jamais** 61/**2***
DICKENS Charles	**Espoir et passions (Un conte de deux villes)** 2643/**5***
DIDEROT Denis	**Jacques le fataliste** 2023/**3***
DJIAN Philippe	**37°2 le matin** 1951/**4***
	Bleu comme l'enfer 1971/**4***
	Zone érogène 2062/**4***
	Maudit manège 2167/**5***
	50 contre 1 2363/**3***
	Echine 2658/**5***
	Crocodiles 2785/**2***
DORIN Françoise	**Les lits à une place** 1369/**4***
	Les miroirs truqués 1519/**4***

	Les jupes-culottes 1893/4*
	Les corbeaux et les renardes 2748/5*
DUBOIS Jean-Paul	*Tous les matins je me lève* 2749/3*
DUFOUR Hortense	*Le Diable blanc (Le roman de Calamity Jane)* 2507/4*
	La garde du cocon 2765/4*
	Le château d'absence 2902/5*
DUMAS Alexandre	*Le vicomte de Bragelonne* 2298/4* & 2299/4*
DYE Dale A.	*Platoon* 2201/3* Inédit
d'EAUBONNE Françoise	*Vie d'Isabelle Eberhardt* 2989/6* (Avril 91)
Dr ETIENNE et DUMONT	*Le marcheur du Pôle* 2416/3*
EHLE John	*Winter people* 2742/4*
EXBRAYAT Charles	*Ceux de la forêt* 2476/2*
FIELDING Joy	*Le dernier été de Joanne Hunter* 2586/4*
FISHER Carrie	*Bons baisers d'Hollywood* 2955/4*
FLAUBERT Gustave	*Madame Bovary* 103/3*
FOUCHET Lorraine	*Jeanne, sans domicile fixe* 2932/4* (Exclusivité)
FRANCESCHI Patrice	*Qui a bu l'eau du Nil...* 2984/4* (Avril 91)
FRANCOS Ania	*Sauve-toi, Lola !* 1678/4*
FRISON-ROCHE Roger	*La peau de bison* 715/2*
	La vallée sans hommes 775/3*
	Carnets sahariens 866/3*
	Premier de cordée 936/3*
	La grande crevasse 951/3*
	Retour à la montagne 960/3*
	La piste oubliée 1054/3*
	Le rapt 1181/4*
	Djebel Amour 1225/4*
	Le versant du soleil 1451/4* & 1452/4*
	Nahanni 1579/3* Illustré
	L'esclave de Dieu 2236/6*
GAGARINE Marie	*Blonds étaient les blés d'Ukraine* 3009/6* (Mai 91)
GEDGE Pauline	*La dame du Nil* 2590/6*
GOISLARD Paul-Henry	Sarah :
	1-La maison de Sarah 2583/5*
	2-La femme de Prague 2584/4*
	3-La croisée des Amours 2731/6*
GORBATCHEV Mikhaïl	*Perestroïka* 2408/4*
GRAFFITI Kriss	*Et l'amour dans tout ça* 2822/2*
GRAY Martin	*Le livre de la vie* 839/2*
	Les forces de la vie 840/2*
GROULT Flora	*Maxime ou la déchirure* 518/2*
	Un seul ennui, les jours raccourcissent 897/2*
	Ni tout à fait la même, ni tout à fait une autre 1174/3*
	Une vie n'est pas assez 1450/3*
	Mémoires de moi 1567/2*
	Le passé infini 1801/2*
	Le temps s'en va, madame.... 2311/2*
	Belle ombre 2898/4*
GURGAND Marguerite	*Les demoiselles de Beaumoreau* 1282/3*
HADENGUE Philippe S.	*Petite chronique des gens de la nuit...* 2851/6*

HALEY Alex	Racines 968/4* & 969/4*
HAMBLY Barbara	La Belle et la Bête 2959/3*
HARDY Françoise	Entre les lignes entre les signes 2312/6*
HAYDEN Torey L.	L'enfant qui ne pleurait pas 1606/3*
	Kevin le révolté 1711/4*
	Les enfants des autres 2543/5*
	La forêt de tournesols 2988/5* (Avril 91)
HEBRARD Frédérique	Un mari c'est un mari 823/2*
	La vie reprendra au printemps 1131/3*
	La chambre de Goethe 1398/3*
	Un visage 1505/2*
	La Citoyenne 2003/3*
	Le mois de septembre 2395/2*
	Le harem 2456/3*
	La petite fille modèle 2602/3*
	La demoiselle d'Avignon 2620/4*
HEITZ Jacques	Prélude à l'ivresse conjugale 2644/3*
HEYMAN David	Pauvre petite fille riche 2963/4* (Juin 91)
HILL Susan	Je suis le seigneur du château 2619/3*
HOFFMAN Alice	La nuit du loup 2803/4*
HOFFMAN Stéphane	Le gouverneur distrait 2983/3* (Avril 91)
HOLLANDER Xaviera	Prisonnière de l'Oiseau de Feu 2629/3* Inédit
	Nouvelles aventures pimentées 2758/3* Inédit
HOMERIC	Ourasi 2826/5* Illustré
ISHERWOOD Christopher	Adieu à Berlin (Cabaret) 1213/3*
JAGGER Brenda	Les chemins de Maison Haute 2818/8*
	Antonia 2544/4*
	La chambre bleue 2838/7*
JEURY Michel	Le vrai goût de la vie 2946/4*
JEAN Raymond	La lectrice 2510/2*
	Transports 2790/2*
JONG Erica	Serenissima 2600/4*
JULIET Charles	L'année de l'éveil 2866/3*
JYL Laurence	Le chemin des micocouliers 2381/3*
KAYE M.M.	Pavillons lointains 1307/4* & 1308/4*
	L'ombre de la lune 2155/4* & 2156/4*
	Mort au Cachemire 2508/4*
	Mort à Berlin 2809/3*
	Mort à Chypre 2965/4*
KENEALLY Thomas	La liste de Schindler 2316/6*
KIPLING Rudyard	Le livre de la jungle 2297/2*
	Simples contes des collines 2333/3*
	Le second livre de la jungle 2360/2*
KONSALIK Heinz G.	Amours sur le Don 497/5*
	La passion du Dr Bergh 578/4*
	Dr Erika Werner 610/3*
	Mourir sous les palmes 655/4*
	Aimer sous les palmes 686/3*
	Les damnés de la taïga 939/4*
	L'homme qui oublia son passé 978/2*
	Une nuit de magie noire 1130/2*
	Bataillons de femmes 1907/5*
	Un mariage en Silésie 2093/4*
	Coup de théâtre 2127/3*

2955

Composition Communication à Champforgeuil
Impression Brodard et Taupin
à La Flèche (Sarthe) le 22 février 1991
6497D-5 Dépôt légal février 1991
ISBN 2-277-22955-5
Imprimé en France
Editions J'ai lu
27, rue Cassette, 75006 Paris
diffusion France et étranger : Flammarion